DER REGEN · Kultur und Natur am Fluß

Bärbel Kleindorfer-Marx (Hrsg.) · Landkreis Cham

DER REGEN

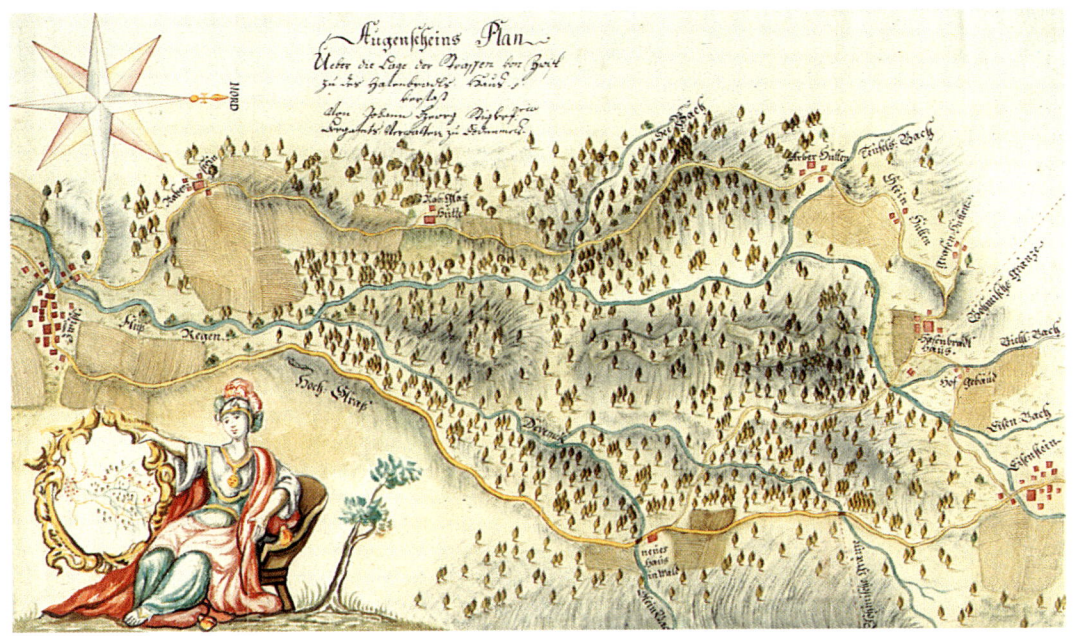

Kultur und Natur
am Fluß

BUCH & KUNSTVERLAG OBERPFALZ

Die Deutsche Bibliothek - CIP-Einheitsaufnahme

Der **Regen** : Kultur und Natur am Fluss / Bärbel Kleindorfer-
Marx (Hrsg.). - Amberg : Buch- und Kunstverl. Oberpfalz, 1996
   (Schriftenreihe des Kreismuseums Walderbach ; Bd. 11)
   ISBN 3-924350-56-6
NE: Kleindorfer-Marx, Bärbel [Hrsg.]; Kreismuseum <Walderbach>:
   Schriftenreihe

© 1996 Buch & Kunstverlag Oberpfalz
Wernher-von-Braun-Straße 1, 92224 Amberg
Herausgegeben von Bärbel Kleindorfer-Marx im Auftrag des Landkreises Cham
Redaktionelle Mitarbeit: Klaus Mohr und Günther Bauernfeind
Buchgestaltung: Günter Moser
Herstellung: Druckhaus Oberpfalz
ISBN 3-924350-56-6

Verlag und Herausgeber danken allen Inhabern von Urheberrechten
für die Genehmigung der Wiedergabe von Texten und Bildvorlagen.

Der Buchtitel zeigt von oben nach unten:
Kloster Walderbach am Regen
Holztrift in Zwiesel
Höllensteinsee

Bildlegende zum Innentitel:
Auf dieser handgezeichneten Karte des Bodenmaiser Bergamtsverwalters
Johann Georg Stigler ist der Zusammenfluß des Großen und des Kleinen Regens
bei Zwiesel zu sehen.

Schriftenreihe des Kreismuseums Walderbach, Band 11

Inhalt

*Kötzting am Weißen Regen erhielt schon Mitte
des 13. Jahrhunderts Marktrechte.
Der Stahlstich, erschienen 1854 in einem
Sammelband über das „Das Königreich Bayern",
zeigt eindrucksvoll die Anlage der Kirchenburg.
Am Flußufer steht das Kammacher-Haus,
ein Holzblockhaus des 18. Jahrhunderts.*

„Ein schwarzes, langsam strömendes Wasser, von sanft-schwermütiger Art"

Zur Einführung

Der Regen ist der Hauptfluß des Bayerischen Waldes und fließt fast 200 Kilometer von den Hängen des Panzer (Pančir) bei Železná Ruda (Markt Eisenstein) bis zur Mündung in die Donau bei Regensburg. Das Quellgebiet des Regens liegt diesseits einer europäischen Wasserscheide. Alles Wasser auf dieser Seite fließt in die Donau und damit ins Schwarze Meer, jenseits der Wasserscheide strömt es über Moldau und Elbe der Nordsee zu. Der Große Regen, wie das Gewässer im Oberlauf heißt, „entspringt" nicht, sondern er entsteht aus einer Ansammlung kleiner und kleinster Waldbäche. Zwar findet sich an einem dieser Bächlein unterhalb des Panzergipfels eine kleine Tafel mit der tschechischen Aufschrift 'Pramen Řezné' (Regenquelle). Doch folgt man diesem Wasserlauf weiter aufwärts, dann verästelt er sich in so zahlreiche weitere Rinnsale, daß die Bezeichnung einer bestimmten Stelle als 'Regenquelle' willkürlich erscheinen muß. Das zum Bach angewachsene Gewässer durchfließt wenige Kilometer weiter unter dem tschechischen Namen Řezna den Ort Železná Ruda und überquert bei Bayerisch Eisenstein die Grenze zu Bayern. Der Große Regen fließt

an Regenhütte, Ludwigsthal und Theresienthal, traditionsreichen Standorten von Glashütten, vorbei zur Glasstadt Zwiesel.

Hier nimmt der Fluß den Kleinen Regen auf, der seinen Ursprung ebenfalls auf tschechischem Gebiet, an den Hängen des Rachel, hat. Der Kleine Regen, der anfangs nur durch unbesiedeltes Gebiet fließt, speist den Speichersee Frauenau und versorgt so einen Großteil des Bayerischen Waldes mit Trinkwasser. Der Kleine Regen fließt am Glasmacherort Frauenau vorbei und mündet bei Zwiesel in den Großen Regen. Der vereinte Fluß heißt nun für etwa 60 km Schwarzer Regen. Flußabwärts der Stadt Regen geht es durch die früher von den Flössern gefürchtete, heute bei den Paddlern beliebte Waldschlucht Bärenloch nach Teisnach. Unterhalb der Stadt Viechtach ist der Schwarze Regen zum Höllensteinsee und zum Blaibacher See aufgestaut.

Von hier an durchquert der Regen das Gebiet des heutigen Landkreises Cham, des Naturparks Oberer Bayerischer Wald, das auch „Land am Regen" genannt wird. Bei Pulling vereinigen sich der Schwarze und der Weiße Regen. Der Weiße Regen kommt, zunächst unter dem Na-

men Seebach, aus dem Kleinen Arbersee. Er durchfließt den landschaftlich reizvollen Lamer Winkel, vorbei an Sommerau, Lohberg, Lam, Haibühl, Arrach, Hohenwarth und Grafenwiesen, passiert die Stadt Kötzting und mündet unterhalb der weithin sichtbaren Wallfahrtskirche Weißenregen in den Schwarzen Regen.

Der Fluß zieht, nun nur noch Regen genannt, vorbei an den Orten Blaibach, Miltach und Chammünster, der Urpfarrei des Oberen Bayerischen Waldes. Bei Altenstadt nimmt er als größeren Zufluß den Chamb auf, der aus der Cham-Further-Senke kommt und dem auch Chamerau und Chameregg ihre Namen verdanken. An den Ufern des Regens folgen nun die Stadt Cham, das Naturschutzgebiet Regentalaue, Thierlstein, Wetterfeld, Pösing und Roding, die Wallfahrtskirche Heilbrünnl, die Burg Regenpeilstein, die Klöster Walderbach und Reichenbach, die Stadt Nittenau, die Burgen Hof, Stefling und Stockenfels, die Ausflugsorte Marienthal und Heilinghausen, die Schlösser Hirschling und Ramspau, die Märkte Regenstauf und Zeitlarn. „Der Regen ist ein schwarzes, langsam strömendes Wasser von sanft-schwermütiger

Die alte Siedlung Pösing im Regental konnte 1996 ihr 1100jähriges Gründungsjubiläum feiern.

Art" charakterisierte der Lyriker und Erzähler Georg Britting (1891 - 1964) diesen Teil des Flusses. Bei der alten Reichsstadt Regensburg, deren lateinischer Name Castra Regina auf der Lage am Regen beruht, mündet er in die Donau.

Ortsnamen wie Regenhütte, Regen, Regenstein, Regenpeilstein, Regenstauf und Regendorf greifen den Namen des Flusses auf, Reinhausen geht auf das ältere „Reginhusen" zurück. Häufig aber wurden die Orte auch nach den Zuflüssen benannt, z.B. Cham, Teisnach oder Rinchnachmündt.

Der Fluß prägte seit Jahrhunderten Kultur und Lebensweise der Anwohner, und die Menschen veränderten im Laufe der Geschichte die Natur des Flusses. Die Interessen der Menschen am Fluß waren vielfältig und änderten sich im Wandel der Zeit. Viele verdienten ihren Lebensunterhalt am Fluß und im Fluß. So übten zum Beispiel viele Berufsfischer am fischreichen Regen ihr Gewerbe aus. Der Landesherr vergab das Recht zu fischen zur Pacht; das Recht, die reichhaltigen Perlmuschelbestände zu nutzen, behielt er sich aber bis weit ins 19. Jahrhundert vor. Der Holztransport, Trift und Flößerei, der auf dem Regen seit dem Mittelalter stattfand, mußte auf die Perlmuscheln Rücksicht nehmen.

Im 19. Jahrhundert verlagerte sich das staatliche Interesse am Regen, die Perlfischerei verlor an Bedeutung. Im Zuge der Industrialisierung stieg die Nachfrage nach Bau- und Brennholz. Der Holztransport auf dem Fluß erhielt Vorrang vor anderen Nutzungsarten. Mühlen, Sägewerke und Brückenbauer, aber auch die neu entstehenden Flußbadeanstalten mußten Sorge dafür tragen, daß sie die Holztrift und Flößerei nicht behinderten. Um die gewaltigen Holzmassen transportieren zu können, wurde der Fluß entsprechend ausgebaut. Wehre wurden errichtet, Flußschleifen begradigt, Felsen entfernt, Triftklausen angelegt. Die unterschiedlichen Interessen führten immer wieder zu Konflikten. So beschwerte sich 1844 die Dorfgemeinde Altenstadt, daß Bewohner der Stadt Cham auf dem Regenfluß getriftetes Holz auf einen Anger der Altenstädter geworfen und damit eine der besten Hutwiesen zerstört hätten.

Mit dem Aufkommen neuer Verkehrsmittel verlor der Regen im frühen 20. Jahrhundert seine Bedeutung als Verkehrsweg. Die Wasserkraft wurde zunehmend zur Stromerzeugung genutzt. Die Fertigstellung der großen Talsperre am Höllenstein 1926 zum Betrieb des Kraftwerks führte zum Ende der Flößerei. Hatte schon die Holztrift den Fisch- und Muschelbestand empfindlich geschädigt, so brachte die zunehmende industrielle Nutzung der Ufer, die Einleitung ungeklärter Abwässer und die Intensivierung der Landwirtschaft ohne Berücksichtigung der ökologischen Folgen bis weit in unser Jahrhundert weitere Belastungen für den Fluß. Der Regen war über weite

Diese Karte zeigt den Lauf des Regens von den Quellen im Böhmerwald bis zur Mündung in die Donau bei Regensburg.

Strecken stark verschmutzt. Das gewachsene Bewußtsein für ökologische Zusammenhänge hat hier in den letzten Jahren einen Wandel bewirkt. Die Untersuchungen der Wasserwirtschaftsämter belegen, daß sich die Gewässergüte des Regens u.a. durch den Bau von Kanalisationen und Klärwerken wieder deutlich verbessert hat.

Seit der Mitte des 19. Jahrhunderts diente der Fluß als Leitlinie zur Entdeckung kunsthistorischer und landschaftlicher Sehenswürdigkeiten. Die Regentalklöster Reichenbach und Walderbach wurden in zahlreichen Beschreibungen gewürdigt. Im Sinne des Historismus entdeckte man die Burgen des Regentals als Denkmäler des „merkwürdigen" Mittelalters. Seit der Jahrhundertwende entwickelten sich manche Orte zu beliebten Sommerfri-

schen. Künstler und Schriftsteller besuchten das Flußtal. Reiseführer erschienen, die das Regental als Ausflugsziel erschlossen, Flußbäder wurden errichtet, Bootsverleihe gegründet und Wanderwege angelegt. Heute kann man sich das Land am Regen auf zahlreichen Boots-, Rad- und Wanderwegen erschließen.

Die Darstellung dieser vielfältigen Aspekte aus der Kulturgeschichte des Regenflusses ist Ziel des vorliegenden Buches, das begleitend zu der vom Landkreis Cham konzipierten Ausstellung „Der Regen - Kultur und Natur am Fluß" erscheint. Grundlegend ist die Reflexion über das Verhältnis von Kultur und Natur, denn auch die scheinbar unberührte Natur ist ein Kulturprodukt. Die Veränderungen am Fluß und der Wandel seiner Bedeutung für die Menschen werden beschrieben.

Die Autoren nähern sich dem Fluß über unterschiedliche Zugänge: autobiographische Erinnerungen, naturkundliche Beschreibungen, kunsthistorische und kulturgeschichtliche Darstellungen stehen für die unterschiedlichen Sehweisen. Am Beispiel der Stadt Cham wird den zahlreichen Bezügen eines Ortes zum Fluß nachgegangen. Historisches Bildmaterial aus zahlreichen Sammlungen und Archiven ergänzt die Beiträge. Die Aufnahmen von Günter Moser zeigen die Kulturlandschaft entlang des Regenflusses.

Dank gilt den Autoren und allen Personen und Institutionen, die Bildmaterial für dieses Buch zur Verfügung gestellt und Hinweise gegeben haben.

Bärbel Kleindorfer-Marx
Klaus Mohr

„Natur am Fluß, Natur im Fluß"

Vortrag zur Eröffnung der Ausstellung „Der Regen"

Keine Frage, was man so Natur nennt, das gibt es am Regenfluß reichlich. Darüber muß man sich kaum verständigen. Warum das so selbstverständlich ist, darüber lohnt es sich nachzudenken. Das meint der Titel: die Natur am Fluß ist klar. Unser Verständnis von Natur aber ist im Fluß, ist nicht gleichbleibend, sondern in Bewegung. Unsere Auffassung von Natur (und damit weitgehend auch die Natur selbst) ist ein Kulturprodukt, Ergebnis einer sich verändernden Deutung eben dieser Natur.

Prolog

Unsere Innenstädte sind besonders lebendig an den Markttagen, wenn das Land in die Stadt kommt. Grüne Lauchstangen lugen aus den Körben der Frauen und auch einiger Hausmänner. Man könnte diese Gänge der Menschen zum Markt und über den Markt (manche werden gar „Bauernmarkt" genannt!) als einen rituellen Naturkult beschreiben, bei dem sich die Stadtmenschen für kurze Zeit verländ-

lichen. Das Einlagern des Grünzeugs - möglichst ohne überflüssige Verpackung - in Naturgebinde wie Körbe, Leinen- oder früher Jute- („statt Plastik") Taschen oder Rucksäcke läßt sich als kultische Handlung deuten.

Neu ist in dieser Szenerie die Figur des Hausmannes. Wir erleben, daß die kulturellen Karten neu gemischt werden. Lange hielt man es für „natürlich", daß der Gemüseeinkauf die Sache der Hausfrauen sei. Das hat sich geändert. Wir sehen daran: Natur und Kultur sind keine festen Größen. Natur und Kultur sind im Fluß. Was wir Natur nennen, dient uns als Metapher unseres

Der Kleine Regen unmittelbar nach Überqueren der Grenze von Böhmen nach Bayern

Verhältnisses zur Welt und zu uns selbst.

Natur pur

Natur „pur" läßt sich nur schwer denken. Denn immer sind es Menschen, die bestimmen, was Natur sei und damit als natürlich anzusehen ist. Es gibt diese Natur, weil Menschen einen Teil ihrer Umwelt mit diesem Wort bezeichnen. Wir isolieren „Natur" und setzen sie in einen Gegensatz zu der von den Menschen gestalteten und gemachten Umgebung, die wir - und das auch erst seit einiger Zeit - „Kultur" nennen.

Seit etwa 200 Jahren verstehen wir Menschen unter „Natur" das ganz Andere, Bessere, das Ganze, oft auch das Heile, Kraftspendende. Die grüne Natur gleicht einem Gesamtkunstwerk. Man meint, wenn von Natur geredet wird, das dem Zugriff des Menschen - und damit der Kultur - prinzipiell Entzogene: das, was immer schon und von sich aus und ohne uns Menschen da und gut ist. Mit einer Ausnahme: Nur wenn es um die Natur des Menschen geht, ist

„Der Regenfluß", Skulptur von Sebastian Roser im Schwarzen Regen bei Regen

11

auch das Böse gemeint. Die Vorstellung, wir könnten objektiv (und das heißt unabhängig vom Beobachter) entscheiden, was Natur sei, würde in die Ökodiktatur führen.

Die Ordnung der Mutter Natur

Man redet gelegentlich von der „Mutter Natur". Die Natur oder auch ihre Teile werden häufig wie Personen verstanden. Vor 200 Jahren dichtete Johann Gottfried Herder: „in Zaubernacht, Mutter Natur, bet ich dich an!" Diese Vermenschlichung der Natur und ihrer Teile reicht bis in triviale Zonen: „Mein Freund der Baum ist tot" sang, wie von einem Menschen, die Schlagersängerin Alexandra, die später ihr Leben an einer holsteinischen Eiche ließ.

In der Natur wittern die Menschen erst heute ihre verlorene Transzendenz und den großen Zusammenhang. Sie imaginieren in ihr die beständig gegenwärtige, ewig-dauerhafte, immer wieder verschüttete Moral und vielleicht auch einen Ersatz für den aufgegebenen und damit verlorenen Gott. So wird die Natur heute vielen Menschen zum Maßstab. Die Natur wird Lehrmeister, vernünftiger Gegenpart des unvernünftigen Menschen: man müsse nur lernen, auf sie zu hören. Die Rückwendung zur „Apotheke Gottes" der Maria Treben ist ein Indiz dafür; die neu aufblühende

Kenntnis und Befolgung von Bauernweisheiten ein anderes. In ihrer Ratlosigkeit sind die Menschen bereit, sich der Natur zu unterwerfen, sie und ihr Gesetz als „Sinn" anzuerkennen. Sie tun das im blinden Vertrauen darauf, daß das, was sie gar nicht erkennen können, ein Heilsplan sei. Der Schweizer Dichter Haller charakterisierte diesen unveränderlichen Plan bereits im 18. Jahrhundert mit dem Hinweis: „Hier, wo die Natur allem Gesetze giebet".

Gegen das Chaos, in dem wir zu leben glauben, stellen wir die Natur. Die Mutter Natur scheint eine Ordnung nicht nur zu ermöglichen, sondern als eine Art prästabilisierter Harmonie in sich zu tragen. Sie enthält - so glauben viele - das Gesetz des Lebens, das wir zwar nicht genau kennen, von dem wir aber zu wissen glauben, daß es da sei und gut sei -

Häuser am Regen in Mitterdorf bei Roding, Aufnahme von 1966

und daß es sich nicht ungestraft stören läßt. Die vermenschlichte Natur „wehrt" sich, man stört und zerstört sie nicht ungestraft. Man nennt das „Systemdenken" oder „Vernetzung". Der Flügelschlag eines Schmetterlings in China kann ein Erdbeben in Italien auslösen, so erklärt man uns.

Das klingt unglaublich, aber irgendwie auch plausibel. Wir verstehen das, ungläubig vielleicht. Plausibilität ist wichtig, bedeutet aber genau besehen, daß Menschen ihre eigene Verständnisfähigkeit zum Maßstab für das machen, was sie Natur nennen. Solch ein Naturgesetz und der imaginierte Heilsplan entpuppen sich also als Menschenwerk, weil sich die Natur als Ganzes der präzisen Bestimmung entzieht. Deshalb aber bleibt sie ein verborgenes und zugleich wohltätiges, immer neu interpretierbares, heilsames Rätsel.

Der entscheidende Akt ist die Benennung einer solchen Natur. Natur erfährt ihre scheinbare Steigerung durch das Wort „frei". Wenn von der „freien Natur" gesprochen wird, erkennt man, daß in dieser Begrifflichkeit der „freien Natur" sich nicht die Freiheit der Natur selbst manifestiert, sondern eine Qualität gemeint ist, die dem Menschen einen freien Raum ohne Beengung und Behinderung eröffnen soll.

Die Stadt als Antinatur

Natur lebt von ihrem Gegenstück, der Nicht-Natur. Das Unfreie ist die geregelte Beengung, die Stadt. Natur ist im modernen Sinn als Idee erst denkbar vor der Folie der Erfahrungen mit der Stadt. So gibt es keine entschiedenere Absage an die Natur als die europäische Stadt. Denn die Stadt ist, historisch und ideengeschichtlich gesehen, der gesicherte Raum. Sie ist durch hohe Mauern umgrenzt, mit denen Feindliches, dazu gehören die Natur und ihre Wildheit, jede ungeregelte Gesetzlosigkeit, ausgeschlossen sein sollen. Im Innern gelten eigene, strengere Gesetze. Von Anbeginn an war die Stadt der Versuch einer Regulierung des Unregulierten, der Herstellung von Verläßlichkeit, der Verbannung des Chaos. Nur in der Stadt war man vom „flachen", ungegliederten Land, von der Natur abge-

Fähre über den Regen unterhalb der Wallfahrtskirche Heilbrünnl

schlossen. Man hatte sich mit Mauern umgrenzt, durch Gesetze „definiert", als Bürger eingeschlossen. Das Land galt den Stadtbewohnern als schmutzig, unrein, ungeordnet. Es war eine Art Dritter Welt, die Rohstoffe und Nahrungsmittel lieferte, die in der Stadt veredelt wurden, später wurde es Erholungsraum als Sommerfrische. Bis heute dient das Land, die Natur, als Entsorgungsraum und Kolonie der Stadt, die ihrerseits den Mehrwert durch Veredelung der Natur-Land-Produkte abschöpft.

Die Stadtmauer war das sichtbare Zeichen der Unterscheidung von Stadt und Land, von Bürger und Landmann. Sie war das Symbol der städtischen Freiheit, sie erscheint auf alten Stadtsiegeln. Noch im 19. Jahrhundert beschreiben (städtische) Amtsärzte in der Oberpfalz (wie der Weidener Arzt Wilhelm Brenner-Schäffer) Land und Landleben als einen dumpf-wilden Zustand, von dem man sich besser fernhielt. Die Landleute lebten wie die Tiere, teilten Stube und Nahrung mit den Tieren, seien roh und gefühllos.

Die historische Stadt war ein für unsere Vorstellungen unglaublich eng bebauter und ummauerter Wohnplatz. Das Alternative lag außerhalb des Mauerrings: die Gärten befanden sich außerhalb der Mauern. In der Stadt selbst war lange kaum Platz für Grün, Bäume oder Parks. Selbst die einfachste Kulturtechnik, mit der man Natur in die Stadt holte, der Blumenstrauß im Zimmer, hat eine kurze bürgerliche Geschichte.

Die Ambivalenz der Waldnatur

Die aus der Stadt verbannte Natur war seit dem Mittelalter und bis in die Mitte des 18. Jahrhunderts vor allem der Wald. Er symbolisierte die angstmachende, aber auch faszinierende Wildnis. Die Märchen und Sagen, die im Wald spielen („Hänsel und Gretel", „Rotkäppchen"), erzählen uns davon. Im Wald lokalisierte man im Mittelalter die „wilden Leute", die Vogelfreien, jene zwischen Legende und Wirklichkeit, Projektion und Realität angesiedelten Gesetzlosen. Später lebten in ihm die Räuberbanden (Schinderhannes und Robin Hood), die Wildschützen nach eigenen Regeln. Diesen Vogelfreien neidete man ein unschätzbares Privileg. Sie waren ungebunden. Im Wald trieben sie ihr wildes Wesen und ihre lästerlich-erotischen, freien Spiele. In der Symbolik der wilden Leute, wie sie die mittelalterlichen Bildteppiche im Regensburger Stadtmuseum zeigen, bündelten sich Projektionen einer Naturhaftigkeit, die sich im ummauerten Terrain, heiße es Stadt oder Burg, nicht leben und nur schwer denken ließ.

Das Bild vom Leben der wilden Leute wurde zum Gegenstand höfischer Spiele. Man spielte naturhafte Wildheit und Triebhaftigkeit an den Höfen, in den Städten, im Karneval. Im Naturspiel verwandelten sich Menschen, indem sie sich mit Fellen, Zweigen und Laub vermummten und in der Maske des Fremden, Gesetzlosen und Ungebundenen aus dem Korsett der Konventionen zu schlüpfen suchten. Diese wilde Natur löste, wie alles Fremde, neben dem Gefühl der Bedrohung für die durch Regeln geordnete eigene Lebenswelt immer auch Anwandlungen des Neides aus, sie oszillierte zwischen Angst und Bewunderung.

Im 18. Jahrhundert spielte der Hochadel Landleben. Bei Passau baute sich der Fürstbischof Auersperg in Freudenhain sein sommerliches „Holländisches Dörfchen". Die in diesem Vorläufer der Freilichtmuseen stilisierte Wildheit der Natur, die Derbheit und Freiheit des Ländlichen, waren eine sommerliche Gegenwelt der strengen höfischen Etikette, aus der man wenigstens zeitweise in die Natürlichkeit auszubrechen suchte.

Die freie Natur

Zu Beginn des 19. Jahrhunderts werden vielerorts die Stadtmauern und Wälle geschleift und die Stadttore abgerissen. Auf ihrem Schutt legt man den Grüngürtel der Stadt an, den Anlagenring und die Promenaden. Das ist mehr als nur ein symbolischer Akt. Unser Denken, welches „Land" und „Natur" als Besseres wahrnimmt, nimmt hier seinen Ausgang. Bisher galt „Stadtluft macht frei"; nun floh man aus der Stadt, und in der Jugendbewegung sang man „Aus grauer Städte Mauern".

Im 19. Jahrhundert, dessen Naturauffassung uns bis heute bestimmt, werden in einer Romantisierung von Natur und Land die Lebensbedingungen des Landes als „natürliche", das Land als „frei" wahrgenommen. Der Bauer wird zum Bestandteil der Natur stilisiert, seine Sitten und Bräuche

Der Blaibacher See entstand 1963 bei der Aufstauung des Schwarzen Regens.

als „natürlich" und „deutsch" verklärt. Seit es die moderne Großstadt, seit es Heimatliteratur und Volkskunde gibt, sind die Rollen vertauscht. Die Stadt übernimmt in einem atemberaubenden Wechsel die alten Eigenschaften der bedrohlichen Landnatur und gilt seitdem als verwirrend, chaotisch, unübersichtlich, gefährlich und die Menschen gefährdend, als angstmachend. Das Land aber wird nun als Hort gesicherter, traditioneller, beständiger Lebensweise und bescheidener, dafür aber überschaubarer Geborgenheit gezeichnet.

Wurzelmetaphern

Die historische Stadt, so sagte ich, sei die entschiedenste Absage an die Natur gewesen. „Stadtluft macht frei". Die später geprägte Schulformel meinte die Luft eines freien und gesicherten Raumes, in dem es keine Leibeigenschaft gab. Die Landluft, die wir heute gerne als die „gute" bezeichnen, war die Luft, die die Menschen gefesselt hatte: zuerst durch die rechtliche Bindung an die Scholle und den Grundherrn, ohne dessen Zustimmung es weder Heirat noch Mobilität geben konnte; später erklärte eine Bodenideologie die

Menschen zu „verwurzelten" Wesen und interpretierte „Heimat" so, als ob der Mensch ein Baum sei und deshalb Wurzelgefühle nötig habe - obwohl die Menschen Beine, aber keine Wurzeln haben. Dazu diente als Boden und als Kulisse seit dem Ende des 19. Jahrhunderts immer häufiger die „Natur" in Form von Gebirgs-, Meer- oder Heidelandschaften. Auf der anderen Seite schien es seit dem 19. Jahrhundert „Heimat" nur mehr in der Natur des Ländlichen zu geben. „Wo'sd hischaugst Hoamat": mit einem Überfluß an Heimat- und Natur-

15

signalen, warb Ende der 80er Jahre ein Urlaubsprospekt aus Oberbayern, dem Eldorado inszenierter Ländlichkeit.

Natur als Sphäre der Produktion

Für die Mehrheit der Menschen aber, die ja nicht dichteten und keine Intellektuellen waren, war das Land Anfang des 19. Jahrhunderts keine „Landschaft" - keine Rede auch von „freier Natur" -, sondern Wohn- und Arbeitsplatz. Für mehr als 80 % der Bevölkerung war „Land" - wie auch dem frühen Staat der Moderne - eine Sphäre der Produktion, eine ökonomische Kategorie. Bauern, Fischer, Bergleute und Handwerker hatten gelernt, Zeichen zu lesen. Sie waren auf Kenntnisse angewiesen, mit denen sie ihr lokales Ökosystem interpretieren konnten. Die Veränderung des Wetters oder auffälliges Verhalten der Tiere wurden registriert, weil der Arbeitsplatz Land und sein Ertrag sich dadurch verändern konnten. Dieses Wissen hatte sich in einer langen Traditionskette akkumuliert und garantierte den Älteren als den Besitzern des Wissens eine geachtete Schlüsselposition.

Die Landsprachen (später als Mundarten oder Dialekte bezeichnet), beileibe keine Naturlaute, aber ein Reden, das seinen Mittelpunkt in der Produktion hat, zeigen uns, wie differenziert die Kenntnisse waren. Noch im 19. Jahrhundert hatten Ackerbauern eine Vielzahl von Begriffen, mit denen sie die verschiedenen Beschaffenheiten und Qualitäten des Bodens benannten. Kuhbauern verfügen über eine Reihe von

Der hl. Nepomuk, Wasser- und Brückenpatron in Regen

Benennungen für die verschiedenen Geschlechts- und Altersstufen von Rindern, die sich auf den Produktionsprozeß bezogen. Waldbauern in Südschweden kennen 80 Bezeichnungen für den Wald. Die Fischer an Nord- und Ostsee konnten etwa 20 Heringssorten unterscheiden. Die nordischen Lappen haben etwa 40 Benennungen für die verschiedenen Zustände von Schnee und Eis. Skifahrer und Bergsteiger haben heute für ihre Lebenselemente Schnee und Stein ebenfalls mehr Bezeichnungen als normale Menschen. Die Sprache zielte auf den Brennpunkt des Interesses und wird dort dichter, und die Menschen lernten Sprache und Sachverhalt, in Redensarten verpackt, in der Praxis. Ein schöner Acker war ein Acker, der gut trug und

die Schönheit einer Frau war wesentlich durch die Äcker bestimmt, die sie mit in die Ehe brachte.

Die Landschaft als Natur

Die andere Sicht, die auf die „Schönheit der Natur", ist neu. In diesem Punkte sind wir bis heute am ehesten bereit, das Wirken Gottes oder der Ersatzfigur der göttlichen Natur, zu akzeptieren und „Schöpfung" als Akt ernstzunehmen. Die Schöpfung zu bewahren, das fordern heute auch Menschen, die nicht an die Schöpfung glauben.

Diese Göttlichkeit der Natur treibt Menschen - vor allem die Bürger aus der Stadt - seit dem 19. Jahrhundert in die Wälder. Dort beginnen sie, im „Dom aus Bäumen" zu meditieren, sie bauen Waldkapellen und verrichten ihre Andacht in der Waldeinsamkeit. Der Gang in den Wald wird für sie zum neuen Gottesdienst, sie suchen und finden Gott in der beseelten Natur. Selbst der bürgerliche Waidmann findet dort seine Rechtfertigung:

„Ihr glaubt, der Jäger sei ein Sünder, weil selten er zur Kirche geht - im grünen Wald ein Blick zum Himmel ist besser als ein falsch Gebet."

Das hängt dem Wald nach. Der Wald, einstmals undurchdringliche und angstmachende Wildnis, wird - und ist es bis heute - Ort der Unmittelbarkeit zu Gott und zur Natur: für die Bürger, nicht so sehr für die Bauern. Diese Natur wird dort, wo sie den Menschen nicht bedrohen kann, für unsere Seele zur warmen, erholsamen Natur, in der wir uns entspannen und ausruhen können. Dazu allerdings muß sie hergerichtet werden. Sie darf nicht roh sein. Was man pflegt, ist freilich immer schon Kultur, ist domestiziert und handsam gemacht, verfügbar.

So gehört zu den überraschendsten Entwicklungen unserer deutschen, nicht aber aller menschlichen Kultur der Drang ins Grüne, der Drang in den Wald. Wir bezeichnen diese Sehnsucht nach dem Wald als „natürlich", obwohl diese Natürlichkeit eine in einem historischen Prozeß kultürlich gelernte ist. Deshalb fassen wir selbst die mit Trimm-Dich-Pfaden zugerichteten Partien des Waldes als Natur auf. Der Wald gilt dann als ein Ort der Gesundheit.

Irritierend ist die Liebe zum Wald dennoch, weil der Wald, wie kaum ein anderer Ort, und mehr noch als sein Angst-Pendant, der Kohlenkeller, ambivalent bleibt. Da half und hilft nur Pfeifen. Der Wald, das war der Ort, an dem das Gesetz nicht taugte, den die Gesetzlosen (und damit auch Ungebundenen) bewohnten. Ein Ort der Furcht, jedenfalls für die Braven, denn im Wald, da sind die Räuber. Die Märchen belegen das deutlich: der Schwarzwald galt, wie im Märchen vom Kalten Herz und dem Holländermichel von Wilhelm Hauff, als undurchdringlich und unheimlich. In der Tat gab es lange Zeit nur Holzwege. Sie führten die Kundigen - das waren die Holzarbeiter - in den Wald hinein, aber nicht durch ihn hindurch. Holzwege enden „jäh im Unbegangenen", wie uns Martin Heidegger lehrte. „Du bist auf dem Holzweg!" will sagen, daß Du umkehren mußt.

Die Natur der Männer

Männer leben seit Jäger- und Sammlerzeiten offenbar besonders naturnah und legen eine auffällige Affinität zum Feuer an den Tag. Sie bestehen die Feuerprobe, gehen für jemanden durchs Feuer, sind Feuer und Flamme (eine männliche Art von Begeisterung?), sind Feuerwerker, Feuerwehrleute (und als solche immer im Verdacht, auch Brandstifter zu sein). Als Pfadfinder haben sie gelernt, das Feuer für heilig zu halten und am Lagerfeuer „Flamme empor" zu singen.

Mit dem Grill, auf dem das Fleisch dem Feuer ausgesetzt wird und auf scheinbar archai-

sche und zudem, wie wir wissen, ungesunde Weise aus dem rohen Zustand in einen mehr oder weniger garen verbracht wird, wird an männliche Urtätigkeiten erinnert, so glaubt man. Es gilt in unserer Gesellschaft als ausgemacht, daß Männer ihrer Natur nach für offenes Feuer zuständig sind, während die Frau auch als Hüterin des Herdes (also des eingeschlossenen Feuers) namhaft gemacht worden ist. Eine solchermaßen zitierte Archaik, die inzwischen allemal in der Freizeit stattfindet, gehört in den Outdoor-Kontext: jenes Wilde-Mann-Spielen, von dem die Männer wie von einer genetischen Veranlagung nicht wegzukommen scheinen. Es werden, mit Verweis auf Sigmund Freud, der hier sogar den Konservativen recht ist, Urtriebe des Mannes angemahnt. Freilich läßt sich vermuten, daß diese Triebe kaum älter sind als der Trieb, mit der Märklin-Eisenbahn zu spielen.

Männer versichern sich mit den offenen Kaminen der Bungalows, die dann als Nachklang der urzeitlichen Höhlenfeuer interpretiert werden, einer nebelhaften Archaik der Jäger und Sammler. Die Männer sind die Akteure am offenen Feuer. Wenn es ans Grillen an der frischen Luft geht, ist der Mann oder der Sohn gefragt. Die Frauen sind am verborgenen Herd bei dem im Eisen gezähmten Feuer zu finden. Die Faszination, die offenes Feuer auszulösen scheint, ist kaum zu beschreiben. Feuerbräuche sind Männerbräuche, sind Bräuche der jungen Männer, so informiert uns das Handwörterbuch des Deutschen

Aberglaubens. Junge Männer, Kinder hätte man sie früher genannt, symbolisieren heute mit dem Feuer - darf man da brauchmäßig sagen? - ihren Haß auf Ausländer.

In die grüne Natur fahren

Daß sich die „richtige" Natur immer weiter von den Städten entfernt, macht fast nichts. Es gibt ja das Auto. Mit dem Auto kann man nicht nur zur Natur fahren, man kann sogar in sie hineinfahren, in eben die Natur, die man vorgibt, zu lieben. Das Interesse am Automobil ist groß, als ob es eine sich beschleunigende Umweltkrise nicht gäbe, die wesentlich durch das Auto bestimmt wird, mit dem wir in die Natur fahren. Das Automobil zerstört immer mehr von der Natur, die man mit ihm erreichen will - und die sich erst weiter von den Städten entfernt als für ein Abenteuer hinreichend natürlich erweist.

Deshalb braucht das Automobil ein Natur-Image, es verwandelt sich und stützt das Recht, in die Natur zu fahren, sinnlich-argumentativ durch eine naturnahe Ausstattung. Der Geländewagen ist gemeint. Manchmal könnte man meinen, Deutschland sei ein Agrarland, so viele Geländewagen - Bestandteil einer neuen Volkskultur - gibt es. Kaum ein großer Autohersteller, der nicht einen Geländewagen im Programm hat oder der wenigstens den Allradantrieb anbietet, der das Fahrzeug geländetauglich machen soll. Mit der Steig- und Verwindungsfähigkeit wird geworben, ganz so, als ob es sich um eine Käuferschicht von Großgrundbesitzern handele,

die ihre hügeligen Latifundien nur noch mit dem Landrover bewältigen könne.

Je geebneter, glatter und wohlzugerichteter unsere Welt zu sein scheint, je mehr Feldwege dem öffentlichen Verkehr durch Verbotstafeln entzogen werden, und je mehr die freie Fahrt im Gelände verhindert werden soll, umso größer scheint der Bedarf an geländegängigen Fahrzeugen in unserer Gesellschaft zu werden. Das Autofahren, längst zum Synonym für Individualität geworden, als „freie Fahrt für freie Bürger" mit freilich reduzierter Fließgeschwindigkeit, hat unsere Vorstellungen von Mobilität nachhaltig verändert. Ein „normales" Auto reicht für den symbolischen Bedarf kaum noch.

Off-Road: das Naturauto

Folgt man der Aufforderung der Werbung, dann hat das Fahren im Gelände eine Philosophie. Man kann „eigene Wege gehen", und dieses hat einen Namen: „Off-Road". Zwar rollen die Landrover häufiger auf glatten Straßen als auf hanglagigen Fluren, und die Kante am Straßenrand zur Disco bleibt die größte Herausforderung für das Geländefahrzeug. Immer öfter beobachten wir eine alltägliche Bereitschaft, sich der Natur zu stellen: Schweizer Offiziersmesser, mit Säge und anderen Überlebenswerkzeugen ausgestattet, finden mehr Absatz als je zuvor; man wäre in der Lage, einen Fisch sofort auszunehmen. Trekking-Kleidung mit Schenkeltaschen trägt man auch im Büro; mit Schuhen, mit denen man Berge besteigen

könnte, tritt man auf Bürotreppen und Florteppiche. Sie sind wie die Breitreifen des Geländewagens, die fürs Gelände taugen und dann doch nur den glatten Asphalt zu bewältigen haben. In manchen Büros wähnt man sich angesichts von Flanellhemden, Arbeitsklamotten und nordischen Pullovern in die kanadische Holzfällerwildnis oder in winterliche Hafenstädte Norwegens versetzt, so als ob man jederzeit in der Lage sein müsse, die Konfrontation mit der Natur aufzunehmen. Keine Frage, daß man auch mit Rucksäcken von Jack Wolfskin ins Büro kommen kann, die als Naturausweis die Tierpfote tragen. Dem widerspricht nur scheinbar das Birkenstock-Syndrom, das auf andere Weise Naturnähe signalisiert. Die Springerstiefel, die zum Symbol rechtsradikaler Jugendlicher geworden sind, sollten Halt geben, vor Schlangenbiß schützen, Überleben ermöglichen - hochgeschnürt wie sie sind, geben sie dem Fuß in der Großstadt den Halt, den vermutlich der Mensch braucht.

Natur als Abenteuerspielplatz

Der Jeep (GP = general purpose) ist seit dem Zweiten Weltkrieg das Muster für den Geländewagen. Seither weiß man, wie solch ein Ding auszusehen hat, und wie man sich darin verhält: die Körperhaltung ist festgelegt. Der Landrover hat uns durch die Serengeti- und Hatari-Filme geführt. John Wayne hat mit ihm, auf dem Kotflügel angeschnallt, wilde Tiere gefangen und Elsa Martinelli hat ihn dafür bewundert. Die Zigarettenfirma Camel

Das Regental bei Miltach

veranstaltet mit ihm Abenteuer-reisen, er ist der Urvater aller Ge-lände- und Expeditionsfahrzeuge. Die militärisch-abenteuernde Herkunft wird als Verweis bei al-len Geländewagen mitgeliefert. Der Autohersteller Nissan nennt sein Stück „Patrol", als ob an ir-gendeiner Grenze Patrouille zu fahren sei, bei Suzuki gibt es den „Trooper", bei Ford heißt er „Ex-plorer" und hat den „Maverick" abgelöst. Solche Namen braucht man, das ist man in der wilden Natur und die Namen der Fahr-zeuge gehen auf ihre Benutzer über.

Der Hersteller Mitsubishi hat seinen Geländewagen nach einer spanischen Wildkatze „Pajero" genannt. „Wer gerne mit einer großen Familie im Gelände unter-wegs ist oder viel auf Almen zu transportieren hat ..." Daihatsus Pendant heißt „Wildcat-Allrad". Die Namen schon verleihen dem Fahrzeug ein gewisses Etwas, den Anstrich einer neuen Ungebun-denheit und Freiheit, zu der man, trotz angemahnter Katzenhaftig-keit doch Breitreifen mit Traktor-profilen braucht. Die Hersteller kalkulieren mit diesen emotiona-len Appellen, nicht nur mit den Breitreifen, die auf dem Asphalt, also so gut wie immer, ein auffäl-lig brummendes Geräusch erzeu-gen, sondern auch mit Ramm-

schutzbügel, beplankten Breitsei-ten und Seilwinde, kaum je be-nutztem Zubehör. Wenn der Grizzly schon nicht mehr zu ha-ben ist, vor dem die Boots schüt-zen, dann sollen es wenigstens die Symbole der gefahrvollen Wildnis sein. Freiheit, Wildnis und Wegelosigkeit als Ziel, klar daß irgendwo auf dem Auto auch ein Umweltaufkleber zu ent-decken ist. Was für Wüstenpisten gut ist, taugt auch für die Stadt.

Inzwischen ist durch Praxis nachgewiesen, daß man mit dem Range-Rover, dem eleganteren Pendant des rustikalen Landro-ver, nicht nur zur Jagd ins Gelän-de, sondern auch in die Oper fahren kann. Das funktioniert so, wie man in Bayern und Österreich mit dem Naturlook „Tracht" frackäquivalent gekleidet ist. Dennoch taugt das Auto, wie einst der gute Kamerad, auch „zum Pferdestehlen. Mit dem Range-Rover ist alles möglich."

Nicht alle spielen mit

Das sind unsere Bilder. Doch die stimmen nicht immer. Die Tiere kümmern sich nicht um unsere Ästhetik und um unsere Naturbilder. Stadtluft macht frei, sagen sich die Tiere und verlassen die eintönigen Maisfelder und die überdüngten, ausgelaugten Hochertragsflächen. Füchse und Falter, Kröten und Krähen fliehen das Land und richten sich in Hausgärten, auf Friedhöfen, in stillgelegtem Industriegelände und in Parks ein. Die schwedischen Elche treiben sich in den Städten herum und deutsche Rehe knabbern an Rosenknospen im Stadtrandvorgarten. Eine Studie hat kürzlich ermittelt, daß sich auf einem Quadratkilometer Berlin mehr Vögel und Vogelarten aufhalten als in den Auen am Oberrhein oder im Berchtesgadener Land.

Eine neue Wildheit

Die Natur, das zeigt der Rinderwahnsinn, wird mörderisch. In manchen Gegenden versorgt man Säuglinge und Kinder besser mit Mineralwasser. In Norddeutschland gibt es einen fast hundert Kilometer breiten Güllegürtel, in dem fast nur noch Maisanbau betrieben wird. Seit Tschernobyl sind uns die Maronen bequerelmäßig verleidet, und selbst

das niedliche Bambi gilt als verseucht. Die Natur ist vollgespritzt mit Pestiziden, die wir, wenn wir sie nicht mehr zuhause versprühen dürfen, in Länder der Dritten Welt verkaufen. Von dort bekommen wir sie wieder, in bunten, makellosen Früchten.

Damit wären wir wieder am Anfang: die Natur macht uns Angst, sie ist so mörderisch wie sie war, wir haben sie wieder zur Wildnis gemacht. Aber sind wir damit wieder am Anfang? In Kulturotopen versuchen wir, die Natur zu zähmen, sie schützend in Nationalparks zu musealisieren und aus ihr ein Kunstprodukt zu machen - eine von Menschen eingezäunte Natur, in der Menschen nichts zu suchen haben sollen. Im Schönbuch, einem Erholungsgebiet nahe der Stadt Stuttgart, gibt es 560 Wanderwege, sie sind zum Teil asphaltiert. Diese Asphaltwege werden von den Waldbesuchern bevorzugt. Man findet dort 38 Spielplätze (wozu, fragt man sich, braucht man die ausgerechnet im Wald?), 84 Feuerstellen sowie 91 Parkplätze. Der Wald ist beschildert und möbliert wie eine Stadt. Sehen das alle Menschen so, gefällt das allen? Natur gilt als das demokratische Prinzip, sie scheint allen zugänglich, ob arm oder reich, hoch oder niedrig. Aber: eint wirklich alle die unstillbare Liebe zur Natur?

Fragen, Naturbilder, Flußmetaphern

Der Fluß und sein Fließen ist oft Anlaß für Nachdenklichkeit gewesen. Diese Nachdenklichkeit stellt sich fast wie von selbst ein, wenn wir uns die Zeit nehmen, auf einen Fluß zu schauen. Das

hat, so sagt man heute, etwas Meditatives. Alles fließt, panta rei, hat Heraklit uns gelehrt. Niemand kann an der selben Stelle in den gleichen Fluß treten, auch in den Regen nicht. Ich habe mir immer eingebildet, das sei möglich: möglich vielleicht, aber falsch.

Manche grüblerisch-verträumte Haltung haben die Maler uns geschenkt, wenn sie Flüsse und auch tätige Menschen am Fluß gemalt haben. Der Fluß ist Leben, das fließende Wasser ist das Wasser, das sich erneuert. Doch das sind unsere kulturellen Bilder. Flüsse sind Verbindungen, sie trennen aber auch, es kommt auf die Perspektive an. Man braucht den Fährmann und seinen Nachen, mit dem er einen übersetzt. Man braucht die Brücke, um ans andere Ufer zu gelangen. Der Übersetzer, der Interpret, der Brückenbauer - all das sind Bilder, die sich mit dem Fluß verbinden können und es sind gleichzeitig Metaphern für Eigenschaften und Qualitäten von Menschen und für die Notwendigkeit des Deutens, des Interpretierens.

Der Fluß erinnert an das Zeitlose, das sich nicht irritieren läßt, das Ewige, das sich immer wieder ereignet, ohne das Gleiche zu sein. Vielleicht faszinieren uns heute deshalb die Flüsse und die Natur. Jacob Grimm sprach vom nie stillstehenden Fluß der Sage. Das ist das Bild: der Fluß als das Kontinuierliche, immer Anwesende, Lebendige und Bewegte, als das sich Erneuernde, doch immer wieder mit den Jahreszeiten Veränderte, aber nie in gleicher Weise Anwesende. In der Veränderung trägt der Fluß bereits das

„Im Tal des schwarzen Flusses"

Beobachtungen am Regen

Beobachtungen am Regenfluß:[1] Ich habe mich in den gut vierzig Jahren meines Lebens sozusagen allmählich flußaufwärts vorgearbeitet. Um 1960 begegnet der zwölfjährige Bub zum erstenmal dem schwarzen Wasser, das sich träge bei Stadtamhof in die Donau wälzt. An Sommernachmittagen fährt er mit dem Rad aus der Stadt hinaus, durch die glühenden Vororte mit ihrem Kopfsteinpflaster, vielleicht zehn Kilometer den Fluß entlang. Er folgt der schmalen Alleestraße, nur wenige Autos begegnen ihm, obgleich damals noch keine Autobahn dem Fluß folgte. An der Stadtgrenze hört die Stadt tatsächlich auf, rinnt noch nicht in gleichförmigen Siedlungen in die Umgebung aus. Und das Land mit seinen Dörfern unterscheidet sich noch deutlich von der Stadt. In einer Zeit, die keine Gewässergütekarten kennt, springt er in das schwarze Wasser, fühlt in der Nähe des schilfigen Ufers den feinen Schlamm zwischen den Zehen hochsteigen und, weiter gegen die Flußmitte zu, den griesigen bernsteinfarbenen Sand, wie er ihm die Fußsohlen kitzelt. Vor allem aber spürt er und behält es für immer in Erinnerung, wie samten weich es ist, dieses Wasser, das aus dem Wald kommt.

Aus Haselstecken, Schnur und vom spärlichen Taschengeld erstandenen Haken zimmert er sich eine Angel, fängt kleine Fische, feingeschuppte goldene Schleien und silberne Rotaugen. Er wird ertappt bei seiner Fischwilderei, es geht ohne Polizei ab, aber der Angelstecken wird konfisziert samt der Beute. Viele Jahre später probiert er es wieder, diesmal mit ordentlichem Angelzeug und mit einem ordentlichen Erlaubnisschein: Gefangen hat er nichts, und da geht es ihm wie den Einheimischen am Regenfluß, die immer wieder in der Zeitung lesen müssen, daß ein Urlauber schon wieder einen Waller mit zwei Zentnern herausgezogen hat. Die haben eben nichts anderes zu tun, die Urlauber, als am Wasser zu sitzen.

Zehn Jahre später, im Dezember 1968 findet sich der aus der Schule entlassene junge Mann weiter flußaufwärts, in Roding. Dort steht ein Brauereigasthof der alten Art, schwarzes Getäfel in

Regenpeilstein bei Roding

Der Burgberg bei Regenpeilstein war früher kaum bewaldet.

23

der Gaststube, und an der Wand ein Gemälde. Dort sind die Stadt und der Fluß in kindlich grellen, von der Zigarren- und Zigaretten-patina gemilderten Farben aufge-malt. Darunter liest der Gast ei-nen Spruch, und der heißt: „Mir san da dahoam, wo der Regen a Reib`n macht und s`Bier an schön Foam." Die Behaglichkeit des Wirtshauses steht in eindrucks-vollem Widerspruch zu der eher ungemütlichen Tätigkeit, die der junge Mann in dieser entlegenen Gegend - „Bayerisch Kongo" nannten sie im Spott seine Freun-de - zu verrichten hatte. Er trägt die damals schwarzen Soldaten-stiefel, die Knobelbecher, und den damals grauen Soldatenmantel mit den silbernen Knöpfen. Es ist drei Uhr früh und so kalt, daß man das Metall der Waffe nicht mit den bloßen Fingern anfassen kann, weil sie sonst kleben blei-ben. Der Soldat stapft hin und her und her und hin. Er hofft, daß die zwei Stunden, die er Patrouille laufen muß, schnell vergehen. Er bewacht neun schwere Kampf-panzer amerikanischer Produkti-on und sechzehn Spähpanzer. Er bewacht sie deshalb, weil sie von Waffen starren und bis in die letz-te Nebenhöhle ihrer stählernen Leiber mit scharfer Munition voll-gestopft sind. Man sagt dem Sol-daten, das sei so, seit im August die Russen in die zwanzig Kilo-meter entfernte Tschechoslowakei einmarschiert waren. Man sagt dem Soldaten, daß das Tal des schwarzen Flusses, an dem seine Kaserne liegt, wohl der Weg sei, auf dem der Feind aus dem Osten, wenn er denn einfiele, ein-fallen würde.

Fang eines kapitalen Wallers bei der Angermühle in Roding

Mehr als zwanzig Jahre später stiefelt derselbe Soldat, nun als Reservist, wieder durch die Ka-serne am schwarzen Fluß. Er hat ein paar Kilo mehr auf den Rip-pen, ein paar Sternchen mehr auf den Schulterklappen und die er-sten grauen Haare. Er fühlt sich fremd. Bäume und Sträucher sind groß geworden und haben die teilweise leerstehenden, etwas verwahrlosten Gebäude beinahe überwuchert, die goldgelbe Waf-fenfarbe der Panzeraufklärungs-

truppe ist verschwunden, die achträdrigen Spähwagen und die Fünfzig-Tonnen-Leoparde haben sich davongemacht und stehen, wie man dem Soldaten berichtet, weit im Nordosten, im thüringi-schen Gera, wo vorher der Feind gestanden ist. Sie sind dorthin ge-langt, ohne daß ein Schuß gefal-len wäre. Hätte das noch vor kur-zem einer vorausgesagt, man hät-te ihn einen Narren gescholten.

Zurück zum Tal des schwarzen Flusses, diesem uralten Fernweg von Bayern in den böhmischen Raum hinein. Was der junge Sol-dat persönlich erfahren hatte, daß dieser Weg wichtig und empfind-lich war, daß man deshalb glaub-te, ihn militärisch schützen zu müssen, das, so lernt er als Stu-dent der mittelalterlichen und der bayerischen Geschichte, ist nichts Neues gewesen. Der Weg war schon immer so wichtig, daß er mit Waffen geschützt wurde und vor allem mit Burgen überwacht. Dutzende solcher befestigter Plät-ze sind es gewesen, viele von ih-nen heute spurlos verschwunden oder nur mehr sagenumwobene Ruinen im Wald: Regenstauf, Stockenfels, Hof am Regen, Stef-ling, Regenpeilstein, und am wichtigsten die Reichsburg Cham, von der kein Stein mehr steht.

In den Königshöfen von Nitte-nau und Roding haben sich vor tausend Jahren die Herrscher des mittelalterlichen Reiches auf ihren Reisen aufgehalten, haben Recht gesprochen und haben Urkunden ausgestellt. Hohe Adlige saßen hier, zunächst als Vertreter der Reichsgewalt und dann zuneh-mend selbständig als überregio-

Uferpartie in Roding. Die Aufnahme aus dem Jahr 1965 zeigt das alte Weißbräuhaus.

nal wichtige politische Faktoren, etwa die Burggrafen von Regensburg auf der Burg zu Stefling oder die Markgrafen von Cham-Vohburg. Im 13. Jahrhundert waren diese Kräfte in die Auseinandersetzung mit den aufstrebenden Wittelsbachern verwickelt, kämpften, erschöpften sich und unterlagen.

Jene großen Familien haben sich aus der Geschichte verabschiedet - aber nicht spurlos. Ihr Andenken ist aufgehoben: Für den zünftigen Historiker ist es

aufgehoben in der Geschichtsschreibung und in den Urkunden, für jedermann aber in den Klöstern, die diese Herren stifteten. Im ehemaligen Zisterzienserkloster Walderbach waren es wahrscheinlich die Burggrafen von Regensburg, drüben im ehemaligen Benediktinerkloster Reichenbach sicher die Markgrafen von Cham-Vohburg.

In Reichenbach, das hoch über dem Fluß auf dem steilen, nur von einer Seite her zugänglichen Bergsporn liegt, sieht es jeder: Da

muß einmal eine Burg gestanden haben. In der Tat: Im 12. Jahrhundert haben viele Adelige ihre Burgen frömmeren Zwecken geweiht, sie an religiöse Orden geschenkt, die sie dann in Klöster umwandelten. Frommer Sinn, zeitgemäßer Reformeifer, Sorge für das Seelenheil und Sorge um das Andenken der Nachwelt mögen eine Rolle gespielt haben, aber auch politische Berechnung und das Interesse an einem vornehmen Begräbnisplatz. Reichenbach blühte als Kloster auf.

25

Von hier holte Kaiser Ludwig der Bayer die ersten Mönche für seine 1330 begründete Stiftung Ettal. Im 14. und 15. Jahrhundert entwickelte sich Reichenbach zu einem bedeutenden wissenschaftlichen Zentrum. Die Mönche kannten sich aus, beispielsweise in der Astronomie, wovon der sogenannte „Mathematische Turm" Zeugnis gibt, den man später zu Befestigungszwecken nutzte. Im 16. Jahrhundert fiel das Kloster der reformatorischen Bewegung in der Oberpfalz zum Opfer, erlebte gut hundert Jahre später, 1699, nach dem Dreißigjährigen Krieg und der Gegenreformation, eine Wiedergeburt und schon 133 Jahre später, in der Säkularisation von 1803, sein Ende. Schließlich wurde Reichenbach eine „Anstalt", wie man früher sagte. Die Heil- und Pflegeanstalt Reichenbach, eingerichtet vom Orden der „Barmherzigen Brüder", kümmert sich um Menschen, denen aus der Sicht der - wohlgemerkt nach eigener Einschätzung - „Gesunden" geistige Beschränkungen auferlegt sind. Wer den Ort aufsucht, begegnet diesen Menschen auf der Straße. Sie tragen alte Anzüge auf, man-

che zeigen sich finster verschlossen und ganz in sich gekehrt, andere reden laut mit sich selbst oder lachen einen an, und man ist rat- und hilflos.

Ein warmer Frühsommertag vor Jahren: Ein Vater unternimmt mit seinen beiden kleinen Buben einen Sonntagsausflug ohne Ziel, die schmale Straße am schwarzen Fluß entlang. Die mächtige Anlage auf dem Berg taucht auf. Der Vater weist auf den Ort hin, nennt den Namen Reichenbach, redet von Burg und Kloster, von Rittern und Mönchen. Er findet das Interesse der Kinder nicht. Denn die beiden lassen sich von dem bunten Bild fesseln, das sich ihnen zur Linken, auf der Insel im Fluß bietet: Die umsorgten Bewohner des Klosters haben ein Fest veranstaltet, mit großen Bällen, ungelenken Spielen, Burgen aus luftgefüllten Kunststoffkissen. Die Kin-

der drängen in diese bunte Welt. Der Vater steht fremd daneben, staunt über die Kinder, wie sie sich mit den großen Kindern schnell einlassen, welche die Sozialbürokratie „geistig behindert" nennt. Er ist hilflos und überrascht von der unglaublichen Fröhlichkeit und Natürlichkeit einer geradezu unwirklichen Szenerie: Er glaubt, Glück zu erkennen und spekuliert, ob nicht das Glück die Beschränktheit voraussetze. Im Regen fließt nie das gleiche Wasser und doch bleibt es stets derselbe Fluß. Und in Reichenbach ist es die Bedeutung und die Faszination des Ortes, die stets bleibt, mag auch die Funktion sich gewandelt haben: Ort der Gewalt und der Herrschaft zuerst als Burg, Ort des Geistes und der Gottesfurcht dann als Kloster, Ort der Verantwortung und der Fürsorge für die Hilflosen schließlich heute.

Im Jahr 1985: Der Universitätsdozent aus München überlegt, wie er denn seinen Studenten am ehesten etwas über die Entwicklung und die Bedeutung der Klöster im alten Bayern vermitteln könne. Er weiß, daß viele sich mit der bayerischen Geschichte befas-

Gnadenbild der Reichenbacher Klosterkirche auf einem Kupferstich von 1762

Auf einem Bergsporn oberhalb des Regentales wurde 1118 das Benediktinerkloster Reichenbach gegründet.

sen und trotzdem noch nicht die Donau nach Norden überschritten haben, daß viele mit dem Begriff Oberpfalz nichts anfangen können und diesen Landstrich in der Gegend etwa von Oggersheim vermuten. Er beschließt, gegen diese Unwissenheit zu kämpfen und einen Ausflug ins Tal des schwarzen Flusses zu unternehmen. Es ist ein früher, leicht dunstiger Herbstmorgen, aber die Sonne bricht sich schnell Bahn. Die Leute schauen mit großen Augen, was für eine Landschaft sich da auftut, zwischen Regenstauf und Cham.

Vom Benediktinerkloster Reichenbach aus blicken sie hinunter zum Zisterzienserkloster Walderbach und werden ihr Leben lang nicht mehr den Satz vergessen: „Sanctus Benedictus montes amavit" - der heilige Benedikt liebte die Berge - während die Zisterzienser ihre Klöster im Tal anlegten. Sie werden die Regel nicht vergessen, daß eine Benediktinerkirche meist stolze zwei Türme besitzt, während die Zisterzienser in ihrer Kargheit nur einen Dachreiter oder höchstens einen einzigen Turm bauen. Sie sind erstaunt, daß wir diesen Orten bedeutende Zeugnisse der romanischen Epoche in Bayern verdanken: die qualitätvolle Skulptur der Maiestas Domini aus Reichenbach, die man seit vielen Jahrzehnten im Bayerischen Nationalmuseum den Leuten zeigt; Zeugnisse, wie die Löwenköpfe am Kirchenportal, die uns vom hohen Stand des Bronzegusses berichten.

In Walderbach aber sind die Studenten überzeugt von der romanischen Hallenkirche in ihrer monumentalen Schlichtheit, und sie staunen, als der Dozent ihnen berichtet, daß dieser Kirchenbau in jedem wissenschaftlichen Werk über die Geschichte der romanischen Baukunst in Deutschland vorkommen muß.

Weiter flußaufwärts nochmals ein Ort mit einer Kirche: Chammünster, eine der Urpfarreien auf dem Nordgau, eine cella, die schon in den ältesten Besitzverzeichnissen und Grenzbeschreibungen des Klosters St. Emmeram zu Regensburg erwähnt ist. Hier, nicht in der Stadt selbst, haben sich die Bürger von Cham begraben lassen, Generation nach Generation: Die Schädelberge im Karner und das Niveau des Friedhofs, das wohl einen Meter höher liegt als die Umgebung, bezeugen es.

Die Studenten begreifen, daß diese Gegend, die ihnen so fremd war und die sie so provinziell und entlegen wähnten, einst Einflüsse von weither aufnahm und umsetzte, daß hier ein Geist wehte, der zu großen und tragenden Leistungen in der Lage war. Sie, die Studenten, haben bei dieser Reise im Tal des schwarzen Flusses ein Vorurteil erkannt und eine Vorstellung berichtigt. Sie haben eine Landschaft kennengelernt, die ihnen Bewunderung abnötigt.

Ein Wanderer zieht von Roding aus auf der linken Seite des schwarzen Flusses nach Westen. Es ist ein glänzender Maitag. Über dem Tal, halbversteckt im Wald, stößt er auf ein Kirchlein, drinnen ein Brunnenheiligtum, daneben ein Wirtshaus. Es gibt nicht mehr viele Orte in Bayern, wo sich Volksfrömmigkeit noch so ausdrückt wie hier, beim Heilbrünnl. An diesem Platz zeigt sich nicht ein weithin wirkender Anspruch wie in Reichenbach oder Walderbach, sondern versteckt Bescheidenheit, hier entfaltet sich nicht der liturgische Pomp, sondern hier betet leise der Wallfahrer. Das Heilbrünnl ist ein Quellenheiligtum, wie es seit Jahrtausenden alle Religionen kennen, die heilkräftige Verbindung von Gottheit und Wasser, seit 200 Jahren unter Aberglaubensverdacht. Der Wanderer betritt die Kirche, sucht die Quelle, schöpft Wasser und streicht es über seine vom Heuschnupfen brennenden Augen. Es hilft, wenn es auch nicht das Wasser ist, das Wunder wirkt, sondern der Glaube daran. Es geht so wie bei der Medizin, wo die roten Zuckerpillen Heilung bringen.

Persönlich hat mich die Landschaft am schwarzen Fluß immer bewegt. Wer mit der Landschaft alltäglich vertraut ist, dem ist sie selbst vielleicht alltäglich und gewöhnlich; der mag es vielleicht nicht für möglich halten und für eine unbeherrschte Schwärmerei, wenn ich sage: Diese Landschaft am Regen ist etwas ganz Besonderes. Sie ist in der Lage, zu verzaubern und zu wirken wie ein Traum.

Wie ein Traum tritt ein Wintertag am schwarzen Fluß in die Erinnerung. Die Ufer waren vereist, eine dämmrige Stunde, so gegen vier Uhr. Es schneit ganz leicht. Der Mann und seine Begleiterin sitzen in der leeren Stube des Gasthauses. Es ist unglaublich still. Neben der Tür ein Aquarium

Blick zum Chor der romanischen Hallenkirche des Zisterzienserklosters Walderbach. Die ornamentalen Malereien auf den Gurtbögen sind bedeutende Zeugnisse romanischer Kunst.

und darin ein mächtiger Karpfen, das Maul geht ihm bedächtig auf und zu, die Kiemen pumpen, er glotzt. Die Begleiterin schaut dem Untier lange zu, schaut dann zum Fenster hinaus, auf den Fluß. Und ganz plötzlich schlägt sie vor, den Fisch zu kaufen, ihn vom Koch loszukaufen, ihn hinaus über die Straße zu tragen und ihn ganz einfach zurückzugeben, den goldenen Karpfen in den schwarzen Fluß. Die Wirtin, in der Ecke mit dem Strickzeug, dreht ungläubig den Kopf zu den beiden einsamen Gästen herüber. Der Karpfen im Aquarium wendet sich mit einem jähen Flossenschlag in seinem engen Behältnis. Und der Mann ist verliebt. Verliebt in den Fisch, verliebt in die Frau und verliebt in den Fluß.

Egon Johannes Greipl

Granitblöcke im Regen unterhalb von Nittenau. Zahlreiche Sagen ranken sich um dieses Urgestein.

Postkartengrüße aus Marienthal am Regen, das sich seit der Jahrhundertwende zu einer beliebten Sommerfrische und zum Ziel von Bade- und Bootsausflügen entwickelte.

Veste Stockenfels

Da droben, auf jenem Berge,
Da steht ein altes Schloss,
Wo hinter Thüren und Thoren,
Sonst lauerte Ritter und Tross.
Jetzt klirren Gläser, statt der Sporen,
Humpen gehen von Hand zu Hand,
Brauer sind die Gäst' dort oben,
Sicher aus ganz Bayerland.

Gruss aus MARIENTHAL.
Besitzer:
Ignatz Wittmann.
LUFTKURORT.

„...wir wollen liebevoll abseits auf stille Nebenwege ziehen"

Das Regental in der Reiseliteratur des 19. und frühen 20. Jahrhunderts

„Der Regen endet wie er begonnen: Still und bescheiden. Er ist halt doch ein echter Waldler!"[1] Mit diesen Zeilen, veröffentlicht in der bislang einzigen kulturgeschichtlichen Monografie über den Regen, ist der Fluß als Bestandteil der Natur in die „Waldler"-Kultur eingemeindet worden. Der Regen, als „Hauptfluß des Waldes"[2], wird hier mit den Charaktereigenschaften belegt, welche seit dem 19. Jahrhundert den Bewohnern des Bayerischen Waldes, den „Waldlern"[3], von außen zugeschrieben worden waren. Wie kommt es, daß eine Naturerscheinung wie ein Fluß mit menschlichen Eigenschaften belegt und als einer bestimmten „Kultur" zugehörig beschrieben wird?

Im folgenden soll versucht werden, diesen Prozeß aufzuzeigen, der seit dem 19. Jahrhundert zu einer Neubewertung des Verhältnisses von Natur und Kultur, und damit auch des Flusses Regen, geführt hat. Grundlegend ist dabei die Vorstellung von der „Kultürlichkeit der Natur"[4], d.h. daß die Natur durch die kulturelle „Brille" der jeweils in einem bestimmten zeitlichen, räumlichen und sozialen Zusammenhang stehenden Menschen gesehen und genutzt wird.

Die Wahrnehmung und Beschreibung des Flusses Regen in der Reise- wie auch Heimatliteratur des 19. und beginnenden 20. Jahrhunderts soll nach diesem Aspekt befragt werden. Von Reiseliteratur[5], also Reisehandbüchern, Reiseberichten und Reiseführern kann man für den Bayerischen Wald nach vereinzelten Anfängen erst etwa seit der Mitte des 19. Jahrhunderts sprechen, als parallel zur verkehrsmäßigen Erschließung des Waldes auch langsam dessen touristische Inkenntnisnahme erfolgte. Ausgewählt wurde dieser Quellenbereich, weil hier der Fluß Regen, so scheint es, für die breitere Allgemeinheit „entdeckt", weil hier Wahrnehmungsraster gebildet und weitergegeben wurden. Der Fluß erhielt wohl von außen und für Leute von außen (mit Rückwirkung auf die Bewohner von „innen" am Fluß) ein stärkeres „kulturelles Profil". Und dieses „Profil" als touristisches Bild vom Fluß soll im weiteren untersucht werden. Dabei geht es um die Entstehung und den Wandel dieses Bildes, um dessen jeweiligen Kontext, um die „Bildproduzenten" und schließlich um die Wechselwirkungen zwischen dem touristischen Bild eines Flusses und dem tatsächlichen Tourismus

am Fluß. Der räumliche Schwerpunkt der Untersuchung liegt zwischen Regensburg und Cham. Denn hier hat sich, so eine Vermutung, von den Städten und nahegelegenen Orten ausgehend, die Vorstellung vom „eigentlichen"[6] im Sinne der Naherholung zu bereisenden „Regental" entwickelt.

Ein neuer Blick auf den Fluß
„Vor allem sey du, heimathlicher Regen, der du so oft meinem jugendlichen Leben den Tod gedroht, mir herzlich gegrüßt! ... O, daß es mir gegönnt wäre, hier zu wohnen, wie oft würde ich bei der Sonne erstem Strahle an deine Ufer eilen, und wenn der Mond deine Wellen versilbert, auf dein Gemurmel lauschen! Ewig werde ich dich, du Namensschöpfer der herrlichsten Stadt, du Spender von Hirkaniens Schätzen, bis zu meinem letzten Hauche loben und preisen! Nun zur Chronik von Regendorf."[7]

Dieser Gefühlsausbruch beim Anblick des Flusses Regen stammt von dem Regensburger Geschichtsschreiber Joseph Rudolph Schuegraf und wurde 1830 in dessen Führer zu den Regensburger „Umgebungen" veröffentlicht. Eine solch überschwenglich lobende Darstellung des Regens hatte kaum Vorläufer und markiert exemplarisch einen Wendepunkt in der Wahrnehmung des Flusses. Sowohl Aspekte älterer Seh- und Nutzungsweisen des Flusses als auch Facetten eines neuen bürgerlich-touristischen Blickwinkels sind hier angesprochen.

Mit der erwähnten „Todesdrohung" des Flusses bezog sich Schuegraf, der in Cham am Regen aufgewachsen war, noch auf eine ältere Wahrnehmungsweise des Gewässers und damit auch der Natur: Ungezähmte Natur erschien ihm, zumindest in seinem „Knabenalter", als etwas Gefährliches, Bedrohliches und damit negativ Besetztes.[8] Hiermit war implizit die Sicht derjenigen angedeutet, die nahe am Fluß lebten oder arbeiteten und zeitweise dessen realer Bedrohung durch Hochwasser oder Eisstoß ausgesetzt waren.

Gleichzeitig erwähnte Schuegraf positiv die „Nutzfunktion" des Regens als „Spender von Hirkaniens Schätzen": Gemeint war das Flößen und Triften von Holz[9] aus dem Bayerischen Wald nach Regensburg. Dieses wurde seit „undenklichen Zeiten" geübt und gehörte damals „wie der tägliche Augenschein bewährt" noch zum Alltag im Umgang mit dem Fluß. Hinter diesem Lob des Flusses als „Schatztruhe" stand die Vorstellung, daß die Natur dann „gut" sei, wenn sie wirtschaftlichen Nutzen bringt.[10] In der Folgezeit sollte dann die „Natur" des Flusses durch menschliche Eingriffe „verbessert" werden: Mit einer ersten, in den Jahren 1845 bis 1849 durchgeführten Flußregulierung

war versucht worden, dessen Wirtschaftlichkeit durch eine Verbesserung der Floßbarkeit zu erhöhen.[11]

Demgegenüber, und das war das Neue in oben genanntem Zitat, gab sich der städtische Bürger Schuegraf ästhetisch-emotionalen Betrachtungen des Flusses hin, welche er mit historischen Interessen verband. Neben der Etymologie des Namens „Regensburg" und der geschichtlichen Funktion des Regens als „Namensgeber" interessierte sich Schuegraf vor allem für die „Stimmung" des Flusses: Die bei einem Ausflug aufs Land, in den Sommerkeller Regendorf bei Regensburg, erlebten Gefühle teilte er nachträglich dem Publikum in seiner Schrift mit, allerdings nicht ohne diese, so erscheint es zumindest dem heutigen Leser, ironisch durch den abrupten Übergang von der Gefühlsschwelgerei zur trockenen geschichtlichen „Chronik von Regendorf" zu brechen. Mit Schuegraf war ein Anfang gemacht in der touristischen Wahrnehmung des Flusses Regen.[12] Der Schriftsteller gehörte zu den frühen Ausflüglern und Reisenden der Region, die sich für die „freie" Natur um ihrer selbst willen zu interessieren begannen. Dieser Trend sollte in den nachfolgenden Reiseführern aufgenommen und verstärkt werden.

Natur und Kultur im Reiseführer

1846 erschien in Regensburg ein erstes umfangreiches Reisehandbuch über den „Bayrischen Wald (Böhmerwald)".[13] Die Autoren, Bernhard Grueber, Architekt, Künstler, später Professor, und

Adalbert Müller, Journalist, nahmen 1846 für sich in Anspruch, als erste die „Terra incognita" Bayerischer Wald einer breiteren Allgemeinheit bekannt gemacht zu haben: „Diese Berge ... - man sollte denken, ihren romantischen Thälern ... müßten in der guten Jahreszeit Tausende von Naturfreunden zuwallen, und die Touristenzüge des neunzehnten Säkuls hätten schon längst sich hieher ergossen. Dem ist aber nicht so! Vielmehr sind die reichen Schönheiten dieser Gebirgswelt bis zur Stunde dem Nichteingebornen fast gänzlich unbekannt."[14] Statt der bürgerlichen „Naturfreunde" kamen, so Grueber und Müller, in den 1840er Jahren „außer den im engeren Sinne also Bezeichneten, in Krämerwaare Machenden höchstens ein ... vereinzelt[er] ... Professor aus Passau oder Straubing, der die während des Schuljahres angesammelte Galle durch Herumklettern in den benachbarten Bergen los werden wollte, oder manchmal ein Rudel Studenten ..."[15] Von Reisen oder Ausflügen in das Tal des Regens war hier noch nicht die Rede. Es bedurfte zuvor überhaupt erst einer touristischen „Entdeckung" der „Naturschönheiten und sonstigen Merkwürdigkeiten dieser Gebirgswelt".[16]

Zu deren Wirkung notierte 1861 der Reiseautor Heinrich Reder kritisch: „Was der Feder des Gelehrten und dem Griffel des Künstlers ... bisher wenig gelungen, die reichen Schätze und Schönheiten des bayerischen Waldes zur allgemeinen Kenntnis zu bringen, vermochte die Industrie mit einem Zauberschlage. Sie zog

Ramspau am Unterlauf des Regens, bekannt durch sein Barockschloß mit den markanten Ecktürmen

um seine natürlichen Grenzen ... die künstlichen des Verkehrs, die Ostbahnlinien ... Der grelle Pfiff der Lokomotive hat die Waldeinsamkeit aus ihrer schweigsamen Ruhe und poetischen Träumereien emporgeschreckt und in die bleichen Nebel der Thale die langgezogenen Dampfwolken gewoben, unter denen auf nimmermüden Rädern Reisende aus aller Herren Länder zu den dunklen, laubschattigen Bergen heranziehen werden".[17] Und tatsächlich wuchs die Zahl der Reiseführer seit den 1860er Jahren stark an, als der Bayerische Wald durch Eisenbahnlinien[18] zugänglicher gemacht wurde. Der Reiseliteratur

stellte die Heimatbewegung seit der Jahrhundertwende ein spezifisches „Heimatschrifttum"[19] an die Seite, welche das schon geprägte Bild der Region weiter verfestigte bzw. auch einengte. Die meisten Reise- und viele der Heimatautoren griffen u.a. auf das Grueber und Müllersche „Standardwerk"[20] zurück, weshalb dessen Verhältnis zur „Natur" hier beschrieben wird.

Der Bayerische Wald als „Provinz, die keine Großstädte und überhaupt kein Großleben hat"[21], wurde in den Reiseführern vor allem unter der Perspektive „Natur" wahrgenommen. Bei Grueber und Müller, wie bei vielen weite-

ren Reiseschriftstellern, lassen sich allgemein zwei Blickwinkel auf die Natur feststellen: Da war zum einen der „vermeintliche Tatsachenblick", der die Natur so wahrnahm, wie sie von den Naturwissenschaften erklärt wurde; und da war zum anderen der sogenannte „Merkwürdigkeitsblick" als „Reiseblick", der subjektiv und sentimental das sah, was er sehen wollte.[22]

Zu den „Tatsachen" der Natur des Waldes zählten in den einleitenden Kapiteln der Reiseführer meist die Lage des Waldes, dessen Formation, „geognostische Beschaffenheit", „hydrographische Verhältnisse"[23], Klima, Fauna

Die mittelalterliche Burg Stefling (Aquarell von Georg Dorrer, 1899)

und Flora - also Bereiche, die von den Wissenschaften der Geographie, Geologie, Hydrologie, Meteorologie, Biologie usw. bearbeitet werden. Der Fluß Regen tauchte in diesem Zusammenhang - so etwa 1846 bei Grueber und Müller[24] - unter folgenden Aspekten auf: Lage des Flusses inmitten des Waldes und als Grenzscheide zwischen „innerem" und „äußerem" Wald, Verlauf von den Quellen bis zur Mündung, landschaftliche Formationen des Regentales mit seinen „Thalweitungen", mangelnde Schiffbarkeit, Ausnutzung für die Flößerei und Holztrift, Länge, abnehmendes Gefälle, kaum größe-

re Zuflüsse, braune Farbe, „gemäßigtes" Klima im Regental, Fisch- und Perlenreichtum. All dies veranlaßte diese und nachfolgende Autoren von der „Bescheidenheit" und der „Ruhe"[25] des Flusses Regen zu sprechen - ein Zeichen dafür, daß auch hier, im Bereich der (natur)- wissenschaftlichen „Fakten", mit kulturellen Zuschreibungen gearbeitet wurde.

Das, was den Reiseautoren als „merkwürdig" auffiel, das hatte seine Wurzeln unter anderem in den älteren statistischen Landesbeschreibungen mit aufklärerischem und kulturell weitem Blickwinkel. Gleichzeitig aber

war der „Merkwürdigkeitsblick" auch von der Suche der Bürger nach einer „besseren" Gegenwelt zur eigenen geprägt. Der weite Blick verengte sich im 19. Jahrhundert auf die Bereiche der „Natur" und der „Geschichte".[26] So wurden in den Reiseführern ältere aufklärerische Urteile über den Bayerischen Wald aufgegriffen und entweder als „Vor-Urteile" entwertet oder zum Positiven umgewertet und romantisiert. Der Beamte Joseph Hazzi etwa, ein Aufklärer, der um die Wende zum 19. Jahrhundert „dienstlich" den Bayerischen Wald bereiste, hatte ein negatives Urteil gefällt bezüglich der räumlichen wie kulturellen Abgeschiedenheit des Bayerischen Waldes als „rückständig". Die Natur und die Menschen sah er als „wild" im Sinne von „unzivilisiert" an. Hazzi schrieb über das Landgericht Zwiesel: „Blickt man in dieser Gegend um sich, so glaubt man so ganz in eine sibirische Wüstenei sich versetzt. Der immerwährende Wald und die hohen schwarzen Gebirgsaufthürmungen scheinen hier die Erde zu begrenzen, so wie die kleinen hölzernen Hütten eher einen Aufenthalt wilder Thiere als gesitteter Menschen vermuthen lassen: Angst und Beklemmung überfällt den Wanderer, er glaubt in das traurige Reich des Pluto sich verirrt zu haben."[27] Die „wilde" Natur des Waldes stand für Hazzi in Gegensatz zu Kultur und Zivilisation. Er empfand sie als bedrohlich.

Als Gegenreaktion auf eine solche Sehweise versuchten Reiseautoren wie Grueber und Müller den schlechten Ruf des Bayeri-

1996 konnte Stefling sein 1000jähriges Gründungsjubiläum begehen.

schen Waldes zu verbessern, indem sie die „Wildheit" der Natur unter romantisch-ästhetischer Perspektive veredelten. Sie prägten und popularisierten den „bürgerlichen Blick in den Wald"[28]: Natur stand da nicht mehr nur im Gegensatz zur Kultur (wenngleich auch hier ein Fortschreiten der „Zivilisation" etwa in Bezug auf die touristische Infrastruktur des Waldes[29] gelobt wurde), sondern wurde als Basis einer „besseren" Kultur im Kontrast zur eigenen städtischen Zivilisation angesehen. Natur geriet damit zum „Projektionsfeld der bürgerlichen Sehnsüchte"[30]. Eine Ursache dafür mochte ein gewisses Unbehagen an der „Technisierung und 'Vermassung' städtischen Lebens [gewesen sein]. Die geschaffene Zivilisation und ihre 'gesellschaftlichen Einrichtungen'" erschienen nun, so Kaschuba, als „'Denaturierung', als Sich-selbst-Entfremden des Menschen, dem man mit der Suche nach alten Wurzeln in der Geschichte und nach neuen Kräften in der Natur zu begegnen hofft[e]"[31]. Schon früh fanden sich auch in Reiseführern zivilisationskritische Äußerungen wie etwa 1861 die Rede von einem „alle Besonderheit auflösenden Civilisationsbrei"[32].

Konkret zeigte sich die neue Bewertung von Natur als „Gegenkultur" im Reiseführer in einem neuen Bild von der „Naturwüchsigkeit" des Waldes: Zu dieser gehörten zum einen die „Waldler", deren „Natürlichkeit" noch „nicht sehr beeinträchtiget durch Kunst, Politik und Überbildung" und die trotz oder durch deren Beschränkung einen zwar „weniger prunkenden aber glücklicheren" Zustand[33] erreichten. Den zudem angenommenen Einfluß der „natürlichen" Umgebung auf den „Volkscharakter" brachte ein Reiseautor auf die kurze Formel: „An die Natur geschmiegt, ist der Waldler natürlich ..."[34] Zum anderen mutierte die „wilde" Natur zur „natürlichen Landschaft".

Diese wurde vor allem optisch wahrgenommen als „schöne Aussicht" von einem bestimmten Standort aus. Reiseführer beschrieben diese Aussicht und machten sie dadurch einheitlich und wiederholbar.[35] Das, was für die Natur als „schön" galt, das hatte seine Wurzeln in der seit Ende des 18. Jahrhunderts aufkommenden Alpenbegeisterung:[36] Bürger hatten die Ästhetik der „Wildheit" der Berge und deren Komplement, der Fluß-Täler entdeckt. Zudem lieferte die ästhetische Kategorie des „Pittoresken", in der Hochkunst Ende des 18. Jahrhunderts entwickelt, einen Maßstab zur Auswahl und Beschreibung von Landschaften. „Pittoresk" meinte die „Vermittlung erhabener (=wilder) und schöner (=lieblicher) Landschaft, von Natur und Kultur ..."[37]

In bezug auf den Regen läßt sich dieser Wandel in der Naturwahrnehmung als Entdeckung der „Flußlandschaft" beschreiben.

Die Autoren von Reiseführern näherten sich dem Fluß, so scheint es, zunächst aus der Ferne und mit einem Blick von oben auf den gesamten Flußlauf (Panorama[38]). Später erst entwickelten sie auch Nahblicke aus der Perspektive von unten, vom Regental aus (Einzelansichten). Grueber und Müller nahmen den Fluß 1846 noch eher kursorisch und aus der Ferne wahr. In der Landschaft des Regentals entdeckten sie den „Charakter des Lieblichen und Anmuthigen": „Die Thäler im Gebiete dieses Flusses zeigen sich bald langgestreckt und schmal, bald zu runden Becken erweitert, immer aber im saftigsten Wiesengrün prangend und von Quellen und pfeilschnell dahineilenden Bächen bewässert. Um mit dem Dichter zu reden: Das sprudelt, schwatzt und rauscht, das eilt und stürzt von den Höhen herab, als wäre ein Fest im Anzuge, und alle Najaden liefen der Ebene zu, um es nicht zu versäumen".[39] Im

Gegensatz dazu sprachen die Autoren vom „ernsten und rauhen" Charakter der Waldgebirge, deren „Thäler ... düsterer und einsamer" werden; und beides zusammengenommen - das „Erhabene" und das „Idyllische" - diente ihnen als Beweis für die pittoresken „Naturschönheiten" des Bayerischen Waldes. Man könnte auch Gruebers und Müllers Äußerungen dahingehend interpretieren, daß ihnen der Fluß Regen, mit seinem „lieblichen" Tal, gewissermaßen zum Vermittler wurde zwischen der „wilden" Natur des Gebirges, dem er entstammt, und der „Kultur" der Ebene und der Stadt, der er zufließt. Diese Annäherung von Natur und Kultur sollte sich in den nachfolgenden Reiseführern fortsetzen und zu einer „kleinen", relativ späten touristischen Entdeckung des Regentals führen.

Der Sage nach gehen auf der „Geisterburg" Stockenfels „Bierpanscher", unehrliche Wirte und Schenkkellner, als Geister um, die zur Strafe gepanschtes Bier trinken müssen.

Blick über die Granitblöcke im Regen zur Burg Stockenfels. Durch ihre erhöhte Lage hatten die Burgen das Regental im Blick.

Das Regental wird Reiseziel

Im Umkreis von Städten wie Regensburg oder Cham fiel den Reisenden die Ästhetik des Flusses Regen zuerst auf. Über die Regensburger „Umgebungen" hatte sich 1830 jener schon genannte und zitierte J.G. Schuegraf geäußert - und damit auch erstmals (?) über den Fluß Regen und dessen touristische Qualitäten: „Und wirklich dieser Winkel des Regenthales [Lorenzen bei Regensburg] hat hierzu [Sommeraufenthalt] sehr viel Einladendes. Er liegt nicht fern von der Stadt, und die Sommerluft selbst scheint hier durch die Frische des Regenflusses und den Schatten des Waldes sehr gemäßigt zu seyn."[40]

Auch aus der „Ferne" hatte Schuegraf den Fluß Regen wahrgenommen, von einem erhöhten Standort aus: Er beschrieb die „Aussicht von der Rusel" auf einen Abschnitt des Flusses, auf das „Regenthal beym Eintritt des Flusses in die Marken des Landgerichts Cham". 1824 notierte er: „Kaum erreicht der Blick das Ende dieser breiten Fläche, deren Mitte der Regen, der Camp, und viele Bäche befruchtend durchschlängeln, und von deren lustigen Umkreise herab, Burgen und zahlreiche Ortschaften das Ansehen geben, als schirmten sie ihre alte Pflegemutter, die Stadt Cham. Und so zieret jeden Fluß und Bach in Baiern eine fruchtbare Fläche, oder ein schönes Thal, eines ähnlichen Lobes würdig."[41]

Diese Perspektive einer weiten panoramatischen Überschau von einer Anhöhe aus sollte in allen nachfolgenden Reiseführern eine wichtige Rolle spielen. Bezeich-

nenderweise ist in Schuegrafs Beschreibung der „Schönheit" der (Kultur-) Landschaft am Fluß noch deren Wirtschaftlichkeit („fruchtbar") an die Seite gestellt. Dieser Aspekt wurde in den folgenden Reiseführern durch die „Geschichtlichkeit" und „Poesie" der Gegend überlagert. So lobte Müller 1861 in seinem Reiseführer vor allem die „Romantik" und den „poetischen Hauch" von „Trümmern verfallener Rittersitze"[42] und 1924 gar waren dem Heimatautor Otto Hartmann angesichts des „packenden Naturgemäldes" im „Chamer Winkel" die Menschen zu „nichtigen Dingen" geworden, „die das Wesen der Landschaft und die alte geschichten- und sagenreiche Gegend wenig berühren"[43]. Die fruchtbare Flußlandschaft hatte sich im Fokus der Reiseautoren in eine „uralte" Geschichtslandschaft verwandelt.

Und dieser Blickwinkel „Geschichte" war es auch, der die Reisenden dem Fluß Regen näherbrachte. Dabei ging es nicht um Geschichte allgemein, sondern um die mittelalterliche Geschichte vor allem der Burgen. So schrieben schon Grueber und Müller 1846: „Burgen von großer historischer Bedeutung gibt es [im Bayerischen Wald] nur äußerst wenige, und wenn man, diesen Maßstab anlegend, alle minder berühmten Rittervesten gering schätzen wollte, thäte man sehr Unrecht. Auch ohne besonders wichtige Lokalgeschichte ist jede Burg oder Burgruine an und für sich, als Denkmal des ... merkwürdigen Mittelalters, von Werth, und dieser Werth steigert sich

von Jahr zu Jahr, je mehr jene Überbleibsel der Vorzeit von den Höhen unseres Landes verschwinden."[44] Aus solcher Sicht empfahlen die Autoren u.a. den Besuch des Schlosses Thierlstein am Regen bei Cham, aus dessen „modisch geschminkte[r] Physiognomie ... immer noch das finstere Auge des Faustrechtes"[45] drohe. Später sollte sich mancher Reiseautor bezüglich des Regentales richtiggehend auf „Burgensuche" begeben, denn „... gerade die Burgen sind es, die uns mit ihren Türmen und Zinnen, mit ihren alten Mauern, von Gestrüpp und Schlingpflanzen überwuchert, wie mit geheimnisvoller Macht immer wieder in ihren Bann ziehen. Diese stummen Zeugen einer ruhmreichen Vergangenheit, die uns an eine Zeit erinnern, in der kühne und trutzige Geschlechter die Landschaft mit eiserner Faust schützten und beherrschten, sind uns durch die geschichtlichen Überlieferungen und durch den Zauber der Sage vertraut geworden."[46] In diesem Zusammenhang ist auch die Rolle Regensburgs als das „altprächtige gothische Portal zum Eintritt in die dahinter sich öffnende Waldherrlichkeit"[47] zu nennen; wenngleich in der Mitte des 19. Jahrhunderts der „Eintritt" in den Bayerischen Wald von Regensburg aus noch nicht über das Regental erfolgte. Später, in den 20er Jahren, ließen Reiseautoren ihre Wanderungen ins Regental im mittelalterlichen Regensburg beginnen.[48]

Doch noch war es nicht soweit. Erst in Zusammenhang mit der Erhebung von am Fluß gelegenen Ortschaften und historischen Bau-

werken in den Rang von „Sehenswürdigkeiten" sollte das Regental
touristisch interessant und aus
der Nahsicht in Reiseführern beschrieben werden. Zeitlich verlief
dieser Prozeß parallel zum Eisenbahnbau in dieser Region: 1859
bis 1861 waren Regensburg und
Cham an ein größeres Eisenbahnnetz[49] angeschlossen und damit
von Städten wie Nürnberg oder
München aus erreichbar geworden; und prompt behandelten
Reiseführer etwa die Umgebung
von Cham ausführlicher.[50] Chams
„Umgebungen" erweiterten sich
verstärkt ins Regental hinein: Roding tauchte ab 1861 in den hier
herangezogenen Reiseführern
auf.[51] Daß Roding damals noch

nicht unbefragt in den Kanon der
Sehenswürdigkeiten aufgenommen war, mag eine ironische Äußerung des Reiseautors Reder
über die „Unbilden des Rodinger
Pflasters" und die Rodinger
„Häuserfronten im Schnecken-
zopfstyl" andeuten.

Auch die Regensburger „Umgebungen" griffen damals zunehmend weiter ins Regental aus,
wie das Interesse an der Burgruine Stockenfels und der gegenüberliegenden Gaststätte in Marienthal, einer ehemaligen Glas-
schleife, bekundet. Sagen und Sa-
gensammlungen, wie die von
Franz Xaver Schönwerth[52], hatten
wohl den Grund gelegt für eine
dem Stadtbürger touristisch at-

traktive Interpretation der Burgruine Stockenfels als „Geisterburg". Diese war zwar in den
1860/70er Jahren als solche bekannt, aber noch keineswegs über
den Nahbereich hinaus touristisch erschlossen, wie sich aus einem Reisebericht des Weideners
Albert Vierling entnehmen läßt.
1877 wollte Vierling jenen „Geisterberg" besuchen: „Wie aber
hinkommen? Wir erkundigten
uns in Weiden da und dort über
die Lage, konnten aber etwas Zu-
verlässigeres nicht erfahren, als
daß er [der Stockenfels] im Landgerichte Nittenau liege und daß
man denselben sowohl von Nittenau als auch von Regenstauf aus
besteigen könne. Wir zogen die

*Die mittel-
alterliche Burg-
anlage Hof mit
ihrer bemerkens-
werten Turm-
kapelle, die über
dem Sakralraum
zwei Wohn-
geschosse hatte.*

41

Karten zu Rath, aber keine ... hatte den Stockenfels eingezeichnet. Wir verließen uns daher auf unser gutes Glück ..."[53] - und Vierling wählte die Anfahrt mit der Eisenbahn bis nach Regenstauf. Von da aus wanderte er mit Freunden den Regen entlang bis nach Marienthal und erhielt vom dortigen Wirt Informationen über die Burg und dessen Sohn als Führer auf die Ruine. Hier ist eine Reisesituation beschrieben, die typisch ist für die Zeit vor der schriftlichen Entdeckung und Fixierung der Regentaler „Sehenswürdigkeiten" im Reiseführer. Auch die Wahrnehmung des Flusses Regen ist hier noch als indviduelles Naturerlebnis geschildert, als Entdeckung „schöner" Abschnitte des Flußtales aus der Nähe: „Besonders eine Stelle dieser Parthie wird mir unvergeßlich bleiben. Kurz ehe man Marienthal erreicht, macht der Fluß eine Biegung und erhält hierdurch eine etwas größere Schnelle wie sonst. Sein Lauf bricht sich an einzelnen Felsblöcken ... man befindet sich ... in der stillsten Einsamkeit mit Wald und Fluß und hört nur dem leichten regelmäßigen Rauschen des hier schneller fließenden Wassers zu. Ich hätte wahrlich den ganzen Tag auf diesem reizend stillen Fleckchen sitzen können ..."[54]

Das Regental wurde jetzt zwar in einzelnen, landschaftlich besonders schönen oder historisch besonders „sehenswerten" Abschnitten wahrgenommen, tauchte aber als solches noch nicht im Reiseführer auf: Das Regental fungierte (noch) nicht als touristische Leitlinie nach dem Vorbild

großer und älterer Flußreisen wie der Rheinreise oder der Donaureise.[55] Einer Fahrt auf dem Fluß, von der aus man Natur und Kultur als eine Abfolge schöner Ansichten erleben konnte, widersetzte sich der Regen, denn er war nicht schiffbar. Erst die Eisenbahn, die in den 1890er Jahren mit kleineren Lokalbahnen auch längere Abschnitte der Täler des Weißen und des Schwarzen Regens[56] erschloß, ermöglichte in bezug auf den Regen ein ähnliches Reiseerlebnis „in klein": Jedenfalls vermerkten die Reiseführer sofort die touristischen Möglichkeiten einer Eisenbahnfahrt durchs Tal. Die Reiseführer priesen eine Bahnfahrt als „bequem" an und beschrieben die Fahrt durchs Tal als schnelle Abfolge wechselnder Orte und Aussichten.[57] Eine lineare schnelle Wahrnehmung der Landschaft und des Flusses sollte hier durch das neue Verkehrsmittel an Stelle einer eher langsamen und punktuellen Sehweise treten.[58] Doch die Talstrecke des Regens zwischen Regensburg und Cham hat nie eine durchgehende Eisenbahnlinie erhalten und deshalb war eine „schnelle" Besichtigung „en passant" nicht möglich. Zwar hatten anliegende Gemeinden in den 1890er Jahren eine „Regentalbahn"[59] zwischen Regenstauf (Anschluß an Regensburg) - Nittenau - Roding (Anschluß an Cham) projektiert; doch das auch vorgebrachte Argument eines zu steigernden Tourismus im „landschaftlich schönen Regental" schien nicht gewichtig genug im Vergleich zu wirtschaftlichen Erwägungen. So sollte statt der ge-

planten „Regentalbahn" 1907 die Lokalbahn Nittenau-Bodenwöhr eröffnet werden. Diese Lokalbahnlinie erweiterte das touristische Einzugsgebiet des Regentals auch auf die kleineren Orte im (Industrie-) Gebiet der mittleren Oberpfalz und hatte indirekt zur Folge, daß 1909 in einem von Georg Dorrer verfaßten Reiseführer[60] über Neunburg vorm Wald auch das „Regental bei Nittenau" aufgenommen worden war, denn die Bahnlinie hatte über Bodenwöhr eine direkte Verbindung dorthin geschaffen.

Vielleicht war das Bemühen um eine „Regentalbahn" auch Ausdruck eines Prozesses, der Ende des 19. Jahrhunderts eine Art „Regentalbewußtsein" geschaffen hatte. Dies spielte für die Reiseführer insofern eine Rolle, als seit dieser Zeit das Regental selbst (und nicht mehr nur einzelne Orte) als Reiseziel auftauchte: 1896 beispielsweise empfahl Hugo Graf von Walderdorff in seinem Regensburg-Führer auch einen Besuch des Regentals bis Roding als „entferntere Umgebung" von Regensburg.[61] Als Ehrenmitglied des Historischen Vereins von Regensburg interessierten ihn vor allem die „geschichtlichen und kunstgeschichtlichen Beziehungen" der Region: Der Fluß war ihm Leitlinie, an der entlang sich (kunst-) historische Sehenswürdigkeiten erwandern ließen. Angemerkt sei hier, daß besonders in den 1880er Jahren, von Regensburg ausgehend, die Bedeutung der Klöster Reichenbach und Walderbach entdeckt worden war.[62] Beide Klöster sollten in den Kanon der „Sehenswürdigkeiten" des Regentals aufgenommen werden. Sie erschienen ganz selbstverständlich in den nachfolgenden Reiseführern über die Region, welche seit der Wende zum 20. Jahrhundert vermehrt veröffentlicht wurden.

Viele Ortschaften im Regental erhielten zu dieser Zeit einen eigenen Reiseführer, in denen das Flußtal als „Umgebung von" beschrieben und für einen Ausflug empfohlen wurde, zum Beispiel in dem nach 1906 erschienenen Reiseführer über „Roding und seine Umgebung" des „Verschönerungs-und Fremden-Verkehrs-Vereins Roding"[63] oder in dem schon erwähnten Reiseführer über „Neunburg vorm Wald, seine Umgebung und das Regental bei Nittenau" von 1909. Hier tauchte das „Regental" erstmals im Titel eines Reiseführers auf und war damit - deutlich sichtbar - ein Reiseziel geworden.

Entdecker und Entdecktes im Regental

Das vermehrte Auftreten von Reiseführern für den „Nahbereich" gehört in den Zusammenhang verstärkter Aktivitäten bürgerlicher Vereine zur „Verschönerung" ihrer näheren Umgebung zur Naherholung und für die Sommerfrische seit den 1870/80er Jahren. So war 1871 in Regensburg ein „Verschönerungsverein Regensburg"[64] und 1902 eine eigene Sektion des „Bayerischen Wald-Vereins" gegründet worden.[65] Zweck des „Waldvereins Regensburg" war u.a. die Fremdenverkehrs-Förderung und die „Aufschließung der landschaftlichen Schönheiten der Umgebung von Regensburg".[66] Dazu gehörten, neben Ausflügen, die Markierung von Wanderwegen, das Aufstellen von Sitzbänken, die Herausgabe von Karten mit Wanderinformationen und das Errichten

von Aussichtstürmen, also der Aufbau einer touristischen Infrastruktur auch im Regental. Gleichzeitig bemühte sich ab 1904/05 der „Waldverein Regensburg" um den „Naturschutz", wobei aber das Regental betreffende Aktionen soweit bekannt nicht durchgeführt wurden.[67]

In Regenstauf hatte man zu Beginn der 1870er Jahre einen „Verein zur Cultur des Berges"[68], ab 1893 den „Bergverein"[69], gegründet, welcher es u.a. als Aufgabe ansah, den bis dahin kahlen „Hügel"[70] bei Regenstauf durch Bepflanzung und weiteren Ausbau mit einem Aussichtsturm und Springbrunnen zu einem „Platz der Erholung" zu machen. Dies war auch touristisch ein Erfolg, denn die bald „Schloßberg" genannte Erhebung sollte sich zu einer „der meist besuchtesten Höhen des Regentales", gar zum „Wahrzeichen des unteren Regen-

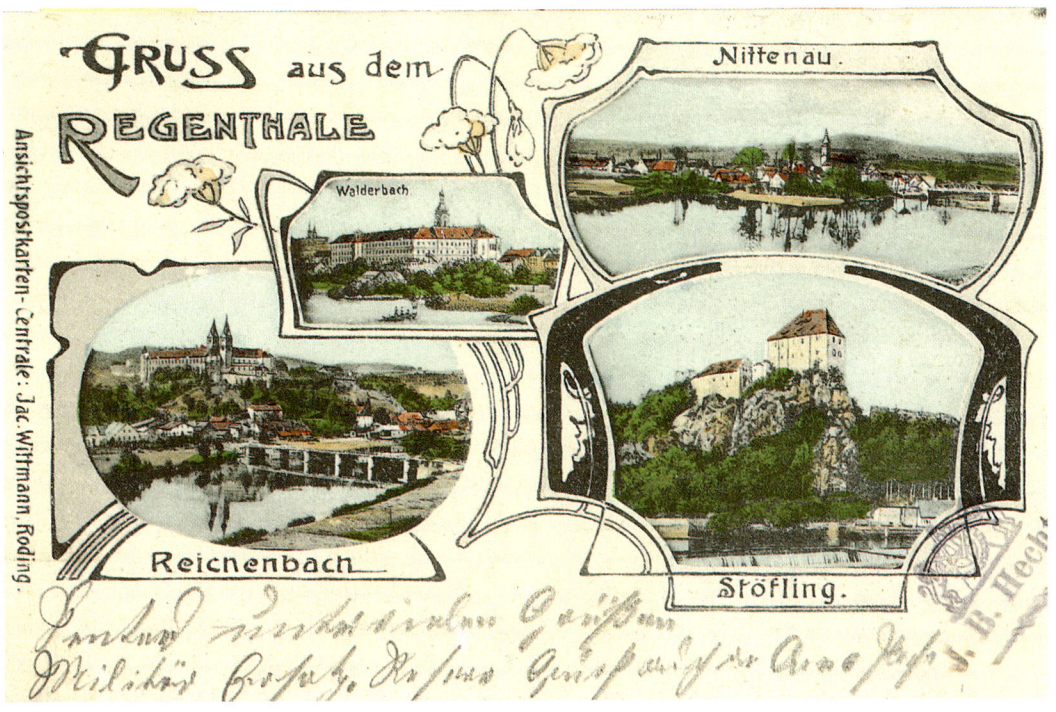

Potpourrikarte um 1900 mit Ansichten der Regentalklöster Walderbach und Reichenbach

tales" entwickeln.[71] Auch in Nittenau gab es um 1905 einen „Verschönerungs-Verein", dieser „betreute" den nahegelegenen „Jugenberg"[72]. Allerdings ließ sich der hier ab 1905 im Zusammenwirken mit dem Waldverein Regensburg geplante Bau eines Aussichtsturmes nicht verwirklichen. Trotzdem scheint der Jugenberg in den 20er Jahren zu einem wichtigen Ziel für Wanderer, im Unterschied zu den „Spaziergängern" auf den ausgebauten Schloßberg in Regenstauf, geworden zu sein.

Insgesamt ähnelten sich die Zielsetzungen und Aktivitäten der Verschönerungs- und Fremdenverkehrsvereine in der Region: Im Sinne einer „Domestizierung der Natur" und Umformung der „Produktionslandschaft" zur „Konsumtionslandschaft"[73] wur-

den Wanderwege markiert, Aussichtspunkte und -türme geschaffen, Bänke aufgestellt. Auch die Orte des Regentals und deren Umgebungen sollten für die Erfordernisse des Fremdenverkehrs zugerichtet werden. Dies hatte eine Lenkung und Reproduzierbarkeit der „Reise-Blicke" zur Folge.

Vorbild solchen Ausbaus der Natur als eine geleitete Abfolge schöner und „natürlicher" Aussichten war der adelige Landschaftsgarten. Eine Beschreibung des fürstlich Thurn und Taxisschen Naturparks in Falkenstein von 1836 liest sich wie das, was sich später auch im Regental vollzog: „Und in diesen vollen oft wilden Reichthum der Natur hat die Hand des Besitzers nirgends auf störende Weise eingegriffen; die Kunst hat nur nachgeholfen,

Hemmnisse beseitiget, das Steigen erleichtert, dem Auge die schönsten Anblicke geöffnet, die Wege gezogen, die Bäche mit einfachen Brücken ... überwölbt ... und die an Abgründen vorüberführenden Pfade mit einfachen schützenden Geländern umgeben - aber keine sogenannte Anlage schaffen wollen, nichts Wesentliches genommen, nichts Fremdartiges hinzugethan"[74]. Die Natur wurde zwar „gezähmt", gleichzeitig aber auch mit Qualitäten ausgestattet, die „ihre Natürlichkeit ... betonten".[75]

Die Bemühungen der Verschönerungs- und Fremdenverkehrsvereine sollten ab 1908 gebündelt werden mit der Gründung eines „Oberpfälzer Fremdenverkehrs-Verbandes".[76] Dieser neue „Verband" präsentierte 1910 auf der Oberpfälzischen Kreisausstellung

Blick über ein Wehr im Fluß zum Jugenberg und zur Burg Hof

Ein Kahn wird zum Segelboot. Sonntagsausflug in den 20er Jahren

in Regensburg[77] eine „Bildergalerie" der „schönsten Punkte der Oberpfalz" im Sinne einer „Fremden-Verkehrs-Ausstellung". Die Orte des Regentals blieben hier allerdings von untergeordneter Bedeutung.

Nicht nur die Verschönerungs- und Fremdenverkehrsvereine verbanden sich zu Beginn des 20. Jahrhunderts, sondern es läßt sich auch eine Vernetzung der Personen feststellen, die sich in diesem Bereich engagierten. Es handelte sich hierbei meist um Bürger: um Kaufleute, Gastwirte, Beamte, um Honoratioren vor Ort und um solche, die ihre berufliche Laufbahn in einen bestimmten Ort verschlagen hatte.[78] Manche Fremdenverkehrs-"Aktivisten" entwickelten sich zu regelrechten „Fachleuten" ihren Ort betreffend und mit einem oft ähnlichen

„Profil": Am Beispiel des Nittenauer Kaufmanns Franz Michael Loritz (1858-1926)[79] läßt sich aufzeigen, wie vielfältig die Aktivitäten einer Person sein konnten und wie die Verbindungen zu anderen „Heimatforschern" waren. Loritz, der nach seiner Ausbildung 1892 wieder in seinen Heimatort Nittenau zurückgekehrt und dort als Kaufmann tätig war, begann dort seine Umgebung zu zeichnen, heimatkundliche Artikel zu verfassen, engagierte sich für die Förderung des Fremdenverkehrs (z.B. Unterstützung des Aussichtsturm-Projekts auf dem Jugenberg, Gestaltung von Postkarten, Prospekten), war Mitbegründer des örtlichen Museums und „Gewährsmann" für alle Fragen Nittenau betreffend.

Von Loritz ausgehend läßt sich zudem eine Art „Genealogie" der

frühen „Entdecker" und „Macher" des Regentaltourismus ableiten: Loritz hatte 1905 den ersten Fremdenverkehrsprospekt von Nittenau und dem Regental in Art einer Sammelvedute gestaltet.[80] Freundschaftliche Kontakte verbanden ihn mit Georg Dorrer[81], „kgl. Obersekretär" in Neunburg vorm Wald, der ebenfalls graphisch wie publizistisch wie touristisch tätig war und der 1909 den ersten Reiseführer veröffentlichte, der auch im Titel auf das Regental aufmerksam machte.[82] Und wiederum auf Georg Dorrer berief sich der Nürnberger Reiseschriftsteller August Sieghardt, der 1909, angeregt durch Dorrers Reiseführer, eine „Pfingsttour" durch das Regental unternommen und der seine Reiseeindrücke 1910 in der überregionalen „Nordbayerischen Verkehrs- und

Die Postkarte aus der Zeit der Jahrhundert- wende zeigt stimmungsvoll eine Kahnpartie bei Roding.

Touristenzeitung" publiziert hatte.[83] Otto Hartmann, genannt Otto von Tegernsee, der 1924 sein Reisehandbuch „Waldeszauber. Bergländische Stimmungsbilder aus dem Waldgebirg" mit einem umfangreichen Kapitel über das „Regental" herausgab, bezeichnete August Sieghardt als seinen „Freund". Sieghardt sei wie Hartmann der Auffassung gewesen, „daß das Regental im Oberpfälzer Wald zwischen den Städten Cham und Regensburg mit zu den schönsten Landschaftsgebieten im nördlichen Bayern zählt".[84] Mit dieser Äußerung stilisierte Hartmann sich - und damit auch Sieghardt - zu den „Entdeckern" des Regentales für ein breiteres Publikum. Zudem stellte Hartmanns Veröffentlichung ein erstes Sammelwerk von Bildern aus dem Regental dar, welche vor allem Lokal- und Regionalkünstler geschaffen hatten. Hier waren Fotos und Grafiken reproduziert von Georg Dorrer aus Neunburg, von Kunstmaler Albert Reich aus Kallmünz und dem Fürstlichen Oberbaurat Max Schultze (welche beide, wie auch Hartmann, 1910 schon für die „Oberpfälzer Kreisausstellung" tätig gewesen waren), von K. Palestrini jun. (Mitglied im Waldverein Regensburg[85]) wie auch ältere Abbildungen aus Gruebers und Müllers Reiseführer.[86] Und für Otto Hartmanns zusammenfassende Darstellung des Regentales als Teil des „Waldgebirgs" wurde dann 1925 in Gottfried Hubers Reiseführer „Wanderung durch das Regental und die angrenzenden Gebiete. Von Regensburg bis Cham" mit einem Inserat geworben.[87] Hubers Reiseführer war, soweit bekannt, der erste, der ausschließlich das Regental von Regensburg bis Cham zum Gegenstand hatte und bildete somit den Abschluß der touristischen „Entdeckungsphase" des Regentals. Auch dieses Tal gehörte jetzt zum Kanon der Sehenswürdigkeiten in der Region.

Wandern am „heimatlichen" Fluß

In der oben erwähnten Reiseliteratur der 20er Jahre läßt sich bezüglich des Regentals eine neue „Stoßrichtung" feststellen. Bis in die Zeit vor dem Ersten Weltkrieg war vor allem die Neuheit der Entdeckung des Reiseziels „Regental" wichtig gewesen - und damit auch der Aspekt touristischer „Aufbauarbeit". Der Begriff von „Heimat" als Nahbereich, welcher einen positiven Wert darstellt, bildete zwar den Hintergrund der Fremdenverkehrsaktivitäten, wurde aber eher praktisch aufgefaßt im Sinne einer „Verschönerung" der Umgebung und Förderung des Reiseverkehrs - jedenfalls war in den Reisefüh-

Schon in den 20er Jahren zählte das Paddeln auf dem Regen zu den Freizeitvergnügen am Fluß.

rern vor dem Ersten Weltkrieg von „Heimat" wenig die Rede.

Nach 1918 hatte sich die Situation insofern verändert, als jetzt durch die neuen politischen Bedingungen der „Schutz" der „bedrohten Heimat" verstärktes Ziel wurde. Die Heimatideologie verschärfte sich und fand vermehrt Eingang in manche Reiseführer. Für das Regental läßt sich am Beispiel „Wandern"[88] aufzeigen, wie die Bereisung der „Heimat" zunehmend mit ideologischen Vorgaben besetzt wurde. Gottfried Hubers Veröffentlichung wollte immerhin dem Titel zufolge ein „Wanderführer" sein. Huber bezog sich in seinem Vorwort zwar auch auf die „Liebe zum engeren Vaterlande, zur schönen Heimat mit ihren verborgenen Reizen, ihrer reichen Kultur und großen Vergangenheit"[89], aber er begründete das „Wandern" in der „Heimat" nicht. Das Benutzen moder-

ner Verkehrsmittel wie die Eisenbahn setzte er als selbstverständlich voraus. Er wählte Regenstauf zum Ausgangspunkt der Touren in das Regental, weil hier eine Eisenbahnverbindung mit Regensburg bestand; er schilderte sogar eine Eisenbahnfahrt dorthin als „äußerst interessant".[90]

Im Gegensatz dazu baute Otto Hartmann 1924 in seinem Reisehandbuch „Waldeszauber" einen Gegensatz zwischen den modernen Verkehrsmitteln und der Fußwanderung auf. Er stilisierte das Erwandern der Heimat, und damit auch des Regentals, zu einem Dienst am „Volk".[91] „Die Menschenkinder des letzten Jahrzehntes hatten das Fußwandern meistens verlernt; Schnellzüge und Autos sind manchen noch nicht rasch genug" - so stellte er fest und folgerte daraus, daß dadurch „vielen das eigene Heimatland entfremdet worden" sei. Doch ge-

rade seit 1918/19 sei der „Ruf: Heimat, Heimat über alles!" besonders stark geworden und deshalb diene das Erwandern der Heimat „der Gesundung, Festigung und Verinnerlichung unseres Volkstums". Und besonders der „Bayerwald" als „Ort des Ruhens und Stilleseins, des Träumens und Wanderns" könne als „Gesundbrunnen des Stadtvolkes" dienen, das durch den „Asphalt von der großen Naturmutter [ge]trennt" sei. Natur erhielt hier im Zusammenhang mit der Heimatbewegung, nach Haller, die Funktion eines „Nährboden[s] der Kultur, die wiederum als Erscheinungsform des Volkstums neu definiert" wurde.[92]

Viele der bei Hartmann genannten Aspekte waren schon in früheren Reiseführern in Zusammenhang mit einer Empfehlung des „Fußwanderns" aufgetaucht, allerdings eben noch nicht - und das war das Neue - kombiniert mit einer betont nationalen Heimatideologie. So hatten schon Grueber und Müller die schnelle, moderne Fortbewegung kontrastiert zu der langsamen Fußwanderung: „Wer der eingerissenen Modetorheit huldiget, welcher gemäß man die Welt im Fluge durchrast und nur hie und da in größeren Städten Halt macht, um an den Tables d'hôte zu schwelgen und in Salons, Museen und Theatern sich herumzutreiben, der lasse den bayrischen Wald unbesucht, dieweil selber von all diesen Herrlichkeiten keine besitzt ...“[93] Demgegenüber dürfe der „Fußgänger, sofern er mit gesunder Körper- und Geisteskraft ausgerüstet und nicht zu knapp an gewisse Distanzen und Zeiträume gebunden ist, ... unbedenklich der freiste und glücklichste Reisende genannt werden", denn er könne „ungehindert in die verborgenen Heiligthümer der Natur eindringen, wohin die Kunst für Wagen und Pferde keinen Weg gebahnt hat".

Aus der Not der nicht ausgebauten Wege wurde schon Mitte des 19. Jahrhunderts eine Tugend gemacht: Die bis dahin eher an bestimmte Berufsgruppen und an die Unterschicht gebundene Fußwanderung[94] sollte eine Aufwertung erfahren als Möglichkeit für die Bürger, direkte Erfahrungen mit der Natur und Kultur einer bereisten Region zu machen: „Indem er [Fußwanderer], auf dem von Jedermann betretenen Wege einhergehend, mit allen Klassen der Einwohner in unmittelbaren Verkehr tritt ... wird er sich bald überzeugen, daß er in

anderer Weise gar nicht im Stande gewesen wäre, Land und Leute gründlich kennen und beurtheilen zu lernen."[95] Dieses Motiv des empirischen Lernens und des „Naturgenusses" war in Bezug auf die Fußreise gekoppelt mit einer spezifisch bürgerlichen Moral der Ertüchtigung: „Hinweg also mit dem vornehmen Dünkel und dem Faulpelze der Weichlichkeit und frisch nach der leichten Blouse, dem verlässigen Dornstocke und der bescheidenen Reisetasche gegriffen."[96]

Dazu kam gegen Ende des 19. Jahrhunderts der Gesundheitsaspekt. In einem 1906 erstmals erschienenen Reiseführer zu den „Sommerfrischen des Bayerischen Waldes" wurde ausführlich begründet, warum das Wandern in den Mittelgebirgen „gesünder" sei als in den Alpen: „Von besonderem Werte ist ..., daß man sich all diese großartig-schönen Naturgenüsse verschaffen kann, ohne Hals und Bein riskieren zu müssen, ohne daß die Zurücklegung der Wegestrecken und Steigungen mit Anstrengungen verbunden ist, die die normale Leistungsfähigkeit überschreitet."[97] Die Natur des „Waldes" wie auch seine Gewässer galten als gesund.[98] Neu war, neben dem Gesundheits- und Erholungsaspekt, der Bezug auf den „Durchschnittstourist[en] und Sommerfrischler", auf die „große Masse der weniger kräftigen und geübten Erholungsreisenden".[99] Auch Kleinbürger - Beamte und Angestellte - begannen damals zu reisen. Sie schufen mit der „Sommerfrische" im Mittelgebirge ihre eigene, den begrenzten finanziel-

len Möglichkeiten entsprechende Reiseform, zu der auch Ausflüge und das Wandern gehörten. Weitere Formen des Wanderns entwickelten sich, wie das „Flußwandern": Gemeint waren damit „Kahnparthien", die nicht nur dem Übersetzen auf die andere Flußseite dienten[100] oder auch das Kanu- und Faltbootfahren[101]. Das Wandern etablierte sich als gängige Kulturpraxis der (Klein-) Bürger: Selbstverständlich wurde gewandert und ebenso selbstverständlich wurde danach eingekehrt.[102]

In den 20er Jahren propagierte Hartmann dann das „richtige" Wandern, das „gelernt" werden müsse: Er empfahl, eine „wanderliche Befriedigung nicht in der Magenfrage, die zum Gasthaus drängt, sondern vor allem in Außendingen suchen und finden [zu] müssen. Landschaft, Wald und frische Luft erziehen zu dankbarem Staunen vor landschaftlicher Schönheit; aber wir müssen zuvor lernen, sie richtig zu genießen und nicht töricht nach des Glückes Irrlichtschein [zu] haschen".[103] Hier wie in folgender Äußerung Hartmanns findet sich das Motiv der „Andacht zum Unbedeutenden": „Wir begnügen uns nicht mit dem Großen ..., sondern wir wollen liebevoll abseits auf stille Nebenwege ziehen."[104]

Das Indische Springkraut hat sich in den letzten Jahren am gesamten Flußlauf, so wie hier bei Roding, dominierend ausgebreitet.

Kornfeldern", „goldenem Sonnenschein", „Wiesenblütenherrlichkeit und Feldblumenpracht" mit „Lerchengesang" und „Glockenschall"[105] als Heimatidyll beschrieben. Auch die seit Beginn des 20. Jahrhunderts vermehrte Nutzung des Regenflusses für den Wassersport (Baden, Bootfahren oder Angeln) gehörte eher zu den „kleinen Vergnügungen". Zudem hatte der Regen Mitte der 20er Jahre durch den Bau des Höllensteinkraftwerks seine wirtschaftliche Funktion als Lieferant von Holz aus dem Bayerischen Wald verloren. Er war nicht mehr durchgängig flöß- und triftbar.[106]

Diese Enthebung von praktischer Arbeit wie als Ort des „kleinen" Fremdenverkehrs machten den Fluß verstärkt frei für kulturelle Bewertungen. So konnte er in den Augen von Hartmann selbst zu einem Wanderer werden: „Der Regen wandelt wie ein ewiger Jüngling zwischen den Waldbergen und Menschen hindurch ..., sorglos und unermüdet strömt er trotz großer Windungen mitten hindurch, ... kümmert sich nicht um die Sorgen und um die Aufregung des Volkes, sondern er geht ruhig und still seinen eigenen Weg, wie ein großer Geist, der unbekannt und unberührt von dem Treiben des Revolutionspöbels frei und stolz seinen eigenen Weg durchs Leben wandelt."[107] Der scheinbar zeitlose Fluß Regen wird hier der bewegten Zeitgeschichte gegenübergestellt, seine „Natur" gerät zur Gegenkultur mit politischen Implikationen.

So läßt sich wiederum der Bogen zum Regental schlagen, dem in der Reiseliteratur der Charakter des Kleinen, Bescheidenen und Unauffälligen zugeschrieben wurde. Es war abseits größerer Verkehrswege gelegen, aber doch nicht abseits genug, um genügend kulturelles „Eigenprofil" im Sinne einer touristisch markanten „Volkskultur" zu erhalten. Und in seiner Natur wurden keine großartigen Sensationen entdeckt, sondern eher „reizende" Landschaftsansichten. Hartmann hat diese 1924 nur noch verkürzt als Ansammlungen von „stillen Dörfchen", „Bäumen und wogenden

Barbara Michal

Frühe Tourismuswerbung:
Entwurf von Georg Dorrer aus
dem Jahr 1901

Schloß Thierlstein mit seinem
massigen Rundturm liegt
weithin sichtbar auf dem Quarz-
rücken des Pfahls, der hier steil
aus dem Regental aufsteigt.

Getriebe und Wasserrad der
ehemaligen Angermühle in Roding,
deren Ursprünge mindestens in das
13. Jahrhundert zurückreichen

„Du Spender von Hirkaniens Schätzen"

Die wirtschaftliche Bedeutung des Regens

Viele Menschen verdankten dem Regen ihren Arbeitsplatz und ihren Lebensunterhalt.[1] So hatten Fischer und Fährleute, Gerber und Hafner, Schleusenwärter und Brückenzöllner ihr Auskommen am Fluß. Gärtnereien entnahmen dem Regen das Gießwasser für ihre Pflanzen mit Schöpfrädern. Bei Feuer schöpfte man das Löschwasser mit Ledereimern aus dem Fluß, um so Hab und Gut vor den Flammen zu retten. Der Regen diente als Verkehrsweg, er bildete zugleich aber auch ein Verkehrshindernis, das mittels Furten, Fähren und Brücken überwunden werden mußte. Und er lieferte die Energie für zahlreiche Triebwerke am Fluß.

Oberhalb der Kreisstadt Regen ist der Schwarze Regen seit 1954 durch die Talsperre eines Wasserkraftwerks zum Regener See aufgestaut. Seit 1955 liefern die zwei Turbinensätze von jeweils 750 PS Elektrizität für Stadt und Umland.[2] Der See ist beliebt bei Eissportlern, Fischern und Bootfahrern. Zum Baden ist er jedoch wegen der starken Verschlammung nicht geeignet. Der Schlamm enthält auch Rückstände von Schwermetallen, die auf die Glasproduktion früherer Jahre am Oberlauf zurückgehen. Die Entsorgung dieses Schlammes ist ein bislang noch nicht gelöstes Problem.

Vom Industriegebiet zum Kurpark

Im Stadtgebiet von Regen liegt eine große Insel, deren Entwicklung und Veränderung die verschiedenen Nutzungen des Flusses und der Ufer deutlich macht. Auf der Insel stand zunächst die „Voglsäge". Die Insel teilt den Fluß in zwei Arme. Der rechte Arm konnte mit einer großen hölzernen Barriere, dem Triftverhang, abgesperrt werden. Am Triftverhang wurden die Baumstämme, die aus den Forstrevieren um Zwiesel auf dem Regen zu ihren Käufern transportiert wurden, gesammelt und dann weitergeleitet. Der Triftverhang diente um 1920/30 aber auch dazu, die damalige Herren- von der Damenbadeanstalt zu trennen. Im Winter wurde hier aus dem zugefrorenen Regen das Eis für die Brauereikeller geschnitten.

Am der Insel gegenüberliegenden Ufer des rechten Flußarms befindet sich bis heute die Obermühle. Sie richtete 1928 ein Wasserkraftwerk ein, das zusammen mit dem Kraftwerk Frauenmühle, das seit 1895 arbeitete, die Stadt mit Elektrizität versorgte. Zwei weitere Wasserkraftwerke im Stadtgebiet kamen 1955 und 1959 dazu.[3]

Bei der Insel wurde früher Sand aus dem Schwarzen Regen gefördert und als Baumaterial und zur Herstellung von Kunststeinen verwendet. Der Besitzer des Betriebes, Max Biller aus Regen, hatte in den großen Betonfabriken des Rheinlandes gearbeitet und brachte seine dort erworbenen Fertigkeiten mit nach Regen. Aus dem Regensand wurden Kunststeine für Fensterbretter und Treppenstufen und Kanalrohre gefertigt. Der Sand wurde mit langstieligen Schöpfschaufeln aus dem Fluß gefördert. Die Arbeiter standen dazu auf kleinen Flößen und schaufelten ihre Ausbeute in eine Zille. Die Sandschöpferei mit dieser archaischen Methode konnte schon bald die Nachfrage nicht mehr befriedigen. Deshalb wurde waggonweise Donausand ans Regenufer gebracht. Beim Tode Max Billers 1958 wurde der Betrieb mit seinen acht Beschäftigten von der Ziegelei Karl Bachl aus Deching übernommen. Der Ausbau zum Betonwerk mit 1967 schon 65 Beschäftigten veränderte das Regenufer radikal.[4] 1992 wurde das Betonwerk, das einst an entlegener Stelle am Stadtrand gegründet worden war, und das nun vom

Zille des Königlichen Flußbau-amtes auf dem Regen bei Cham, um 1900

Bei Hochwasser verursachte der Regen große Schäden. Überschwemmte Straße in Regen, um 1935

Ohe, einem Zufluß des Schwarzen Regens, einen „Perlfischfrevel" begangen haben sollte. Die Perlmuscheln waren nämlich auch deswegen sehr begehrt, weil das zerstoßene Perlmutt als Heilmittel für krankes Vieh verwendet wurde.[7] Die ehemals reichhaltigen Muschelbänke bei Zwiesel wurden schon Ende des 18. Jahrhunderts durch marodierende Soldaten weitgehend vernichtet.[8] Die ergiebigsten Perlmuschelbestände gab es am Schwarzen Regen bei Viechtach. 1720 wurden hier beispielsweise 29 Perlen der ersten Qualitätsklasse, 49 Perlen der zweiten Klasse und 1025 Perlen der dritten Klasse abgeliefert.[9]

Stadtgebiet umschlossen war, in ein neues Gewerbegebiet verlegt. Die große Regeninsel und das linke Regenufer wurden zu Kurpark und Uferpromenade mit Konzert-Pavillon und Skulpturenweg umgestaltet. Von der Kurpark-Insel starten auch die Boote, die alljährlich im Juli an der Gondelfahrt anläßlich des Pichelsteinerfestes teilnehmen.

Die Perlfischerei

Seit dem 15. Jahrhundert ist für den Regen die Perlfischerei belegt.[5] Erreichten die Perlen aus den Flußperlmuscheln des Regens auch nicht die Qualität orientalischer Perlen, so waren sie trotzdem sehr begehrt. Die Perlfischerei war exklusives Recht des Landesherrn, und alle Perlen waren an ihn abzuliefern. 1616 wurden Perlräuber mit Ausstechen der Augen, 1625 mit dem Galgen bedroht.[6] An den Perlgewässern standen Warnschilder mit Abbil-

dungen dieser drastischen Strafen für die Perlräuberei. Trotzdem kam es immer wieder zur illegalen Suche nach den kostbaren Perlen. So wurde 1681 gegen den Müller Lorenz Stadler von der Langbruckmühle bei Regen eine Untersuchung mit Tortur durchgeführt, weil er in der Schloßauer

Auch am Weißen Regen bei Kötzting gab es große Muschelbestände. Hier war noch bis in die 60er Jahre ein Perlfischer tätig.

Bis ins 19. Jahrhundert hatte die Perlfischerei für den Staat Vorrang vor allen anderen wirtschaftlichen Nutzungen des Regens. So durften Flößer und Trifter keine eisenbeschlagenen Stangen verwenden. Seit 1667 durften die Zwieseler Bürger nur noch im Frühjahr und im Herbst bei Hochwasser triften, um die Muschelbänke vor Schaden zu bewahren.[10] Auch das Baden und Fischen in den Perlgewässern war reglementiert. Seit der Mitte des 19. Jahrhunderts verlor die Perlfischerei zunehmend ihre Bedeutung. Andere Nutzungen des Flusses wie die Flößerei, und dann die Errichtung von Kraftwerken und Industrieanlagen waren dem Staat nun wichtiger. So wurden die Perlgewässer mit den Perl- und Fischrechten schließlich

verkauft oder verpachtet, so etwa 1868 der Perlbach bei Wetterfeld.[11]

Die Eisernte

Eine heute schon fast in Vergessenheit geratene Nutzung des Regens war die „Eisernte".[12] Vor der Einführung elektrischer Kühlanlagen war die Gewinnung von Natureis vor allem für die Brauereien von großer Bedeutung. In ihren Kellern hielt sich das Eis bis in die Sommermonate und ermöglichte so die Lagerung des Bieres. Das „Eisen" war oft ein notwendiger Nebenerwerb für Kleinbauern. War der Fluß fest zugefroren, suchte man eine Stelle mit besonders reinem Eis und schnitt mit langen Sägen große Eisplatten heraus. Mit Eiszangen zog man die Platten ans Ufer, zerschlug sie zu handlichen Brocken und brachte sie auf Wagen oder Schlitten zum Eiskeller. Im Keller wurde das Eis kleingeklopft, damit möglichst wenige Luftlöcher

entstanden. Die faustgroßen Eisstücke wurden aufgeschichtet bis ein großer Eisberg entstand.

Die Eisentnahme war genehmigungspflichtig durch die Straßen- und Flußbauämter. Zu Beginn des Winters mußte deshalb ein Antrag gestellt werden, in dem die voraussichtliche Eismenge anzugeben war. So beantragte am 4. Februar 1908 der Magistrat Kötzting beim Straßen- und Flußbauamt Deggendorf die Aufhebung des Verbots der Eisentnahme aus dem Weißen Regen zwischen der Kollmaierbrücke und der Viechtacher Brücke: „Gerade dieser Platz ist zur Eisentnahme der geeignetste, da dort der Regen nicht tief liegt, deshalb eher zufriert und die Eisentnahme an diesem Platz viel billiger kommt, wie woanders ... Die Bewohner links des Regens haben sich bei dem unterfertigten Magistrate darüber beschwert, daß sie, wenn der Eisstoß geht, großen Gefahren ausgesetzt sind, wenn an diesem Platz, nämlich zwischen den Brücken kein Eis entnommen werden darf, da hiedurch der Eisstoß gehemmt und sowohl Eis, wie Wasser in die in der Nähe des Regens gebaute Häuser dringt."[13] Auch seien die Brücken selbst durch das Verbot der Eisentnahme sehr gefährdet, da sich hier

Mit großen Zangen zog man die Eisplatten aus dem Wasser (1935)

Transport der Eisstücke in die Keller der Brauereien und Wirtshäuser, Thierlstein 60er Jahre

das Eis beim Eisstoß staue und so die Brücken beschädigen oder gar zerstören könne.

Der Schutz der Brücken vor dem Eis war eine wichtige Aufgabe der Anwohner. Dabei ereignete sich 1803 in Roding ein schweres Unglück, bei dem ein Arbeiter tödlich verletzt wurde.[14]

Auch wo es nicht so dramatisch zuging, brachte das Eis manchmal Probleme mit sich. Die wenigen glatten Eisflächen wurden nämlich nicht nur für die „Eisernte" benutzt, sondern auch von den Eisläufern und Eisstockschützen. Kamen sich die beiden Gruppen zu nahe, entstanden schnell Streitigkeiten. Diese Konflikte mußten manchmal sogar behördlich geschlichtet werden. So ordnete das Kgl. Straßen- und Flußbauamt Deggendorf für Kötzting im Winter 1908/09 an: „Die rechte Seite des Regen vom Hammermühlwehr bis zur Eisen-

bahnbrücke ist für die Eisentnahme bestimmt, während die linke Hälfte für den Eislaufverein reserviert bleibt."[15]

Der Regen als Verkehrsweg

Die Überquerung des Wassers durch Menschen, Tiere und Fahrzeuge war nicht immer und nicht an jeder Stelle des Flusses möglich. Eine scheinbar einfache Möglichkeit, ans andere Ufer zu gelangen, bot im Winter der zugefrorene Fluß. Der Weg übers Eis aber war oft lebensgefährlich: „Der Inwohnersohn Johann Stumvoll von Kötzting hat am 18. vor[igen] Monats dem Schreinergesellen Georg Oberberger von Krailling, welcher die Eisdecke des Regenflusses unweit Rugenmühl, k. Landgerichts Viechtach, überschreitend durchgebrochen und dem Ertrinken nahe war, mit eigener großer Gefahr das Leben gerettet."[16] Fast 100 Jahre später

endete ein ähnlicher Versuch in einer Katastrophe. Am 2. Februar 1954 brach in Regen ein Arbeiter beim Heimweg von der Fabrik ins Eis ein. Beim Versuch, ihn zu retten, kam neben dem Verunglückten auch noch ein Helfer ums Leben. Nach dem tragischen Unglück wurde an dieser Stelle der Rodenstock-Steig errichtet.

Wo es keine Brücke gab, suchte man sich möglichst flache Stellen im Flußbett, mit festem Untergrund und nicht zu steilem Zugang vom Ufer. Solche Stellen waren auch in den alten Landkarten als Furten markiert. Meist wurden die Furten nur im Sommer benutzt. Bei Hochwasser mußten dann oft weite Umwege in Kauf genommen werden, um den Fluß auf sicheren Brücken überqueren zu können. Für die Stadt Zwiesel am Großen und am Kleinen Regen sind allein drei solcher Sommer-Übergänge belegt.[17]

War das Wasser zu tief oder wollte man eine Durchschreitung aus anderen Gründen vermeiden, wurde ein Fährverkehr eingerichtet. Auch wenn der Regen die Straßen überflutet hatte, wurden Wasserfahrzeuge eingesetzt: „Bei starkem Hochwasser wird erfahrungsgemäß die Distriktstraße zwischen Angermühle und Mitterdorf zuweilen oft derart überflutet, daß der Personenverkehr nur durch Überfahren mittels Kähnen ermöglicht ist. Bisher haben die Überfahrt gegen Entgelt die Fischer von Mitterdorf und die Besitzer der Angermühle jeweils besorgt.“[18]

Den Fährverkehr hielten oft Fischer, Müller oder Schleusenwärter aufrecht, also Personen, die ohnehin am Wasser lebten. Die Fährleute hatten das Fährrecht von der Grundherrschaft oder der Gemeinde gepachtet. Ortspolizeiliche Vorschriften regelten u.a. „daß jeder Überführer von 6.00 Uhr bis 20.00 Uhr seinen Kahn fahrbereit halten muß und auf Bestellung auch zur Nachtzeit überfahren muß“.[19] Bezahlt wurden die Fährleute von ihrer Kundschaft entweder für jede in Anspruch genommene Überfahrt oder, wie bei der Fähre von Stefling nach Hängersbach, durch eine jährliche Pauschalsumme. Post, Gendarmerie, Geistliche und Beamte im Dienst waren von den Rodinger Fährleuten unentgeltlich zu transportieren.[20]

Übergesetzt wurde mit Zillen, ruderlosen Booten, die mit Hilfe von runden Stangen übers Wasser geschoben wurden.

Am Regen gab es auch Fähren, die an einem über den Fluß ge-

Lastwagen und Fuhrwerke benutzten noch in den 60er Jahren die Furt bei Wiesing.

spannten Drahtseil zwischen zwei Landestellen hin und her pendelten. Die 1896 neu gebaute Regendorfer Drahtseilfähre hatte eine Länge von zwölf Metern, eine Breite von dreieinhalb Metern und eine Tragkraft von 150 Zentnern.[21] Die Drahtseilfähre von Gstadt, die das Gemeindegebiet von Schönau mit der Bahnlinie Gotteszell-Viechtach verband, stellte erst 1982 den Betrieb ein.[22]

Noch 1921 wurde in Regen das Zollhäuschen auf der Ludwigsbrücke neu aufgebaut. Der Zolleinnehmer hatte das Zollrecht von der Gemeinde gepachtet. Die Gebührenordnung erließ der Gemeinderat. Für jedes Pferd waren zehn Pfennige, für jedes Rind fünf und für jedes Jung- oder Kleinvieh (Schaf, Schwein, Ziege) ebenso fünf Pfennige zu entrichten. Für Autos dagegen sah der Tarif von 1931 immer noch keine Gebühren vor.[23] Dies zeigt, wie

sehr dieses Amt bereits zum Anachronismus geworden war.

Der Brückenbau selbst entsprach aber dem technischen Standard der Zeit. Insbesondere die Eisenbahnbrücken über den Regen und seine Zuflüsse gelten als technische Meisterwerke. Die Brücke über die Mündung der Schlossauer Ohe in den Schwarzen Regen bei Regen wurde schon 1877 eröffnet und überspannt mit nur drei Pfeilern eine Länge von 308 Metern. Berühmt war seinerzeit auch die Blaibacher Brücke, die 1927 fertiggestellt wurde und den Schwarzen Regen mit einer Länge von 70 Metern überspannt. „In mächtigen und doch schmucken Bogen spannt sich die Betonbrücke über den Fluß, trefflich sich der Landschaft einfügend ... Von Brücken ähnlicher Konstruktion und gleicher Tragkraft ist sie gegenwärtig die weitestgespannte

Blöchertrift am Regenflusse in Zwiesel bayrischer Wald

Die Holztrift bei Zwiesel wurde um 1910 zum Motiv einer Postkarte.

Trift im Weißen Regen um 1950. Mit Trifthaken werden die Blöcher weitergeschoben.

Deutschlands", hieß es in einem Bericht aus dem Jahre 1928.[24]

Der Bayerische Wald mit seinen riesigen Holzbeständen bot der Bevölkerung seit Jahrhunderten eine lebensnotwendige Erwerbsquelle. Der Wald deckte den lokalen Bedarf an Bau-, Möbel- und Brennholz. Holz wurde, meist im bäuerlichen Nebenerwerb, zu Schaufeln, Rechen, Schuhen, Geschirr, Heugabeln, Schindeln, Siebzargen, Körben usw. verarbeitet. Wagner stellten Wagen, Schlitten und Pflugkörper aus Holz her. Kleinere Industriebetriebe erzeugten Zündhölzer, Federhalter oder Holzdraht für Jalousien.[25] Der Wald lieferte nicht nur Holz, sondern auch Pilze, Beeren oder Kräuter. Der Handel mit diesen Waldprodukten, ebenso wie der Christbaumhandel, konnte durchaus industrielle Ausmaße annehmen.[26]

Waldarbeit im engeren Sinne bedeutete aber das Fällen, Bearbeiten und den Transport der

Baumstämme. In großen Staats- und Privatwäldern, etwa des hinteren Lamer Winkels, gab es berufsmäßige Holzhauer.[27] Meist wurde die Waldarbeit aber von Bauern und ihrem Gesinde geleistet. Bis weit ins 20. Jahrhundert hinein verwendeten sie dazu nur die traditionellen Handarbeitsgeräte Säge, Axt und Holzkeile. Gefällt wurde meist im Sommer und im Herbst. Mit der Baumsäge wurde der Stamm angeschnitten, mit Axt und Keil wurde er zu Fall gebracht. Besonders gefährlich war es, wenn der Baum sich im Fall verfing und wieder freigerückt werden mußte. Nach dem Fällen wurde der Stamm mit der Axt entastet und mit der Säge zu Blöchern von drei bis sechs Metern Länge zugeschnitten. Schwächere Hölzer wurden zu Stücken von einem Meter Länge zerteilt. Mit einem Schäleisen wurden die Stämme entrindet, damit sie besser austrockneten und leichter zu transportieren waren. Das Holz

wurde dann vermessen, markiert und in Holzlisten aufgenommen, die an mögliche Käufer abgegeben wurden. Verkauft wurde es bei großen Versteigerungen, meist im Herbst. Der Transport vom Fällort zu den Sammelplätzen erfolgte meist im Winter mit Schlitten. Auch für diese harte und gefährliche Arbeit bewarben sich Bauern und Tagelöhner bei den Käuferfirmen. Ihre Löhne wurden nach Festmetern im Akkord ausgehandelt.[28]

Das Holz mußte aus den Einschlaggebieten zu den lokalen Sä-

Bretterfloß auf dem Schwarzen Regen beim Oberhochstein. Postkarte von 1908

gewerken oder zu den großen Holzhandelsplätzen in Cham und Regensburg gebracht werden. Ein Transport mit Fuhrwerken war bei den schlechten Straßenverhältnissen kaum möglich, und die Eisenbahn stand erst relativ spät zur Verfügung. Deshalb wurden schon seit dem Mittelalter der Regen und seine Zuflüsse für den Holztransport genutzt. Bei der Holztrift ließ man die einzelnen Blöcher in großen Mengen flußabwärts treiben. Bei der Flößerei wurden Stämme oder Bretter zusammengebunden und als Flöße an den Zielort gesteuert.

Seit der Mitte des 19. Jahrhunderts wurden Trift und Flößerei durch die staatliche Forstverwaltung gefördert. In den Wäldern um Zwiesel wurden an den kleinen Zuflüssen Staubecken für das Wasser angelegt. Auch der Kleine Arbersee wurde ab 1885 als Stausee für die Trift am Weißen Regen benutzt. Zu den Triftterminen, die mit Sägewerken, Müllern und

Schleusenwärtern abgesprochen werden mußten, wurden die Blöcher in die Bäche gerollt und das Stauwasser abgelassen. „Der See kommt! erschallt es von Mund zu Mund der Arbeiter ... Abgerissene Felstrümmer werden mitgetragen. Die Stämme türmen sich stubenhoch auf ... Ein Fehltritt oder Ausgleiten - und der Tod ist im wilden Getriebe sicher."[29] In den Zeitungen jener Tage finden sich zahlreiche Berichte über tragische Unglücksfälle bei der Holztrift: „Unglücksfall beim Triften. Der verheirathete Arbeiter J.W. von Lindberg verunglückte gestern Nachmittags oberhalb Scheuereck beim Blöchereinkugeln, indem er durch den sog. Treml am Kopfe getroffen, zu Boden geschlagen wurde und ein Bloch über ihn hinwegging. Hierbei wurde ihm ein Fuß oberhalb des Knöchels vollständig abgedrückt, während er weiters über große Schmerzen in der Achsel und Schulter klagte und ihm das Blut aus den Ohren

floß. Er wurde durch mehrere Arbeiter auf einem Wägelchen hieher transportiert, wo dem Unglücklichen im Krankenhause ... der Fuß eingerichtet wurde. Hiebei zeigte sich, daß sich der zersplitterte Knochen in das Fleisch gebohrt hatte ... Der Verunglückte ist Familienvater und umsomehr zu bedauern, als er den ganzen Winter nicht viel verdienen konnte und ihm erst vor ca. 8 Tagen ein Kind gestorben ist."[30] Die Triftarbeiter der großen Holzhandelsfirmen waren für die Dauer ihres Arbeitsverhältnisses immerhin gegen Krankheit und Unfall versichert.[31]

Oberhalb Zwiesels wurden die Blöcher an der Triftsperre „Fällenrechen" gesammelt, sortiert und dann weiter flußabwärts getriftet. Der von den Triftern und Flößern am meisten gefürchtete und gefährlichste Abschnitt der Strecke von Eisenstein bis Regensburg war eine etwa vier Kilometer lange Strecke oberhalb Teisnachs, das von den Flößern so genannte „Bärnloch": „Zerklüftete hohe Felswände säumen den Regen und das Flußbett ist auf viele hundert Meter mit Felsblöcken und Gestein übersät. Hier hat der Schwarze Regen ein starkes Gefälle; rauschend und schäumend bahnt sich das Wasser seinen Weg

durch die Wildnis ... Nur ein kleiner Teil der 35.000 Blöcher hatte durch das verengte Rinnsal den Weg in Richtung Teisnach gefunden. Acht Tage mußte schwere und gefährliche Arbeit geleistet werden. 'Brücken' oder 'Holzinseln' bildeten sich ... wodurch den nachschwimmenden Hölzern die Weiterfahrt verlegt war und zwangsläufig hundert und mehr Blöcher durch den Druck des Wassers auf zahllose Haufen zusammengepreßt wurden. Das Aufsprengen oder 'Aufzwicken' dieser Brücken erforderte Geschick und Mut; diese Arbeit war wirklich gefährlich ...“[32]

Seit 1847 wurde der Regen bis nach Zwiesel floßbar gemacht.[33] Die Blöcher konnten nun auch schon am Oberlauf zu Brettern geschnitten, bei Zwiesel zu Flößen gebunden und von Flößern, die aus dem Fichtelgebirge zugewandert waren, nach Cham und Regensburg gebracht werden.

Trifttermine und die Gebühren für die Benutzung der Schleusen regelte die staatliche Forstverwaltung. Die geltenden Bestimmungen wurden in den Triftordnungen und in der Presse veröffentlicht. Bei der Festlegung der Reihenfolge der Triftunternehmer kam es immer wieder auch zu Konflikten. So beklagte sich ein Sägewerksbesitzer aus Lam am

21. April 1936 beim Forstamt Kötzting, daß drei Triftherren, die den Vorrang vor ihm hatten, die günstige Gelegenheit zur Trift verstreichen lassen würden. Der Kleine Arbersee sei mit Schmelzwasser gefüllt, aber wenn man nicht bald mit der Trift beginne, würde sich der See kein weiteres Mal füllen „... und das ganze Holz bleibt liegen“.[34] Das Ende der Flößerei am Schwarzen Regen brachte der Bau des Kraftwerks am Höllenstein. Getriftet wurde noch bis Ende der 50er Jahre, insbesondere aus dem Zwieseler Gebiet bis zur Papierfabrik in Teisnach. Auf dem Weißen Regen fand um 1950 die letzte Trift statt.

Der Kleine Arbersee mit seinen schwimmenden Inseln.
Sie entstanden, als sich beim Aufstauen des Sees für die Trift der Wasserspiegel hob.

Wasserrad der Mahl- und Sägemühle in Wiesing

Der Regen als Energiequelle

Die Wasserkraft des Regens wurde zunächst für den Antrieb von Mühlen und Sägen, Schöpf- und Hammerwerken, Schleif- und Polierwerken und schließlich von Kraftwerken genutzt. In Pösing ist schon 1007 eine Mühle erwähnt.[35] Die Rodinger Angermühle wurde als „Amalgastmül" erstmals 1273 genannt.[36] 1906 wurden dort durch die Fa. Esterer aus Altötting neue Wasserräder eingebaut.[37] Um 1954 wurde der Mahlbetrieb eingestellt, und 1962 wurde sie bei der Aufsichtsbehörde abgemeldet. Im böhmischen Markt Eisenstein wurde schon kurz nach der Ortsgründung um 1700 von Wolf Heinrich Nothaft Graf von Wernberg eine Hammerschmiede am Großen Regen angelegt. 1852 ging sie in den Besitz der Fürsten von Hohenzollern über, die sie verpachteten.[38]

Die Triebwerke lagen nicht direkt am Hauptfluß. Das Wasser wurde statt dessen in einen Seitenkanal geleitet, in dem dann ein oder mehrere Wasserräder angetrieben wurden. Aufgestaut wurde das Flußwasser durch Wehre. Sie hoben den Wasserspiegel und ermöglichten so eine geregelte Ableitung des Wassers in die Kanäle.

Die intensive Nutzung der Wasserkraft des Regens zu Beginn unseres Jahrhunderts dokumentiert eine Erhebung aus dem Jahre 1907[39]. Man zählte damals am Großen Regen sieben Wehre, am Kleinen Regen acht, am Weißen Regen 27 und am Schwarzen Regen/Regen 33 Wehre, zusammen also 75 Stauanlagen. An den kleineren Zuflüssen wurden weitere 243 Wehre gezählt. Am Regen und seinen Quellflüssen gab es damals 42 Mahlmühlen und 46 Sägewerke, die oft jeweils in einem Betrieb vereint waren.[40] Dieser Kombination verdankten viele Betriebe ihr Überleben, denn mit dem Rückgang des Getreidebaus im Bayerischen Wald zugunsten der Grünlandwirtschaft verloren

61

Der Höllensteinsee entstand 1926 durch das Aufstauen des Schwarzen Regens für den Betrieb eines Wasserkraftwerks. Wegen seines landschaftlichen Reizes wurde er schon früh ein beliebtes Ausflugsziel. Im Elektromotorboot konnte man eine Rundfahrt auf dem See genießen.

die Mahlmühlen oft ihre Existenzgrundlage. Ein ähnlicher Prozeß der Konzentration, dem seit 1960 viele Mahlmühlen zum Opfer fielen, ist heute auch bei den Sägewerken im Gange.

Vor Einführung der Gewerbefreiheit in Bayern 1868 lag das Mühlrecht, die Mühlgerechtsame, meist bei der Grundherrschaft. Diese konnte durch das Bann- und Zwangsrecht die Untertanen verpflichten, ihr Getreide in einer bestimmten Mühle mahlen zu lassen. Im Mittelalter hatte das Müllerhandwerk oft einen miserablen Leumund und war schlecht angesehen. Die Müller galten als 'unehrliche Leute'. 'Unehrliche' durften keiner Zunft angehören und auch nicht die Tochter eines 'ehrbaren' Meisters zur Frau nehmen. Noch 1756 hieß es in den Anmerkungen zum Bayerischen Zivilrecht: „Das Müllerhandwerk wird überhaupt für ein verstohlenes

Volk gehalten, und ist dem Sprichwort nach kein Müller ehrlich und redlich, der nicht Haar auf der Zung und in der Hand hat."[41]

Wurde auf dem Regen Holz getriftet, so durften die Mühlen und Sägewerke kein Wasser für

ihre Triebwerke ableiten. Die Triftordnung verpflichtete sie, eine ausreichende Absperrung gegen das Triftholz zu errichten. Die Triftunternehmer mußten den Mühlen für den verursachten Stillstand eine Entschädigung leisten. Dies konnte eine Geldzah-

lung sein oder, am Weißen Regen, „1 Stück 3 m langes Bloch nach Wahl des Werkbesitzers"[42] aus dem Triftholz. Mühlen, die nach 1861 errichtet wurden, hatten nach der Triftordnung von 1912 keinen Anspruch mehr auf eine Vergütung für den Stillstand durch die Holztrift.[43]

Der Antrieb der Mühlen und Sägewerke erfolgte über meist unterschlächtige Wasserräder, die über eine Welle das eigentliche Mahlwerk antrieben. Das Mahlwerk bestand aus einem feststehenden runden Bodenstein und dem rotierenden Mahlstein. Durch das Mittelloch des Mahlsteins gelangte das Korn zwischen die Steine und wurde dort zu Mehl zerrieben. Diese alten Mahlwerke wurden seit dem Ende des 19. Jahrhunderts zunehmend durch leistungsfähigere Walzenstühle abgelöst.[44]

Viele Mühlen ersetzten ihre Wasserräder seit dem Ende des 19. Jahrhunderts durch Turbinen, mit denen sie auch den Strom für den öffentlichen Verbrauch erzeugten.[45] Das Sägewerk Schiller in Regen hatte aber noch 1910 seine beiden alten Wasserräder durch zwei neue ersetzt. 1945 wurde die zugehörige Mahlmühle bei der Beschießung der Stadt durch amerikanische Truppen zerstört und dann nicht wieder aufgebaut. Das verbleibende Wasserrad blieb noch bis 1958 in Betrieb, dann wurde es durch eine moderne Turbine ersetzt.[46] Gewerblich genutzte Wasserräder am Regen betreibt heute noch ein Sägewerk mit Mahlmühle in Wiesing bei Roding.

Turbinen sind Kraftmaschinen für die Ausnutzung der Energie des fließenden Wassers. Sie bestehen aus einem Laufrad mit vertikaler oder horizontaler Achse, dessen gekrümmte Schaufeln das durchfließende Wasser ablenken und ihm seine Energie entziehen. Turbinen sind meist effektiver als die traditionellen Wasserräder. Die gewonnene Energie kann mit Hilfe von Generatoren in Elektrizität umgewandelt werden.

Die bekanntesten Wasserkraftwerke am Regen liegen an den großen Stauseen: Das 1984 fertiggestellte Kraftwerk der Talsperre Frauenau, das Kraftwerk am Regener See (1954), das Kraftwerk am Höllensteinsee (1926) und das Kraftwerk Pulling am Blaibacher See (1963). Typisch für den Regen ist jedoch die große Zahl von Klein- und Kleinstkraftwerken, die oft in Verbindung mit einer Mühle, einem Sägewerk oder einer Industrieanlage betrieben werden. Sie erinnern daran, daß die Elektrifizierung des Regentales ihren Ausgang von solchen dezentralen Kraftwerken genommen hat. Der Anschluß an die

Wasserspiele auf dem Schwarzen Regen anläßlich des Pichelsteinerfestes, in dessen Mittelpunkt das Pichelsteinermahl, ein Eintopfessen, steht.
Weitere Höhepunkte des Pichelsteinerfestes in Regen sind der Festzug und die Gondelfahrt auf dem Regen.

Fernversorgung und der Bau des zugehörigen Leitungsnetzes wurden erst um 1920 begonnen. Insgesamt gibt es heute an den Regenflüssen 110 Wasserkraftwerke.[47]

Im Inflationsjahr 1923 machte sich auch in der Stadt Straubing der Mangel an Energieträgern wie Kohle oder Dieselöl stark bemerkbar. Um den gewachsenen Energiebedarf von Stadt und Region auch langfristig decken zu können, wurde der Bau eines großen Wasserkraftwerks beschlossen. Als geeigneter Standort für das Projekt wurde das Tal des Schwarzen Regens am Höllenstein, zwischen Viechtach und Pulling, gewählt. Die Bauarbeiten begannen im Oktober 1923 unter schwierigen Bedingungen, die Anlage konnte deshalb erst im Januar 1926 fertiggestellt werden. Zugleich mußte ein Fernleitungsnetz für die Stromverteilung aufgebaut werden.[48] Die Turbinen,

Generatoren und Steuerungsanlagen wurden in einem dreistöckigen Krafthaus untergebracht.

Die 74 Meter lange und 19 Meter hohe Staumauer galt seinerzeit als die größte Talsperre in Bayern. Sie wurde schon bald ein beliebtes Ausflugsziel: „Durch den Bau dieses Werkes hat der bayerische Wald einen neuen Anziehungspunkt von hervorragender Schönheit erhalten: den Höllensee mit dem Kraftwerk am Höllenstein. Wer den See mit seinen teilweise senkrecht abfallenden, mächtigen Felsgruppen befahren hat, ist begeistert von den landschaftlichen Reizen, die hier erschlossen worden sind."[49]

Als es in Betrieb genommen wurde, erzeugte das Höllensteinkraftwerk jährlich ca. 7,7 Mio. Kilowattstunden (kWh), das entsprach dem Siebenfachen des Strombedarfs der Stadt Straubing. Heute erzeugt das Kraftwerk zwar ca. 12,5 Mio. kWh/Jahr, das

entspricht aber weniger als 10 % des heutigen Straubinger Stromverbrauchs.[50]

Der geringe Beitrag der Wasserkraft an der Erzeugung der in der Region verbrauchten Energie ist symptomatisch für die gewandelte Bedeutung des Wirtschaftsfaktors Regen. Wurde in der Anfangsphase der Elektrifizierung der Strom fast ausschließlich mit Wasserkraft erzeugt, so hat sie heute nur noch eine relativ geringe Bedeutung.

Die meisten Gewerbe am Fluß haben einen ähnlichen Bedeutungsverlust mitgemacht oder existieren überhaupt nicht mehr. Es gibt am Regen keine Berufsfischer, -fährleute oder -flößer mehr. Es gibt zwar noch einige Mühlen und relativ viele Sägewerke. Doch Arbeit am Regen findet heute hauptsächlich in anderen Bereichen statt. Wasserwirtschaftsämter und Flußmeisterstellen überwachen, schützen und

Viele Glasschleifen nutzten den Regen als Antriebskraft für ihre Schleifmaschinen. Das Foto zeigt einen geschliffenen Pokal aus den Beständen des Glasmuseums Frauenau

kann das Wasser dem Versorgungsgebiet weitgehend in freiem Gefälle zugeleitet werden. Zur Bauzeit (1976-1983) war der Damm mit fast 85 Metern Höhe der höchste Steinschüttdamm der BRD. Der Stausee hat eine Oberfläche von 91 Hektar und einen Gesamtstauraum von 21,7 Mio. Kubikmetern. Das Stauwasser treibt zunächst zwei Turbinen an und wird anschließend zu Trinkwasser aufbereitet. Der künstliche See liegt landschaftlich reizvoll in einem Wasserschutzgebiet und ist auch ein beliebtes Ausflugsziel.[52] Dies verweist auf die gewandelte Funktion des Regens in unserer Zeit. Denn seine größte wirtschaftliche Bedeutung hat der Regen heute für die Freizeitgestaltung. Wanderwege, Radwege und Bootswanderwege erschließen den Fluß und das Flußtal für Touristen und Einheimische. Im Sommer finden zahllose Fischerfeste, Inselfeste, Konzerte und ähnliche Veranstaltungen am Flußufer statt. Der Ort der Arbeit ist für die meisten Menschen zum Ort der Freizeitgestaltung geworden.

Klaus Mohr

reglementieren das Gewässer. Hochwasser fordern die Katastrophenschutz-Verbände, Umweltverschmutzung ruft Fischer und Umweltschützer auf den Plan.[51]

Von großer Bedeutung ist der Regen heute für die Versorgung der Bevölkerung mit Trinkwasser. Etwa 160 000 Menschen im Bayerischen Wald beziehen es nämlich ganz oder teilweise aus dem Kleinen Regen. Das Einzugsgebiet des Kleinen Regens bot für die Errichtung einer Trinkwassertalsperre günstige Voraussetzungen. Es ist vollständig bewaldet und frei von Siedlungen. Wegen der Höhenlage des Stausees von 767 Metern

Eine Talsperre staut
den Kleinen Regen bei
Frauenau zu einem riesigen
Trinkwasserspeicher, der einen
großen Teil des Bayerischen
Waldes versorgt.

*Eine historische Dampflok der
Regentalbahn auf ihrem Weg
durch den Bayerischen Wald*

„Glück zu ihr Räder! Hebt nun an zu rollen ...“

Eisenbahnen im Regental

Bevor die eisernen Rosse durchs Land stampften und dank ihrer Geschwindigkeit den Menschen eine vollkommen neue Zeitdimension erschlossen, war das Reisen eine langwierige und noch dazu sehr kostspielige Angelegenheit. Vor allem in Gegenden wie dem Bayerischen Wald, wo ganze Ortschaften im Winter oft vollständig von der Außenwelt abgeschnitten waren, und wo auch bei weniger harter Witterung die Wege oft schlammig, steinig und nahezu unpassierbar waren. Die Reise von Cham nach Straubing, also auf einer der besseren Straßen, dauerte sechseinhalb Stunden und kostete 54 Kreuzer - den dreifachen Tageslohn eines Maurergesellen. Kein Wunder also, wenn die Bewohner des Bayerischen Waldes sich vom Schienenverkehr sehr viel erhofften. Sie wollten die Entwicklung der Infrastruktur im wahrsten Sinne des Wortes in die Wege leiten, um so ihre Lebensbedingungen zu verbessern. Schon 1850 wurde eine Regentalbahn, eine „Waldbahn“ von Passau nach Cham, gefordert, die soweit möglich, dem Lauf des Regentales folgen sollte. Diese Linie hätte hauptsächlich den Interessen des Mittleren und Unteren Bayerischen Waldes gedient und hätte,

zusammen mit der ebenfalls geforderten Strecke Cham-Straubing, die Stadt Cham zum Verkehrsknotenpunkt Ostbayerns werden lassen. Aber es wurde, um mit den Worten des damaligen Landtagsabgeordneten Greil zu sprechen, dem „bayerischen Walde von jeher Unrecht angethan“. Die Bahn kam nicht zustande, trotz großen „Producten-Reichthums“ und dem Vorhandensein von „Wasserkräften in unendlicher Menge“, den Grundvoraussetzungen für Ansiedlungen industrieller Art. Anfang 1870 wurde dagegen, für viele überraschend, die Linie Plattling-Eisenstein gebaut, die das alte Projekt Passau-Cham für längere Zeit vollständig verdrängte.[1]

Die Vorgeschichte der Erschließung des Bayerischen Waldes durch die Eisenbahn begann bereits 1840. Zur Debatte stand die Strecke Nürnberg-Amberg-Pilsen, die den Anschluß an eine böhmische, nach Prag führende Bahn liefern sollte. Sie sollte hauptsächlich die alte Handelsstraße von Nürnberg nach Böhmen neu beleben und der mittelfränkischen und der oberpfälzischen Industrie den Zugang zu den reichen böhmischen Kohlenrevieren ermöglichen. Bis diese Linie jedoch zum Gegenstand ernstlicher Planung

wurde, floß noch viel Wasser den Regen hinunter. Über Amberg hinaus konnte man sich nicht über den weiteren Streckenverlauf einigen. Ob nun die Strecke über Waidhaus, über Waldmünchen oder über Furth im Wald die bessere Trassenführung sei, erhitzte die Gemüter der Lokalpolitiker ungemein. Es wurden dem bayerischen König zahlreiche Petitionen, die für oder gegen diese oder jene Streckenführung plädierten, vorgelegt.

Schließlich setzte sich Furth im Wald durch, weil diese Trasse bautechnisch am leichtesten zu bewältigen war. Möglich, daß auch der Besitzer der Maxhütte, Maffei, ein Wörtchen mitzureden hatte. Schließlich deckte er fast den gesamten Schienenbedarf der oberpfälzischen Eisenbahnen und lieferte der „Ostbahn“ die Lokomotiven. Er hatte gerade die Sulzbacher Erzgruben erworben, und die Streckenführung Schwandorf-Furth im Wald stellte die Versorgung seiner beiden Großunternehmen mit böhmischer Kohle sicher. Was nun die Haltestellen der neuen „Ostbahn“ anbelangte, so waren es keineswegs die Dörfer und Gemeinden selbst, die sie vorschlugen. Sie wurden vom Bahnbau vielmehr überrascht und hatten oft noch längst nicht die

Die Eisenbahn bei Miltach mit Brücke über den Regen und Bahnhof auf einer Postkarte um 1910. Im Hintergrund ist Schloß Miltach zu sehen.

Tragweite der Entscheidungen über Trassenführung oder Bahnhofslage erkannt. Ein Meinungsaustausch zwischen der Ostbahngesellschaft und den Gemeinden fand nicht statt. Ihren frühzeitigen Bahnanschluß verdankten die Orte „einer ortsfremden, wirtschaftlichen Führungsschicht, die

mit dieser Trasse ihr großräumiges Interesse am besten gesichert sah".[2] Am 14. Juli 1862 wurde die Bahnlinie Schwandorf-Cham-Furth im Wald-Pilsen feierlich eröffnet und bildete damit quasi eine Hauptschlagader, von der weg, wie kleine Äderchen, die in den folgenden Jahrzehnten ange-

legten Stichbahnen den Bayerischen Wald durchzogen: Kothmaißling-Raindorf 1878, Cham-Kötzting-Lam 1892/93, Cham-Waldmünchen 1895, Bodenwöhr-Nittenau 1907, Neunburg-Rötz 1915, Cham-Blaibach-Viechtach 1928.

Eine ähnliche Geschichte, bei der über lokale Interessen hinweggegangen wurde, bildet die Linie Cham-Straubing, quer durch den Bayerischen Wald. Bereits 1863 stellte ein Bahnkomitee der betroffenen Städte die weitreichende Bedeutung des Projekts

Die Blaibacher Eisenbahnbrücke, die mit 70 Metern Bogenspannweite lange als die weitest gespannte Eisenbahn-Betonbrücke Deutschlands galt

Regentalbahn Akt. Ges. Sitz Viechtach

Nebenbahnen: Gotteszell - Viechtach - Blaibach   40 km
Deggendorf—Metten   5 km

-Regenbrücke bei Blaibach-
Weitest gespannte Eisenbahn-Betonbogenbrücke

Ansicht Kötztings mit Bahnhofsgebäude und Schienenstrang auf einer Postkarte, um 1910

dar. Die Linie sollte in Rosenheim an die Kufstein-Innsbrucker, in Cham an die Pilsen-Prager Bahn angeschlossen werden. Sie wäre so die kürzeste Verbindung zwischen Innsbruck und Prag geworden und, wie man annahm, damit eine der wichtigsten Bahnlinien in Süddeutschland, wenn nicht in ganz Mitteleuropa. Zudem sei dadurch, nach Fertigstellung der Brennerbahn, die optimale Verbindung zwischen Mittelmeer und Ostsee geschaffen, eine Linie von Venedig nach Stettin, über Verona, Innsbruck, Rosenheim, Straubing, Cham, Prag und Dresden. Zugegeben, die Namen Straubing und Cham nehmen sich sonderbar aus in dieser Reihe, aber wer weiß, wie die Städte heute aussehen würden, wenn nicht, ja, wenn nicht alles ganz anders gekommen wäre. Nachdem sein erstes Gesuch unbeantwortet geblieben war, wandte sich das Eisenbahnkomitee der betroffenen Gemeinden an den König und hob diesmal vor allem lokale Interessen hervor. Der Um-

weg über Regensburg sei untragbar, sowohl für den internen als auch für den Durchgangsverkehr. Die Frachtpreise stiegen dadurch unverhältnismäßig an, was zur Folge habe, daß die Erzeugnisse, obwohl von guter Qualität, nicht mehr konkurrenzfähig seien. Da sowohl Cham als auch Straubing an einer Ostbahnstrecke lägen, habe die Ostbahngesellschaft ja nahezu die Verpflichtung, eine Verbindungslinie zwischen den beiden Städten zu bauen.

Man ging von Behörde zu Behörde. Schließlich begann sich sogar der Generalstab der Bayerischen Armee für diese Linie zu interessieren, „da damit eine neue 'vollständig unabhängige' Nord-Süd-Verbindung für Bayern geschaffen würde, die sowohl als Aufmarsch-, als auch als Nachschublinie der bayerischen Armee von großem Wert sei".[3] Bei solchem Nutzen konnte man sich nicht länger zieren: Das Projekt wurde 1869 in die Eisenbahngesetze aufgenommen, und die Linie Cham-Straubing schien gesi-

chert. Sie kam dennoch erst viel später zustande; in Form kleiner Teilabschnitte, um die jahrelang gekämpft wurde. Die Verbindung Cham-Straubing wurde erst 1905 mit der Fertigstellung des letzten Teilstückes Konzell-Miltach geschlossen.

Die Konkurrenz der unterschiedlichen Eisenbahnkomitees und ihrer Streckenvorhaben wurde zum Haupthindernis einer großräumigen Verkehrslösung. Dazu kam noch die schlechte finanzielle Lage des Staates, der die Lokalbahnen genehmigen mußte. Wer heute mit dem Zug von Cham nach Straubing, Passau oder Deggendorf fahren will, wird feststellen, daß das Eisenbahnnetz auch heute noch (bzw. wieder) große Lücken aufweist.

Die erst 1928 vollendete Strecke der Regentalbahn Blaibach-Viechtach-Gotteszell durch das Tal des Schwarzen Regens soll hier noch näher betrachtet werden.

Die dringende Notwendigkeit dieser Strecke, die eine kürzere Verbindung von Cham nach Deggendorf hergestellt hätte, war bereits 1869 festgestellt worden. 1878 wurde die Linie in einen Gesetzentwurf aufgenommen, scheiterte aber, ebenso wie die Verbindung Cham-Straubing, am Einspruch Ortsfremder, in diesem Fall an der Kammer der Reichsräte. Diese meinten, mehr Einblick zu haben als die Ansässigen selbst, und lehnten die Bahn ab mit der Begründung, „daß der Bau dieser Linie eine Versündigung am Lande wäre, da sie wegen des geringen Verkehrsaufkommens diesem nur 'Opfer auferlegen würde, die dasselbe namentlich in der heutigen Zeit, durchaus nicht zu tragen im Stande' sei".[4]

Zugegeben, der Bau einer Bahnlinie war teuer. Sogenannte Vizinalbahnen, die abseits gelegene Orte mit Hauptstrecken verbinden sollten, hatten nur Anspruch auf staatliche Gelder, wenn erstens der Grund und Boden kostenfrei zur Verfügung gestellt wurde - ein Punkt, der des öfteren zu heftigen Streitereien in den betroffenen Ortschaften Anlaß gab - und zweitens sämtliche Erdarbeiten von den Gemeinden selbst finanziert wurden. Erst mit

Erlaß des neuen Lokalbahngesetzes von 1882 wurde der Bahnbau erleichtert. Grundvoraussetzung für staatliche Subventionen war ab sofort nur noch das kostenfrei zur Verfügung gestellte Gelände - die Erdarbeiten wurden nun vom Staat getragen.

Dennoch bestand die Strecke Cham-Gotteszell noch für längere Zeit nur auf dem Papier, sehr zum Ärger der Gemeindevertreter. Die Kosten dieser Linie waren mit über sieben Millionen Reichsmark veranschlagt worden, ein Aufwand, der trotz des Lokalbahnzuschlags - zwischen sechs und zwölf Kreuzer pro 100 Kilo Stückgut, zahlbar an die bayerische Staatsregierung - bei dem erwarteten Verkehrsaufkommen zu hoch erschien. Gebaut wurde deswegen erst einmal die Linie Cham-Kötzting. Nicht, weil sie etwa wichtiger gewesen wäre - nein, sie war lediglich billiger: ihre Kosten wurden mit etwas über einer Million veranschlagt.

Wäre dann noch Geld vorhanden, könnte man ja noch das Teilstück Gotteszell-Viechtach bauen, hieß es - sozusagen ein Zuckerl für die verärgerten Gemeindevertreter, ausgelegt von den Landtagsabgeordneten, die es satt hatten, mit Eingaben und Bittschriften überhäuft zu werden.

Es war aber kein Geld mehr vorhanden. Die Strecke Gotteszell-Viechtach wurde 1890 von einer Privatgesellschaft gebaut. Den größten Teil der Kosten trug dabei die Gemeinde Viechtach. Seit dieser Zeit bemühte sich die Lokalbahn AG um die Weiterführung ihrer Strecke bis Blaibach, um damit Anschluß an das Netz der Hauptlinien zu erlangen. Aber erst Mitte der 20er Jahre konnte das fehlende Teilstück realisiert werden. Die dazu vom Staat zur Verfügung gestellten Mittel stammten zu 50 Prozent aus der Erwerbslosenfürsorge. Die Lokalbahn AG durfte deshalb ausschließlich Notstandsarbeiter beschäftigen. Diese stammten hauptsächlich aus Nürnberg oder Fürth und erschienen entweder gar nicht, da ihnen der Bayerische Wald zu entlegen war, oder mußten nach 13 Wochen, wenn sie sich eingearbeitet hatten, entsprechend den Regelungen der Regierung wieder ausgetauscht werden. Diese Art der Finanzierung und Arbeitsbeschaffung verzögerte die Bauarbeiten erheblich.

Ein Zug der Regentalbahn im verschneiten Bayerischen Wald bei Zwiesel

Bayrischwald-Landschaft aus der Vogelschau.
Bodenmais und Umgebung.

Die Eisenbahnarbeiter, und zwar nicht nur die Notstandsarbeiter, schufen auch andere Probleme. So sahen vor allem die Geistlichen einen engen Zusammenhang zwischen Eisenbahnbau und „moralischer Dekadenz". Damals stieg nämlich die Zahl der unehelich geborenen Kinder stark an. Das lag zum großen Teil an der schlechten Bezahlung der Arbeiter, die keine Heiratserlaubnis erhielten, da sie mit ihrem Gehalt keine Familie ernähren konnten. Die von ihnen gezeugten Kinder mußten deswegen zwangsweise unehelich bleiben. Zum anderen gab es natürlich auch in der Landbevölkerung schon seit jeher uneheliche Kinder. Manche Pfar-

rer machten sich also lediglich den Umstand zunutze, mit dem Bau der Eisenbahn geeignete Sündenböcke an die Hand geliefert zu bekommen.

Allen Widrigkeiten zum Trotz wurde das fehlende Stück nach Blaibach in 17 Monaten fertiggestellt. Die feierliche Eröffnung fand am 3. und 4. März 1928 statt. Dabei wurde, dem festlichen Anlaß entsprechend, nicht gegeizt. In der Turnhalle Viechtach wurde geschlemmt: Schildkrötensuppe, italienischer Salat mit Hummer, Forelle blau, Steierische Poularden, Kotelett, Fürst-Pückler-Eis, Käseschnitten und Mokka, soviel das Herz begehrte. Das „Viechtacher Tagblatt" erschien mit einer

Die Eisenbahnlinie von Regen nach Zwiesel auf einer alten Vogelschaukarte

Festausgabe, auf deren Titelseite eine Hymne die großen Erwartungen an die neue Bahn zum Ausdruck brachte: „Glück zu ihr Räder! Hebt nun an zu rollen, / Frachtet uns Segen vom Bergwald, aus Stollen, / Tragt in die Welt, was wir darbieten wollen, / Führt ins Tal, was wir wünschen und wollen ..."

Die wirtschaftlichen Auswirkungen des Eisenbahnbaus auf die Industrialisierung des Bayerischen Waldes waren in der Folgezeit beachtlich.

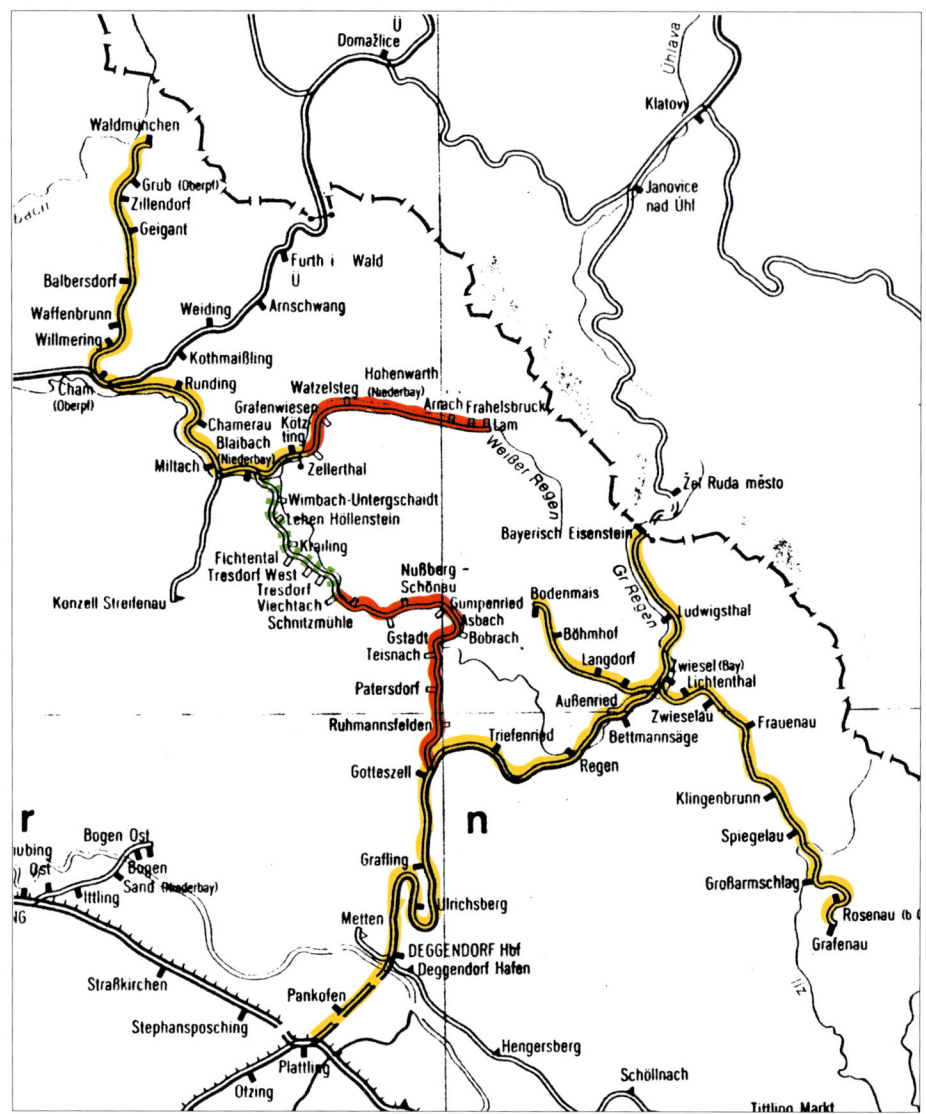

*Streckennetz
der Regentalbahn AG
Rot: Strecken der
Regentalbahn AG
Gelb: Strecken der Deutschen
Bahn AG, die von der Regental-
bahn im Auftrag der DB befahren
werden
Grün: stillgelegte Strecken.*

sich nun der langwierige Transport der Tiere, der meist einen beträchtlichen Gewichtsverlust nach sich gezogen hatte, wesentlich verkürzte.

Eine der negativen Begleiterscheinungen des Eisenbahnbaus für die Landwirtschaft war jedoch die Dienstboten- und Arbeiterflucht. Schon der Bau entzog der Landwirtschaft etliche Arbeitskräfte. Andere fanden später Arbeit beim Betrieb der Bahnen selbst oder wanderten in die neu entstandenen wirtschaftlichen Ballungsräume ab. In den Städten bildeten sie die neue soziale Großgruppe der Industriearbeiterschaft.

Die meisten Eisenbahnlinien im Bayerischen Wald betreibt heute die Deutsche Bahn AG, die allerdings einige der einst hart erkämpften Strecken stillgelegt hat.

Damit zumindest einige der schönen Routen erhalten bleiben, hat sich 1991 die IG Schienenverkehr Niederbayern e.V. gegrün-

Zahlreiche Firmen wurden gegründet, deren Produkte teilweise bis weit ins Ausland verschickt wurden. So stellte zum Beispiel die Möbelfabrik Schoyerer in Cham Inneneinrichtungen für Villen, Hotels, Schlösser und Kirchen her. Die Holzschuhe aus der von Franz Wild und Christoph Auer gegründeten Fabrik gelangten bis nach Südafrika und Südamerika. Zahlreiche Sägewerke und Zündholzfabriken steigerten ihre Umsätze. Das Glas aus dem

Bayerischen Wald wurde nun bis nach Nordamerika exportiert.

Hier alle betroffenen Produktionszweige aufzuzählen, wäre zu langwierig. Zusammenfassend kann man feststellen, daß die Eisenbahn einem bisher lokal beschränkten Wirtschaftsraum völlig neue Absatzmärkte erschloß. Gleichzeitig konnten Düngemittel und Getreideprodukte leichter eingeführt werden. In der Viehhaltung ging man von der Schafzucht zur Rindermast über, da

Reparaturwerkstatt der Regental-bahn AG in Viechtach

Zug der Regentalbahn im Tal des Weißen Regens bei Hohenwarth, aufgenommen 1994

det. Sie betreibt eine Wanderbahn auf der bereits stillgelegten Privatstrecke Viechtach-Gotteszell und weiß Touristen mit kostenlosem Fahrrad- oder Kanutransport, mit dem „Bärwurzkurier" oder dem „Mühlhiaslzug" erfolgreich anzuziehen. Angeboten werden außerdem Sonderfahrten für Vereine, Betriebe oder Hochzeitsgesellschaften. Die Initiatoren Baier und Paula - beide arbeiten in München - verstehen sich als Förderer des „sanften Tourismus".

Die beiden Waggons der Wanderbahn stammen aus den Beständen der „Regentalbahn AG" in Viechtach, die einst mit den Strecken Deggendorf-Metten, Kötzting-Lam und Gotteszell-Viechtach-Blaibach eine der großen Privatbahnen Bayerns war. Sie befährt heute außer der erhalten gebliebenen Strecke Kötzting-Lam im Auftrag der Deutschen Bahn AG auch die Strecken Waldmünchen-Cham, Cham-Blaibach-

Kötzting, Bodenmais-Zwiesel-Grafenau und Plattling-Bayerisch Eisenstein.

Die „Regentalbahn AG" hat sich zu einem Unternehmen mit zahlreichen Tochterfirmen entwickelt. Sie stellt unter anderem Busse für den Personennahverkehr bereit und betreibt in Viechtach eine Reparaturwerkstatt, die von vielen anderen europäischen

Eisenbahngesellschaften in Anspruch genommen wird.

Es bleibt zu hoffen, daß die gerade einsetzende Bahnrenaissance der „schönsten Bahnstrecke Deutschlands" entlang der Teisnach und des Schwarzen Regens noch mehr Fahrgäste bescheren wird.

Peter Heigl

75

*Überfahrt über den Regen
bei Viechtach. Aquarell von
Max Joseph Wagenbauer, 1806*

„Karpfen, Hecht, Weißfischl: Charfreitag alles ausverkauft"

Die Fischer in Viechtach

Das Recht, im Regen zu fischen, lag im Mittelalter beim Landesherrn. Dieser konnte es gegen Geld- oder Naturalabgaben an - meist gewerbliche - Fischer vergeben. Auch in Viechtach läßt sich die Geschichte der Berufsfischer weit zurückverfolgen. So findet sich im Herzogsurbar von 1280/1310 der Hinweis, die Fischer zu Gstadt gäben unter anderem jede Woche Fische im Wert von zehn Pfennigen. Im selben Dokument ist vermerkt: „Die Fischer daselbst zu Rugendorf (Rugenhof, Gemeinde Viechtach) geben 30 Pfg. und alle Wochen Fische, die 10 Pfg. wert sind."[1] 1475 ist als Besitzerin des bereits erwähnten Rugenhofes eine Walburga Vischerin bekannt, deren Name wohl direkt vom Beruf ihres Ehemannes hergeleitet ist.[2] 1517 hatte ein „Hans Vischer zu Rugendorf ... das Fischwasser auf dem Regen inne von Wolfgang Nußberger zu Haunkenzell".[3]

Und eine Urkunde von 1591 bestätigt: „Hans Degenberger verleiht dem Hans Vischer zu Rogendorf und dessen Ehefrau Walburga das Fischwasser im Regen von der Wehr zu Viechtach bis hinab zum Hackenpächl gegen jährliche Fisch- und Geldgilt."[4]

1666 findet sich ein Hinweis auf einen weiteren Viechtacher Berufsfischer: Johann Heigl war Sohn eines Teisnacher Perlfischers und übte das Perlfischen vermutlich auch selber aus.[5] Ob er ein Vorfahre des später in Viechtach ansässigen Fischers Peter Heigl

war, ist nicht mehr zu klären. Zum Zeitpunkt seiner Einbürgerung im Jahre 1772 besaß Peter Heigl jedenfalls das Fischrecht im Regen, das ihm vom Kurfürsten auf Leibrecht, das heißt auf Lebenszeit, übertragen worden war.[6] 1779 kaufte Peter Heigl von Herzog Carl Theodor das sogenannte „fünfte Fischwasser" des in sechs Strecken aufgeteilten Regens auf Erbrecht. Der Landesherr stellte fest, „daß wir aus Gnaden dem Peter Heugl bürgerlichen Fischern zu Viechtach als Besitzern eines Theils Regen-Fischwasser, welches von oben herab der Zahl nach der Fünfte ist, sohin oben bey der sogenannten Herrn Beschlächt oberhalb der Viechtacher-Brücke anfängt, und bis unterhalb Rugendorf ein Viertlstund unterhalb Viechtach eben dahin geht, wo der Mühlarm im Regenfluß seinen wiederumigen Einfluß nimmt ... hierauf das Erbrecht verliehen haben."[7] Für dieses Erb-

Alfons Kleingütl, Helfer des letzten Viechtacher Berufsfischers Georg Lankes

Zille auf dem Schwarzen Regen bei der Rugenmühle, Postkarte um 1900

Georg Lankes und sein Helfer beim Netzfischen im Regen bei Viechtach

recht mußte Heigl bzw. seine Nachfahren jährlich am St.-Georgs-Tag einen bestimmten Betrag beim Kastenamt Linden entrichten. Aus den Unterlagen geht nicht hervor, inwieweit Peter Heigl den Lebensunterhalt seiner Familie mit der Fischerei bestreiten konnte. Doch sein erbittertes Ringen um das Recht an der Überfahrt von Passagieren über den Regen (wenn etwa ein Eisstoß oder ein Hochwasser die Brücke zerstört hatte) läßt wohl darauf schließen, daß er über jede weitere Einkommensquelle froh war, da das Fischen allein einen unzulänglichen Verdienst erbrachte.[8] Über die damaligen Fischereimethoden, die Erträge und die weiteren Nebenverdienste des Fischers ist jedoch nichts bekannt. Peter Heigls gleichnamiger Sohn erbte 1805 das Haus - und damit wohl auch das Fischrecht - seines Vaters. Im Kataster von 1808 ist eine kleine Landwirtschaft erwähnt; diese sicherte neben der Fischerei das Fortkommen der Familie.[9]

1832 erkaufte Peter Heigl (II) von der ledigen Katharina Fischl aus Oberhofen um 433 Gulden ein weiteres „walzendes" Fischrecht im „sechsten Regenfischwasser" des Schwarzen Regens (Pl. Nr. 1332). Der jährlich steuerbare Ertrag belief sich auf 146 Gulden 50 Kreuzer. Der Kataster von 1839 beschreibt das Gewerberecht von Peter Heigl: Sein Fischwasser erstreckte sich vom Herrenwehr südlich anfangend abwärts bis zum Einfluß des Rugenmühlarms an der Gemeindegrenze und nördlich bis zum „fünften Regenfischwasser" sowie in den Eglseedimpfl und in den Rugenmühlarm.[10]

Als 1847 der Sohn Peter Heigl (III) mit dem elterlichen Anwesen auch die verschiedenen Fischrechte übernahm, ließ sich der Austrägler das Recht garantieren, jederzeit auf dem Regenfluß fischen zu dürfen. Die finanzielle Lage der Fischerfamilie war jedoch alles andere als gut. So gab die wiederverheiratete Witwe des Peter Heigl (III) 1865 vor dem

Viechtacher Bürgermeister Anton Schmid zu Protokoll: „Mein verstorbener Ehemann Peter Heugl hinterließ mir das Häuslanwesen samt dem Fischrechte und 5 unversorgten Kindern in größter Armuth, was dem Magistrate Viechtach ohnehin bekannt ist. Mein Mann hat unermüdlich gewerkelt

'Die Leinenbleiche' am Regen bei Viechtach. Gemälde von Johann Baptist Reisbacher, 1803

ist auch der Arbeit noch bey guten Jahren erlegen, und das aus der einzigen Ursache, weil seit der Triftbarmachung des schwarzen Regenflußes, worauf wir das Fischrecht haben, und durch Übernahme und Kauf und auf 1500 fl gekommen ist, ganz in Verfall kam."[11] Der Vorschlag der Witwe, nur das Fischrecht zu versteigern, damit ihr und den Kindern das Haus erhalten bliebe, wurde nicht verwirklicht. 1868 wurden Haus und Fischrecht um 1480 Gulden an den Fischer und Holzhändler Anton Lankes und seine Frau Maria verkauft. Diese hatten zu dem Zeitpunkt bereits ein Fischrecht im Regen und schon der Vater des Anton Lankes war 1797 als Fischereiberechtigter eingetragen.[12]

Anton Lankes, der gleichnamige Sohn des Käufers und seit 1874 Eigentümer des elterlichen Hauses und Fischrechtes, übte zwar das Gewerbe ebenfalls aus, war aber laut Übergabevertrag „ohne besonderen Stand"; sein Bruder Johann hingegen war Fischmeister. Die Fischwasser waren dieselben wie beim Fischer Heigl geblieben. Vom Vater Lankes auf den Sohn wurden unter anderem zwei Senknetze, ein ganzes Überlegnetz und ein Kahn übergeben.

Anton Lankes junior betrieb die Fischerei bis zu seinem 70. Lebensjahr. Nach seinem Tod trat die Witwe Maria Lankes (geb. Hecht) das Erbe an. Ihr Sohn Joseph Lankes, der Haus und Fischrecht 1914, drei Monate nach der Übernahme, wieder an die Mutter zurückgab, fischte zusammen mit seinen Brüdern Xaver und Georg.

Er war es wahrscheinlich, der 1913 ein Tagebuch begann, in dem die täglichen Fang- und Verkaufsmengen eingetragen wurden. Später führte sein Bruder Georg, der 1921 auch das Haus übernahm, die Tagebücher weiter. Sie befinden sich heute im Besitz von Franziska Pfeffer, einer Enkelin des Georg Lankes.

Die Tagebücher des Georg Lankes (1888-1974) geben nicht nur Einblick in den Fischeralltag im Verlauf mehrerer Jahrzehnte, manchmal scheint zwischen den nüchternen Zeilen auch der „trockene" Humor des Verfassers durch. Zeitzeugen, die sich noch

Der letzte Viechtacher Berufs-fischer Georg Lankes und sein Helfer beim Lichtfischen

In seinem Tagebuch verzeichnete der Fischer Georg Lankes seine Fänge. Auszug aus dem Jahr 1917

serarme des Regens. Solche befanden sich bei der Schnitzmühle, bei der Ziegelei, in Großenau, am Eglsee und in Pirka. Georg Lankes benennt sie mit den alten überlieferten Namen; er erwähnt z. B., er habe die Sporerloh, die Bäckermichlloh, die Hansiloh, die Eglseeloh oder das Weislöherl „gezogen". Weitere Ortsbezeichnungen sind „Goldseigen", „Kälberbrüh", „Mühlschuß", „Herrnwöhr", „Schinderarm". Daß Georg Lankes alle diese Örtlichkeiten mit Namen kannte, kam nicht von ungefähr: Wie viele Berufsfischer verdiente er auch als Flößer und Trifter sein Geld.[13] Der Bau des Höllensteinkraftwerkes bedeutete 1926 das Ende für die Flößerei und das Triften nach Regensburg, brachte aber auch für die Fischerei starke Beeinträchtigungen. 1925 verkaufte Georg Lankes seine Fischereirechte an die Höllenstein Kraftwerke AG; allerdings blieb ihm das lebenslange Recht, die Fischerei auszuüben. Zusätzlich übernahm Georg Lankes 1928 von seinem Onkel Johann Lankes dessen umfangreiche Fischrechte, die er aber 1929 bzw. 1932 an die Teisnacher Papierfabrik verkaufte.[14] Ihm wurde das Recht, die Fischerei hier auszuüben, auf Lebenszeit zugestanden. Gleichzeitig verzichtete Lan-

an ihn erinnern, berichten übereinstimmend nicht nur von seinen derben Sprüchen, sondern auch von seiner Schlitzohrigkeit gepaart mit Menschenfreundlichkeit, von der rauhen Schale mit dem weichen Kern. Seine Helfer fuhr er mitunter in recht rauhem Ton an; andererseits hatte er auch immer Verständnis für die „Buben", die ganz wild aufs Fischen waren. Seinen Sohn Georg nannte er „Schis" oder „Schiskojepp", der Helfer Hans Mages erscheint oft als „Magirus" in den Aufzeichnungen.

Bis kurz vor seinem Tod führte Georg Lankes gewissenhaft Buch über die täglichen Erträge. Vom

Fischerhaus oben an der „Himmelsstiege" hatte der letzte Berufsfischer Viechtachs eine herrliche Aussicht auf seinen Arbeitsplatz, den Regen. Sein Reich erstreckte sich vom Regen bei Schönau bis hinunter zum Höllenstein. Wenn auch in knappen Worten geschrieben, vermitteln diese Tagebücher einen Eindruck von der Mannigfaltigkeit der Fischwelt im Regen. Genannt werden Hechte, Huchen, Äschen, Barben, Brachsen, Näslinge, Eiteln, Forellen, Karpfen, Renken, Rotaugen, Schleien, Aale, Zander, Haselfische. Fischgründe waren vor allem die „Lohen", die stehenden und fischreichen Altwas-

kes auf alle Ersatzansprüche an die Papierfabrik wegen möglicher Schädigungen der Fischerei.

Wie aus den Tagebuchaufzeichnungen des Georg Lankes sowie aus dem Gespräch mit Hans Baumer bzw. mit Hans Mages hervorgeht, wurde größtenteils mit Stellnetzen, weniger mit Schleppnetzen und Reusen, selten mit Angeln gefischt.[15] Die Netze waren anfangs noch aus Hanf. Damit sie nicht stockig und brüchig wurden, mußten sie nach jedem Gebrauch sofort aufgehängt und getrocknet werden. Später ver-

drängten die unempfindlicheren Perlonnetze die „Garl" aus Hanf. Die Netze, je nach Wassertiefe 1,20 m bis 1,50 m hoch, waren oben mit „Flossen", den Schwimmern, besetzt, unten war die „Schwaarn", eine Bleischnur entlang des Netzes. So wurde das senkrechte Stehen der Netze im Wasser gewährleistet. Ein Ende des Netzes wurde am Ufer der „Lohe" befestigt, dann transportierte man das andere Ende des Netzes mit der Zille ans andere Ufer und legte es dort ab oder befestigte es. In einem Altwasser-

arm wurden drei oder vier solcher Netze in einem Abstand von etwa 50 Metern von Ufer zu Ufer gespannt. Dann machten der Fischer und seine Helfer mit ihren Zillenstangen „Radau" und trieben die Fische in die Netze. Die Fische verfingen sich mit Kiemen und Flossen im Maschengarn. Nachdem die Netze wieder aus dem Wasser geholt wurden, löste man die lebenden Fische aus den Maschen und hielt sie in einem im Wasser schwimmenden Behälter. Zum Auslegen und Einholen der Netze waren nur Zillen geeig-

Georg Lankes und seine Helfer Hans Mages und Alfons Kleingütl beim Netzfischen in der Nähe von Viechtach

die Fische, hauptsächlich Barben, die von der Kälte unbeweglich und vom Licht erschreckt stillstanden, gestochen. Infolge der Verletzungen konnten sie nicht lebendig heimtransportiert werden, sondern mußten an Ort und Stelle getötet werden. Das machte im Gegensatz zu anderen Fangmethoden eine sofortige Verarbeitung notwendig. Am 21. Januar 1932 notierte Lankes: „Unter der Schleuße beim Mond 24 St. Brachsn gestochen bis zu 5 Pfund".

Eine weitere Methode war das Auslegen von Legangeln. Über Nacht wurde eine Angel mit einem Köderfisch an einem ufernahen Baum befestigt; am anderen Morgen wurde die Angel - und möglicherweise der Hecht, der sich daran gefangen hatte - eingeholt.

Georg Lankes mußte seinen Fang über die steile Himmelsstiege tragen, oder er fuhr ihn mit dem Handwagen, später mit dem Auto, in dem sich für den Fischtransport ein mit Wasser gefüllter Eisenbehälter befand, durch die Bahnhofstraße und die Bäckergasse nach Hause.[19] In dem mit Frischwasser versorgten Grand im Schuppen des Lankes-Hauses lebten die Fische bis zum Verkauf weiter. Manchmal wurden Fische

net, die mit Stangen vorwärts bewegt werden und keine störende Seitenhalterungen für Ruder haben, wie sie an Kähnen angebracht sind.

Auch im Winter wurde gefischt. Häufig notierte Lankes in seinem Tagebuch: „Loh ausgeeist." Dabei wurde das Eis in den Altwasserarmen, die von den Fischen als Winterquartier bevorzugt werden, mit Stangen hinausgeschoben, sobald es sich vom Ufer gelöst hatte. Dann wurde mit dem Netz gefischt.[16]

Eine beliebte Fangmethode, die später im Fischereigesetz verboten wurde, war das Nachtfischen, auch Lichtfischen, Kienfischen

oder Stechen genannt. Dazu war klares Wasser und eine dunkle, kalte Nacht notwendig.[17] Vor allem dort, wo das reißende Wasser die Stellnetze weggerissen hätte, verlegte man sich aufs Stechen. Mit der Zille fuhren die Nachtfischer zu den Stellen, wo viele Fische standen. Das waren flache Stellen, denn zum Stechen war ja ein Untergrund notwendig.[18] In einer sogenannten „Kienpfanne", einem an einer Stange befestigten, mit Schlitzen versehenen Eisengefäß, sorgten langbrennende Fichtenkienspäne für ein rotes Licht, das den Blick bis auf den Grund des Regens ermöglichte. Mit einer dreizackigen Eisengabel wurden

Der Schwarze Regen bei Viechtach gehörte zum Fischwasser von Georg Lankes.

gebacken und als „Steckerlfisch" auf dem Markt verkauft, wie er etwa am 24.6.1967 im Tagebuch vermerkte. Größeren Gewinn machte er aber wohl mit Lieferungen an Großhändler; teilweise schickte er die Fische per Expreß mit der Bahn.[20] Auch die Fischpartien im benachbarten Gasthaus Braumandl boten ihm einen guten Absatz, wie etwa am 1.6.1929: „Braumandl Fischpartie 70 Pfund a 35 [Pfennig] Weisfisch, 10 Pfund a 100 [Pfennig] Hecht". Der - obrigkeitlich vorgeschriebene - Preis etwa für ein Pfund Hecht betrug 90 Pfennig im Jahre 1913, erhöhte sich 1914 auf eine Mark und ist im November 1917

mit 1,50 Mark angegeben. Vorrangiger Verkaufstag war der Freitag. Absolute Höhepunkte im Jahr des Fischers waren Fasttage wie Karfreitag und Aschermittwoch, außerdem Weihnachten. An diesen Tagen schnellten die Verkaufszahlen meistens in die Höhe, so auch am 18. April 1930: „Charfreitag alles ausverkauft Karpfen, Hecht, Weisfischl." Das Jägerglück war ihm durchaus nicht immer hold. An manchen Tagen vermerkte er lapidar: „Kein Schwanz" oder „eine dürre Brachse". An anderen Tagen hingegen konnte Lankes schreiben: „2 davon selbst schnapuliert" oder „selbst gefressen".

1958 kam es im Regen zu ei-

nem verheerenden Fischsterben, das von Abwässern der Papierfabrik Teisnach verursacht worden war. Lankes berichtet: „Am 14. Juli in Teisnach Gift in den Regen geleitet, von Gumpenried bis Teisnach alles umgekommen, tausende von Nasling und Barben, Brachsen und nur schöne große Fische." Am 13. November 1958 setzte er „v.d. Fabrick besorgte Fische von Mayer Straubing" ein.

Immer hatte Georg Lankes Helfer um sich geschart, die unentgeltlich fischen durften und ihm dafür bei allen anfallenden Arbeiten wie Netzaufhängen, Fischausnehmen etc. zur Hand gingen. Noch mit über 80 Jahren ging Georg Lankes beinahe täglich zum Fischen. Als er schon zu gebrechlich wurde, um selber in die Zille zu steigen, „dirigierte" er seine Helfer, das waren in den letzten Jahren vor allem Hans Mages und Hans Kleingütl, vom Ufer aus. Der letzte Eintrag in das Tagebuch vom 10. August 1974 lautet: „2 oberen Lohen 5 Hechte 3 Schleien 4 Weiße".

Eva Bauernfeind

Im Juni 1891 fotografierte der Lehrer Johann Brunner den Schwimmunterricht im rundum verbretterten Städtischen Schwimmbad in Cham. Eine Gruppe korrekt gekleideter Männer schaut den Buben bei ihren Übungen zu.

„Der Gebrauch kalter Bäder im Freien ist für das leibliche Wohlbefinden von wesentlichem Vorteile"

Badehäuser und Schwimmbäder im Regenfluß

Der Fluß wurde von jeher zum Baden genutzt. Den Protokollen der oberpfälzischen Landesvisitation im Jahr 1580 ist zu entnehmen, daß in Roding die Gemeinde den Auftrag erhielt, das Baden im Regen, das von Knechten und Mägden geschehe, abzustellen, „insbesondere bei den Maiden".[1]

Seit der Mitte des 19. Jahrhunderts führte ein gewandeltes, auf den Gedanken der Aufklärung beruhendes Körperverständnis zu einer neuen Einschätzung von Hygiene und Gesundheitspflege. Vor allem die Bezirksärzte bemühten sich um die Schaffung von Badeanstalten. Schon 1871 errichtete der Bezirksarzt zu Nittenau ein Badehaus „zur Beförderung des Gesundheitszustandes".[2] Der Rodinger Bezirksarzt betonte in einem Schreiben an sein Bezirksamt die Bedeutung von Badegelegenheiten: „Zu den mancherlei Anstalten, welche den Bedürfnissen der Bevölkerung zu genügen haben, gleichsam zum Inventar eines größeren Ortes gehören, zählen wohl auch die Badeanstalten, private sowohl wie öffentliche, nicht weniger Badeplätze an Flüssen. Bäder sind ja bekanntlich von hoher Bedeutung für die Hautcultur wie für die Gesundheit, ein dringendes Bedürfnis nicht bloß für industrielle Orte, sondern ebenso für Orte mit fast ausschließlich Landwirtschaft treibender Bevölkerung..."[3]

Der Rentbeamte Huber und der Oberförster Bausenmeier aus Walderbach hängten 1872 ein Floß mit einem Badhaus in den Regen. Vom Floß aus stieg man - durch ein Häuschen vor neugierigen Blicken geschützt - in den nur zwei mal zwei Meter großen „Badkorb" hinab und tauchte in die Fluten.[4] 1917 ließ sich der gesundheitsbewußte Benefiziat Josef Breu in Pösing nächst dem Benefiziatenhaus im Regen ein Badehäuschen errichten: „Die Badehütte erhält ungefähr 3,0 m Länge und 2,5 m Breite. Sie wird auf schwimmende Fässer aufgestellt und mittels Ketten und Haltepflöcken am Lande mit einer gegen Abtreiben hinreichenden Sicherheit verankert. Sämtliche Teile der Badehütte müssen sich leicht und rasch aus dem Flusse im Bedarfsfalle entfernen lassen. Die Haltepflöcke am Lande, an denen die Verankerungsketten angebracht werden, dürfen den Eisabgang nicht stören. Die Hütte nebst Zubehör muß so gebaut sein, daß sie möglichst wenig in das Flußbett hineinragt, insbesondere den Floss- und Triftverkehr nicht stört. Die Badehütte ... ist alljährlich nach Umlauf der Badezeit und vor Eintritt der Eisgefahr, spätestens jedoch immer bis zum 31. Oktober, ferner jeweils bei der Gefahr des Eintrittes grösseren Hochwassers aus dem Flusse zu entfernen."[5]

Die Segnungen des Bades wurden auch von der Obrigkeit propagiert: „Der Gebrauch kalter Bäder im Freien ist für das leibliche Wohlbefinden des männlichen, wie des weiblichen Geschlechtes von wesentlichem Vorteile, welcher - wo nur immer möglich - der Bevölkerung geboten werden soll"[6] stellte der Regierungspräsident 1898 nach einer Inspektionsreise durch die Oberpfalz fest und ordnete an, nach Möglichkeit in allen Orten Bade- und Schwimmanstalten, Badehäuser oder Badehütten „herzustellen".

Ein Verzeichnis der Badehäuser am Regen im Bereich des Bezirksamts Stadtamhof, 1913 vom Kgl. Straßen- und Flußbauamt Regensburg erstellt, führt auf: „Das Badehaus des Ignaz Wittmann zu Marienthal, linksseitig bei km 29,5; das Badehaus des Freiherrn von Pfetten zu Ramspau, linksseitig bei km 20,4; das Badehaus des Karl Gottfried zu Regenstauf, rechtsseitig bei km 15,8; das Badehaus der Gemeinde Regenstauf, linksseitig bei km 14,3; die Badehäuser der Witwe

Bekanntmachung.

Die Arbeiterklasse von Kötzting kann das ☞ Schwimmbassin der märktischen Badeanstalt ☜ je am

Mittwoch und Samstag von 6 bis 8 Uhr abends

☞ unentgeltlich ☜ unter der Bedingung benützen, wenn sich die Leute ruhig und anständig verhalten, nicht lärmen und die badenden Personen nicht belästigen.

Zuwiderhandelnde Personen, werden s o f o r t aus der Badeanstalt ausgewiesen und fernerhin aber zum unentgeltlichen Baden nicht mehr zugelassen.

Kötzting, den 7. August 1911.

Magistrat Kötzting.

In den Schwimmanstalten galten strenge Badeordnungen.

In der Kaltwasser-Anstalt Markt Eisenstein wurden Bäderkuren verabreicht.

Colombo Magdalena, rechtsseitig bei km 0,2."[7]

Um die Jahrhundertwende wurde das Baden im Regenfluß immer beliebter. Man verließ die Enge des Badehauses. Kinder, Männer, Frauen gingen an allen geeigneten Stellen ins Wasser, planschten, badeten, schwammen. Diese neue Freizügigkeit ist vor dem Hintergrund der Gedanken der Lebensreformbewegungen und der Freikörperkultur zu sehen. Die Badenden trugen Unterhosen, einfache Badehosen, knoteten sich ein großes Taschentuch um – oder stiegen unbekleidet ins Wasser.

Das „Zusammenbaden" von Männern und Frauen „in der Nähe der Wohnhäuser und Spaziergänge", das „reinste Afrika-Leben"[8] wurde vor allem von den Pfarrherren heftig kritisiert. Man forderte Badeverbote. In Sallern klagte der Pfarrer 1879, „daß gegenüber dem Uferschutzbau von Reinhausen Schulkinder und der Schule Entwachsene sich nicht bloß baden, sondern außer dem Wasser nackt Scherz und Muthwillen treiben und herumlaufen"[9].

1884 monierte er, daß im Regenfluß Badende „vollständig nackt ohne alle und jede Bedeckung auf den Wiesen"[10] herumliefen. In Regen beschwerte sich der katholische Pfarrer 1911, daß die Verhältnisse am Badeplatz bei der Loiblsäge den Forderungen der öffentlichen Sittlichkeit nicht entsprächen: „Herren fahren im Badekostüm Kahn, während Damen baden und Kinder zusehen."[11]

Mit ortspolizeilichen Vorschriften und Badeverboten versuchte die Obrigkeit, das unerwünschte Baden im Fluß zu unterbinden. Die Überwachung der Vorschriften aber war gar nicht so leicht. 1920 berichtet ein Gendarm über eine Kontrolle am Regen bei Sallern: „Dabei flüchten in der Regel jene Personen, welche ohne Badekostüm sind, während die übrigen Badenden sich nicht vertreiben lassen wollen, mit der Begründung, es sei ihnen ein Badeverbot im Regenflusse nicht bekannt."[12]

So war der Hauptgrund für eine Welle von Neubauten von Badeanstalten um 1900 der Wunsch, den Badebetrieb in geschlossenen Anstalten zu reglementieren und zu kontrollieren. Das „wilde Baden" sollte unterbunden werden. Ein weiterer Grund für die Einrichtung von

Schwimmbädern war die beginnende Bereisung des Regentals. Nach 1900 wurde das Regental mehr und mehr als Ort für Aufenthalte in der Sommerfrische entdeckt. Die Landschaft, die „gute" Luft, das reizvolle Flußtal wurden als Gründe für einen Aufenthalt in der Region genannt. Die Ortschaften am Fluß erkannten bald den Wert des Regens für den beginnenden Fremdenverkehr. Um 1900 baute der Verschönerungsverein Nittenau ein Flußbad für die Sommergäste. Auch in Regen und Zwiesel entstanden städtische Badeanstalten.

Bade-Gelegenheiten in Cham

Schon 1876 hatte sich der Sägewerksbesitzer Karl Kröber in Cham im Regen in der Nähe seiner Dampfsäge ein Badehäuschen errichten lassen: Von dem geschlossenen Holzhaus ging eine Öffnung nach unten in den Badekorb.[13] 1886 baute der Mühlbesitzer Xaver Greß ein „Badelokal" an das von ihm mit Wasserkraft betriebene Glasschleifwerk an. Dieses Badelokal stand gegen Eintritt der Öffentlichkeit zur Verfügung.[14]

In einem von der Wald-Vereins-Sektion Cham 1888 herausgegebenen Führer ist dieses Bad beschrieben: „Eine Wohltat, die jedenfalls geeignet ist, jedem Fremden den Aufenthalt in Cham angenehm zu machen, sind die vorzüglichen Regenbäder, deren Wirkung eine äußerst günstige ist. Besonders zu empfehlen ist das von dem Mühl- und Glasschleifbesitzer Xaver Greß an seiner Mühle eingerichtete prächtige Wellenbad."

1893 gab es in Cham[15] neben dem Wellenbad von Greß die Badeanstalten von Zimmermann und Gruber und das städtische Schwimmbad, das sich im Bereich der heutigen Oberen Regenstraße in der Nähe der Mädchenschule befand. Das Bad war rundum verbrettert. Damit nicht etwa durch ein Astloch neugierige Blicke möglich waren, waren die Bretter innen zusätzlich mit Sackleinen verhängt.

Um 1905 wurde weiter flußaufwärts, oberhalb des Floßhafens, ein Flußschwimmbad mit Badefloß und Liegewiesen eingerichtet. Hier konnten die Chamauer nun frei im Fluß schwimmen, sich in Luft, Licht und Sonne bewegen, wie es dem Ideal der Lebensreformbewegung entsprach. Jahrzehntelang war das alte Flußschwimmbad ein beliebter Treffpunkt der Chamer Bürger und Tummelplatz für die Jugend. Als es Ende der 70er Jahre aufgelöst wurde, um dem Neubau des „Chamer Freizeitbades" Platz zu machen, gründete man im Andenken an alte Zeiten den „Verein zum Erhalt des Flußschwimmbads". Vom 1983 eröffneten Freizeitbad aus kann man heute ein kühles Bad im Regen nehmen.

Badeanstalten am Weißen Regen in Kötzting

Schon 1875 setzte der Bindermeister Johann Kuchler alljährlich während der Sommermonate eine aus zwei Kabinen bestehende Badehütte in den Weißen Regen ein. 1893 wollte Kuchler dazu ein neues Schwimmbassin anlegen. Da die Nachbarn Einspruch erhoben, verzögerte sich das Projekt bis 1895. Fortan betrieb Kuchler die Badeanstalt gegen Gebühr. Da die Kosten für die Instandhaltung hoch waren, erhielt er vom Magistrat einen Zuschuß zum Betrieb. Später übernahm der Binder Johann Wühr die Anstalt.

1911 erbaute der Magistrat Kötzting 50 Meter oberhalb des sogenannten Hutwehrfalls, des Überfallwehrs des Sägewerksbe-

sitzers Michl Staudinger, ein öffentliches Schwimm- und Sonnenbad. Das neue Bad wurde gern genutzt. Als die Badeanstalt 1916 aus Kostengründen geschlossen bleiben sollte, reklamierte der Vorstand des Bezirksamtes Kötzting, daß damit eine „gemeinnützige Anstalt ausgeschaltet würde, die von Fremden und Sommergästen hochgeschätzt wurde". Er wies darauf hin, welcher finanzielle Nutzen im Hinblick auf die Sommerfrischler aus dem Bad gezogen wurde. Der Badebetrieb wurde weitergeführt.

Die Badezeiten waren auf fünf Uhr morgens bis neun Uhr abends festgesetzt. Da nach Geschlechtern getrennt gebadet werden mußte, wurde die Damenbadezeit auf drei bis fünf Uhr nach-

*Damenbad in der Städtischen
Badeanstalt Zwiesel am
Großen Regen, Postkarte 1910*

*Kahnpartie vor der
Badeanstalt Viechtach,
nach 1906*

mittags bestimmt. 1920 protestier-
ten 29 Bürgerinnen aus Kötzting
gegen diese Regelung: „Wir sind
durchwegs nicht in der Lage in
den Nachmittagsstunden von
3 bis 5 Uhr zum Baden zu gehen,
weil dienstliche oder auch häusli-
che und geschäftliche Tätigkeiten
diese Zeit in Anspruch nehmen ...
Wir beantragen daher, die Badezeit für Damen dahin zu erweitern, daß auch in den Abendstun-
den noch Gelegenheit zu einem
Bad geboten ist." Als der Magistrat diesen Antrag ablehnte,
wandten sich die Kötztingerinnen
enttäuscht ab und badeten fortan
„wild" in Pulling. Sie betonten,
daß dort die schönste Badegelegenheit geboten sei „und man
hier auch nicht an die Anschau-
ungen des Gemeinderats Kötzting
gebunden ist, die einem bei Be-
nützung der märktischen Badeanstalt auferlegt waren". 1923 war
die Badeanstalt baufällig geworden und sollte geschlossen werden.

Ein Schreiben vom 10. Juli 1923
an die Marktgemeinde Kötzting,
unterzeichnet von etwa 100 Bürgerinnen und Bürgern, macht die
Beliebtheit dieser Badegelegenheit deutlich. Die Marktgemeinde
wurde ersucht, die Badeanstalt
Kötzting wieder herrichten zu
lassen: „Es ist anzunehmen, daß

es allgemein bekannt ist, daß für
die Förderung der allgemeinen
Gesundheitsverhältnisse nichts so
förderlich ist, wie Schwimm- und
Sonnenbäder. Gerade für den kör-
perlich arbeitenden Teil der Bevölkerung wie für den, der tags-
über im Laufladen usw., in den
Amtsstuben zubringen muß, sind
die sommerlichen Bäder im Frei-
en eine Notwendigkeit. Der
Schwimmsport ist der gesündeste
Sport; denn dabei werden alle
Teile des Körpers gleichmäßig geübt, und die Luft über dem Wasser ist die staubfreieste ... Kötzting ist ein Ort, der von Fremden
viel besucht wird und man hat alles getan, um nach Kötzting den
Fremdenstrom zu leiten; es besteht somit auch die Verpflichtung, für die Turisten und Som-

mergäste nach Möglichkeit zu
sorgen und dazu gehört vor allem
eine menschenwürdig herrichte-
te Badeanstalt. Es handelt sich
also um eine soziale und kulturelle Tat."[16]

Den Brief unterzeichneten auch
Sommergäste: „In Meyer's Reiseführer vom Bayerischen Wald
steht auf Seite 53, unten: 'Kötzting ist eine beliebte Sommerfrische *mit Badegelegenheit* und die
Erfahrung ? Sommerfrische sehr
gut u. empfehlenswert; aber Badegelegenheit ??? Ja, die fehlt
sehr. Und ein Sommeraufenthalt
ohne Bad, wo der Fluß da ist!!
Kötztinger baut schnell ein Bad,
sonst können wir hier nicht bleiben."

Bärbel Kleindorfer-Marx

*Das Naturschutzgebiet Regentalaue
aus der Vogelperspektive.
Über 500 Pflanzen- und 260 Tierarten sind hier anzutreffen.*

„In weiten Mäandern durch das Tal"

Die Regentalaue zwischen Cham und Pösing

Die weitläufige, ebene Flußlandschaft zwischen Cham und Pösing entstand in ihrer heutigen Form vor etwa 800.000 Jahren. Im Wechsel zwischen Warm- und Kaltzeiten transportierte der Urregen riesige Sand- und Schottermassen, welche von murenartigen Hangrutschungen an den auftauenden Bergflanken gespeist wurden und füllte das Regental zwischen Pösing und Cham auf. Die Mächtigkeit der Talverfüllung liegt teilweise bei über zwanzig Metern. In dieser durch die Verfüllung weitgehend ebenen Landschaft fließt der Regen, bedingt durch das geringe Gefälle, in weiten Mäandern durch das Tal.

Die ersten Anhaltspunkte für eine Besiedlung des Regentals gehen zurück bis ins Paläolithikum. Mit dem Fund des „Pösinger Faustkeils" sowie verschiedener anderer steinzeitlicher Werkzeuge ist eine zeitliche Einordnung gut möglich. Das Regental und die Further Senke als Einschnitte im ostbayerischen Grundgebirge dienten schon seit der Steinzeit als Kulturbrücke und als vermittelnder Weg zwischen Ost und West.

Während des Mittelalters wurde die Aue meist weide- und fischereiwirtschaftlich genutzt. Die Aufteilung in Privatbesitz wurde erst in unserem Jahrhundert abgeschlossen. Die Karte von 1840 zeigt südöstlich von Pösing sowie nördlich von Untertraubenbach Almendeflächen, die damals noch als Viehweiden genutzt wurden. Wie Josef Bauer berichtet,[1] wurde der nördliche Teil der „Niederpösinger Au", das Gebiet zwischen Untertraubenbach und Pösing, im 14. Jahrhundert von den Thirlinger Schloßherrn forstwirtschaftlich genutzt. Den mittleren Teil überließen sie den Untertraubenbachern und Wulfinger Untertanen, die dort drei große Sommerweiden errichteten.

Unmittelbar nördlich des Regens, dem besseren Teil der Aue, legten die Thirlinger ihre herrschaftlichen Wiesen an. Der nörd

liche Teil der Aue dürfte bis ins 19. Jahrhundert als Waldweide genutzt worden sein, wie Flurnamen wie „Girlet" und „G'stocka" schließen lassen. „Girlet" kommt von Erle und „G'stocka" bezeichnet eine gerodete Waldfläche mit vielen zurückgebliebenen Baumstrünken. Die Uraufnahme von 1840 zeigt, daß die nördliche Aue bis ins 19. Jahrhundert mit einzelnen Bäumen und Sträuchern durchsetzt gewesen sein muß. Die nassen und wertlosen Flächen sowie die Verlandungsbereiche und die Weiherflächen selbst wurden zur Streugewinnung genutzt. Noch nach dem Zweiten Weltkrieg wurden die mit Schilf und Binsen bewachsenen Weiherflächen in Streuteile aufgeteilt und die Weiherstreu an die Bauern versteigert. Anfang des 20. Jahrhunderts bis in die Zeit nach dem Zweiten Weltkrieg wurde der mit vielen Schlenken (feuchten Mulden) durchsetzte südliche Teil des ehemaligen Viehweidegebiets als Gänseweide genutzt. Untertraubenbach war bis in die 50er Jahre bekannt für gute Gänse, denen

Das Breitblättrige Knabenkraut, die häufigste Orchideenart im Regental, bevorzugt feuchte und nährstoffarme Wiesen.

das mit Wassertümpeln durchsetzte Gebiet vermutlich sehr zusagte. Erst durch die Meliorationsmaßnahmen der Flurbereinigung in den 60er und 70er Jahren wurde es möglich, die bis dahin unter stauender Nässe und laufender Überflutung leidenden Wiesen mit überwiegendem Bestand an Sauergräsern intensiver zu bewirtschaften.

Die Auwiesen wurden bis in die 50er Jahre sehr extensiv bewirtschaftet. Die Wiesen wurden kaum mit Mist gedüngt und wegen der schlechten Erschließung - früher gab es nur eine Furt durch den Regen - und der weiten Entfernung von den Dörfern nur einmal im Jahr gemäht. Nur die etwas trockeneren wechselfeuchten Wiesen wurden zweimal geschnitten, wobei der erste Schnitt Ende Juni erfolgte. In die Aue fuhr man in der Regel erst, wenn Heu und Grummet auf den anderen Wiesen eingebracht war, also kurz vor der Getreideernte im Juli. Nach mündlichen Aussagen ortsansässiger Landwirte waren Pflanzen wie Wollgras, Heidekraut und Buschnelke so stark vertreten, daß sie das Landschaftsbild bestimmten. Das geringe Nährstoffangebot förderte ein massives Vorkommen der Buschnelke. Deshalb erschienen die trockenen Wiesenbereiche im Sommer großflächig rot.

Auch in früherer Zeit fand im Auengebiet Ackernutzung statt. Die Uraufnahme von 1840 zeigt, daß auf den höherliegenden Niederterrassen Äcker angelegt waren. Die Schwerpunkte der Ackerflächen lagen dabei zwischen Cham und Michelsdorf. Im Stadt-

gebiet von Cham lebten noch Bauern, die Ackerflächen benötigten, um die Bewohner der Stadt mit Lebensmitteln zu versorgen. Ein weiterer Schwerpunkt ackerbaulicher Nutzung waren die etwas höher gelegenen Bereiche südöstlich von Pösing. Diese Niederterrassen, die nur bei sehr starkem Hochwasser überflutet werden, wurden schon vor mehr als 150 Jahren ackerbaulich genutzt.

Heute finden sich im Auengebiet drei große Weiherkomplexe. Es sind dies die Rötelseeweiher, die Anger- und Lettenweiher sowie im nördlichen Teil die Breu- und Schacky-Weiher. Bis etwa 1960 hatte auch östlich von Pösing ein großer Weiherkomplex existiert, der im Zuge der damaligen Flurbereinigung eingefüllt, flachgeschoben und tiefgepflügt wurde. Die Weiheranlagen Rötelseeweiher sowie Anger- und Lettenweiher stammen in ihren Grundzügen noch aus dem 16. Jahrhundert. Das Kloster Reichenbach sowie die Herren von Thirling nutzten die Weiher zur Fischzucht. Sowohl die geistlichen als auch die weltlichen Herren deckten damals den Großteil ihres Nahrungsmittelbedarfes durch Jagd und Fischerei.

Bis nach dem Zweiten Weltkrieg war das Auengebiet nur schwer zugänglich. Die Auwiesen nördlich des Regens waren von Untertraubenbach, dem Wohnsitz der meisten Landwirte, nur durch eine Regenfurt erreichbar. Nach Erzählungen Ortsansässiger war der Grundwasserstand in der Flußaue so hoch, daß es nur in extremen Trockenzeiten möglich

war, die Strecke von Untertraubenbach nach Pösing zu Fuß zurückzulegen. Weite Umwege mußten um die zahlreichen Schlenken und Altwässer in Kauf genommen werden. Die Erschließung der Auenlandschaft durch Wege war sehr mangelhaft. Nur ein unbefestigter Feldweg durchquerte die Aue von Untertrauben-

Bild oben links:
Der Schilfrohrsänger brütet in Bayern nur noch an wenigen Stellen. Die Regentalaue weist mit ca. 30 Brutpaaren die größte Population Süddeutschlands auf.

Bild oben rechts:
Im Sommer blüht in vielen Altwässern des Regentals die Gelbe Teichrose.

Bild mitte links:
Die Regentalaue gehört zu den Hochburgen des Weißstorches in Bayern.

Bild mitte rechts:
Die Wasserfeder, eine typische Pflanze in Altwässern, zählt zu den bedrohtesten Arten in Bayern.

Bild unten links:
Der Brutbestand des Kiebitz, einer Charakterart des Regentals, ist nach starkem Einbruch wieder auf ca. 200 Brutpaare angestiegen.

Bild unten rechts:
Die Heidelibelle ist eine stark gefährdete Art, die seit 1988 als Einwanderer auch im Regental vorkommt.

Die Regentalaue zählt zu den wertvollsten Naturräumen Bayerns. 40% aller bedrohten Vogelarten leben hier als Brutvögel, weitere 40% nutzen sie als Gastvögel.

bach über das Thierlsteiner Auholz nach Pitzling. Alle anderen Wege, meist Wiesenwege, dienten als Zufahrt zu den Grundstücken und endeten irgendwo in der freien Flur.

Die Aue muß zur damaligen Zeit eine sehr ruhige, urtümliche Landschaft mit reichem Tier- und Pflanzenbestand gewesen sein. Darin liegt vermutlich auch die Ursache, weshalb hier heute noch viele Tier- und Pflanzenarten zu finden sind, die anderswo längst ausgestorben oder zu Raritäten geworden sind.

Im Jahre 1989 wurde daher ein Naturschutzprojekt ins Leben gerufen, um den Bestand der vielen,

in ihrer Quantität aber stark zurückgegangenen Tier- und Pflanzenarten zu erhalten. Seit den 60er Jahren, im Zuge der Technisierung der Landwirtschaft, wurde der natürliche Zustand der Aue stark verändert. Ein dichtes Wegenetz wurde errichtet, was zur leichten Erreichbarkeit und somit zur Beunruhigung der gesamten Aue führte. Entwässerungsgräben wurden neu angelegt und eingetieft. Wo es möglich war, wurden Drainagemaßnahmen durchgeführt, das typische Auenrelief eingeebnet und die gesamte Nutzung auf Wiesen- und Ackerflächen durch Einsatz von chemischen Düngemitteln intensi-

viert. Diese Veränderungen führten zu einem drastischen Rückgang verschiedener Tierarten. Stellvertretend seien hier nur die Wiesenbrüter genannt. So ging beispielsweise der Uferschnepfenbestand im Gebiet zwischen Michelsdorf und Pösing von 1973 bis 1986 von fünfzehn Brutpaaren auf zwei Brutpaare und der Bestand von Kiebitzen von 110 auf 69 Brutpaare zurück.

Mit dem Naturschutzprojekt Regentalaue, dessen Träger der Landkreis Cham ist, soll dieser Entwicklung entgegengetreten werden. Ziel des Projektes ist es, die Lebensbedingungen für die noch in dem Gebiet vorkommenden Tier- und Pflanzenarten zu verbessern, indem die einstmals vorhandenen Biotop-Elemente wie Naßwiesen, feuchte Mulden und Tümpel wieder angelegt werden. Zudem soll durch ein entsprechendes, auf die gefährdeten Tierarten abgestelltes Wegegebot eine Beruhigung der Aue vor allem während der Brutzeit im Frühjahr erreicht werden. Durch Ankauf von Grundstücken und Nutzungsverträge mit den Landwirten wird eine extensivere Nutzung der Aue angestrebt. Der Landkreis hat inzwischen über 230 Hektar Flächen erworben. Zusammen mit den Grund-

stücken des Landesbundes für Vogelschutz und des Bundes Naturschutz bilden sie das ökologische Kernstück des Regentals. Darüber hinaus bestehen im Rahmen des Wiesenbrüterprogrammes mit den Landwirten Bewirtschaftungsverträge für eine Fläche von ca. 500 Hektar. Nachdem seit Beginn des Projektes sechs Jahre vergangen sind, zeigen sich die ersten Erfolge. Die Bestandszahlen der wiesenbrütenden Vogelarten haben sich stabilisiert und zeigen eine leichte Tendenz nach oben.

Im Rahmen von planmäßigen Untersuchungen durch die Ornithologische Arbeitsgemeinschaft Ostbayern konnten 255 verschiedene Vogelarten (128 Brutvögel und 127 Gastvogelarten) nachgewiesen werden. Dies entspricht 69,7% aller in Bayern bzw. 54,3% aller in Deutschland bisher festgestellten Arten. Etwa ein Fünftel aller in Deutschland bzw. ein Drittel aller in Bayern bedrohten Brutvogelarten kommen im Regental als Brutvögel vor. Bei den ökologischen Untersuchungen zur Wertigkeit der Regenaue wurden insgesamt 1004 Tierarten sowie 508 Pflanzenarten aktuell nachgewiesen.

Vielleicht gelingt es im Zusammenwirken von Grundstückseigentümern, Landwirten und Be-

Der Rötelseeweiher im Naturschutzgebiet Regentalaue

hörden, die Regentalaue als das zu erhalten, was sie schon seit urdenklicher Zeit war - eine Kultur- und Naturbrücke, ein vermittelnder Weg zwischen Ost und West, wie ihn auch der Vogelzug nimmt, im mitteleuropäischen Großraum.

Hans Braun

*„Abend am Regen". Das Regental
unterhalb der Burgruine Weißenstein in einem Ölgemälde aus dem
Tagebuch von Georg Broel*

„Die Schönheit der Landschaft, ein idyllisches Bild ...!"

Der Maler Georg Broel in Regen

Im Jahre 1901 verbrachte der junge Johann Georg Broel, Sohn eines rheinländischen Holzhändlers, einige Monate in Regen am Schwarzen Regen, um dort ein Volontariat als Holzkaufmann zu absolvieren. Broel wurde seinen Zeitgenossen später als Landschaftsmaler, Radierer und Exlibriskünstler bekannt. Geboren wurde er am 8. 5. 1885 in Honnef am Rhein. Er besuchte zunächst die Höhere Privatschule Kalkuhl und trat dann eine kaufmännische Lehre im elterlichen Geschäft an. Im Mai 1901 schickten ihn seine Eltern zum Volontariat nach München. Nach einer kurzen Einweisung in den Holzhandel kam er nach Regen in den Bayerischen Wald, um das dortige Holzlager des Sägewerks Schiller kennenzulernen. Während dieses Aufenthalts, der bis zum 25. September 1901 währte, legte Georg Broel ein Tagebuch an, das zahlreiche Aquarelle und Ölbilder, Tusche- und Bleistiftzeichnungen enthält.

Nach seinem Volontariat in Regen arbeitete Broel noch bis 1904 als Kaufmann im elterlichen Geschäft. Dann kam er als Einjährig-Freiwilliger im Bayerischen Infanterie-Leibregiment wieder nach München. Dort entschied er sich endgültig für eine künstlerische Laufbahn. Er wurde Privatschüler bei Hermann Groeber, studierte an der Münchner Kunstgewerbeschule bei Maximilian Dasio und an der Münchner Akademie bei den Professoren Becker-Gundahl und Habermann.

Im Ersten Weltkrieg wurde Broel schon 1914 verwundet. Der Malerei blieb er weiterhin verbunden. Sein Zeitgenosse Friedrich Schlaeger schrieb 1916 in einem Artikel über die deutschen Exlibriskünstler: „Wieder steht Gg. Broel, der als Radierer prächtiger Landschaften sich bei uns hoher Achtung und großen Ansehens erfreut, als Leutnant im Felde, nachdem er von einer Verwundung wieder hergestellt war ... Obwohl er von früh bis spät dienstlich beschäftigt ist, besitzt er Skizzen und Zeichnungen ... Seine vielen Freunde werden die Ablichtung als einen sinnigen Gruß aus Feindesland auffassen."[1] Broels Zeichnungen trugen Titel wie „Erste Kriegsgräber" und „Zerstörung" und zeigten so schon früh die Schattenseiten des Gemetzels. 1915 fiel sein Malerfreund Albert Weisgerber, den er 1901 in Regen kennengelernt hatte, an der Westfront. Seit 1916 arbeitete Georg Broel an den 13 Radierungen seiner „Waldsinfonie"[2]. Diese Bilder machten ihn als „Waldmaler" bekannt und be-

gründeten seinen Ruf als „feiner, lyrisch gestimmter Naturinterpret"[3]. „Draußen in Flandern, im Kriegslärm und unter seelischen Qualen, ist Georg Broel der Gedanke seiner Waldsinfonie aufgestiegen. In schwerstem Erdbeben, umringt von Gefahren und Widerwärtigkeiten, überfiel den Künstler die holde Erinnerung an vertrautes Heimatland am Rhein. Er dachte an sein Siebengebirge, und der Gang, den er in der Erinnerung durch dessen Wälder tat, wurde ihm zu einem geschlossenen künstlerischen Erlebnis und half ihm hinweg über die grause Umwelt des Krieges."[4] Die „Waldsinfonie" wurde 1921 von einem Kunstkritiker als „Gang durch das Auf und Ab des Lebens" interpretiert: „Von sorgloser Jugend in die Geheimnisse der Welt hinein, über erhebende Begeisterung zu männlichem Streben, das sich seines Zieles bewußt ist, durch finstere Beklemmung und über den Zusammenbruch hinweg zur Einkehr, zur besinnlichen Ruhe, zu Erkenntnis und Abklärung, die milde Freude und lichte Harmonie verheißt."[5]

Georg Broel arbeitete hauptsächlich als Radierer und Exlibriskünstler. Sein erstes größeres Werk war die Mappe „Frühlingssinfonie"[6], die von der Kritik be-

*Seite aus dem Tagebuch
Georg Broels mit einer
Bleistiftzeichnung von
Rinchnachmündt*

*Auf ausgedehnten
Spaziergängen ließ sich Broel
zu stimmungsvollen
Landschaftsbildern inspirieren.*

geistert aufgenommen wurde.[7]
Als er am 11. 1. 1940 in München
verstarb, hinterließ er etwa 160
Gemälde und ungezählte kleinere
Arbeiten. Seine Schwester, Regina
Broel, schenkte 1965 das Tagebuch ihres Bruders der Stadt Regen.[8] Dieses Tagebuch ist ein ein-
maliges Dokument. Es zeugt vom
künstlerischen Aufbruch des jugendlichen Volontärs, und es
zeigt in Wort und Bild zahlreiche
Szenen vom Leben am Regen um
die Jahrhundertwende.[9] Nicht zu-
letzt ist es auch ein Zeugnis für
den frühen Tourismus in der
Stadt, die sich in ihren Werbe-
prospekten „das Nizza des Bayerischen Waldes"[10] nannte.

Der erste Tag in Regen

Mit der Eisenbahn reiste der
17jährige Georg Broel von München nach Regen: „... gleich vom
linken Ufer der Donau ab, begann
die Bahn zu steigen, und bald erhoben sich links und rechts die
malerischen Höhen des bay. Waldes. Ich wünschte jeden Augenblick aussteigen zu können, denn
ich sah vom Zuge aus die schönsten Motive. Die Berge waren
nicht ganz mit Wald bedeckt, sondern dieser wechselte mit Wiesen
und Felspartien ab. Die Häuser,
die meistens mit Schindeln bedeckt, waren zum Teil mit Holz

bekleidet; zuweilen lief auch ein Balkon ganz um dasselbe herum, und lagen anmutig verstreut im Tal oder an den Abhängen der Höhen. Oft passierte der Zug Birkenwälder, die mit den weißen Stämmen, dem hellen Laube und darin verstreuten, grauen, moosbedeckten Felsblöcken [einen] sehr hübschen Anblick boten."[11]

„Als ich nun Regen vor mir liegen sah, war ich eigentlich sehr enttäuscht, denn ich sah ringsherum nichts als Wiesen und der Ort selbst lag dichtgedrängt im Tale ... Meine getrübte Stimmung hielt während des Ganges durch das unregelmäßig gebaute Regen noch an und wurde erst etwas gebessert, als wir auf einer hölzernen Brücke den Regen überschritten, der an dieser Stelle zwei Inseln hat, die noch unkultiviert

sind, und deren Weiden sich schön im Wasser spiegelten. Ich war erst wieder ganz heiter, als ich die nähere Umgebung meiner Wohnung gesehen und einen Spaziergang den Regen entlang gemacht hatte, denn ich fand die schönsten Motive, so daß ich gleich Feuer und Flamme war ... Von meinem Fenster aus habe ich eine schöne Aussicht auf den Regen, der hier eine Insel bildet. Auf dieser liegt die Sägemühle, während die Mehlmühle neben dem Wohnhaus liegt. Zwischen diesem und der Sägemühle befinden sich die beiden großen Schaufelräder ... Am oberen Ende der Insel befindet sich eine Art Kuppe und am Ufer eine breite Rinne aus Balken. Durch diese Rinne werden die Stämme getriftet; triftet aber Herr Schiller (mein Haus-

besitzer) so wird diese Rinne durch eine Schleuse geschlossen, und die Stämme treiben in den Mühlbach."[12]

Land und Leute

„Nachmittags machte ich allein einen sehr schönen, wenn auch kurzen Spaziergang. Ich folgte dem Laufe des Regens bis zu der (jetzt außer Betrieb) sog. Judenmühle. An dieser fand ich die schönsten Landschaften ... Auf dem jenseitigen Ufer des Regen geht ein großer Tannenwald bis ans Wasser. Nahe der Judenmühle führt die Straße über eine schöne Brücke in das Tal der dort einmündenden Ohe. Ich folgte dem Tale derselben, das gleich am Anfang von einer riesigen Eisenbahnbrücke überspannt wird. Diese Brücke ist die zweithöchste

99

in Bayern, doch stört sie keineswegs die Schönheit der Landschaft, sondern bildet gleichsam einen Rahmen zu dem idyllischen Bilde, das sich dem Auge des Beschauers darbietet. Dieses Bild naturgetreu zu schildern, ist mir unmöglich, denn ich fand auf einem kurzen Gange eine solche Menge malerischer Motive, daß es mir unendlich leicht ums Herz wurde, und ich sehnlichst wünschte, der Aufenthalt in Regen möchte noch verlängert werden."[13]

„Pfingsten, 26. Mai. ... Heute morgen ging ich um 8 Uhr in die Kirche und zwar stieg ich diesmal auf eine Art Galerie, die sich noch über der Orgel befindet ... Mein Kopf stieß fast an die Decke, über der sich, wie ich an einer Treppe bemerkte, noch ein Aufenthaltsraum befindet; dabei herrschte dort eine vom starken Schnupftabak erzeugte widrige Luft, denn die Bewohner des bay. Waldes schnupfen alle ... Beim Schnupfen ballen die Leute die linke Hand zur Faust und schütten den Tabak auf die Fläche zwischen Daumen und Zeigefinger, doch immer in einem kleinen kegelförmigen Häufchen. Nachdem sie dann die Dose wieder eingesteckt haben, schnupfen sie erst mit einem Nasenloch, wodurch natürlich der Rest mehr oder weniger verstreut wird. Diesen nehmen sie dann, indem sie mit der Nase auf der Handoberfläche hin und her fahren; doch haben viele ihre eigenen Gewohnheiten darin. In Gesellschaft, besonders im Wirtshaus macht die Schnupftabaksdose die ganze Runde ... Beim Sprechen halten sie die linke Hand mit der

Prise oft sehr lange, da sie dieser wichtigen Beschäftigung einen besonderen Augenblick weihen müssen."[14]

Ausflug nach Zwiesel

„4. Juni. ... Ich besuchte mit Herrn Eder schon am Morgen die [Landwirtschafts-] Ausstellung [in Zwiesel], durch die ich einen Begriff von der Mannigfaltigkeit der Erzeugnisse des bay. Waldes bekam. Das Ausgestellte bestand meist aus Holz- , Glas- und Porzellanwaren. So gab es dort Stellmacherarbeiten, sehr schöne Schnitzereien, geschnitzte Holzschuhe in allen Größen; sodann Holzdrähte in verschiedenen Dicken von 6 m und länger, sogar ein ganzer Triumpfbogen. Ich betrachtete diese Erzeugnisse der Zündholzfabriken mit viel Interesse, doch ärgerten sie mich als Holzhändler, weil bei den Zündhölzern das schöne reine Holz gar nicht zur Geltung kommt, und unser Geschäft darunter leiden muß ... Schon während des ganzen Morgens hatte man auf den nahen Bergen unaufhörlich geschossen, doch nicht des Festes wegen, sondern lediglich, um ein herannahendes Unwetter abzuhalten, was auch gelang, da nur einige Tropfen fielen, die jedoch angenehm abkühlend wirkten. Gegen 3 Uhr nahm der Festzug seinen Anfang ... Den Hauptanziehungspunkt und sozusagen die Perle des Festzuges bildete die nun folgende Abtheilung des Marktes Regen ... Auf einem glitzernden Felsen ragte die Burgruine Weißenstein. Zu ihren Füßen die allegorische Frauengestalt 'Reginia' als Personifizierung des

Ortes Regen. Als Kopfschmuck trägt sie eine silberne Nachbildung der Pfarrkirche, das Wahrzeichen von Regen; sie stützte sich mit einer Hand auf einen Schild mit dem Wappen und hält in der anderen eine Holzaxt als das Werkzeug, mit dem die erste Ortsansiedlung vorbereitet wurde, dann mit Beziehung auf die Industrie derselben. Der Reginia zu Füßen die Darstellung des Regenflusses: ein alter graubärtiger, schilfbedeckter Mann, ein Ruder in der Hand, an der aus einem hohlen Stamme sprudelnden Quelle des Regen ruhend. Vor dieser Staffage schaukelte, mit Bezug auf den Holztriftverkehr Regens, ein Floß auf den Wellen, das von einer reizenden Nixengesellschaft umringt wurde."[15]

„8. Juni. ... Da es diesen Nachmittag nichts mehr zu tun gab, machte ich mit H. Eder eine Radtour nach Zwiesel. Die Straße war bergig und führte viel durch Wald, doch nicht den Regen entlang. Nach unserer Rückkehr beschlossen wir, baden zu gehen. Frau Eder kaufte mir eine Hose und versah sie mit einem Bande. Die Badeanstalt, Eigentum der Firma Müller, liegt bei deren Säge auf einer Insel, schön unter Bäumen versteckt, an einem Arme des Regen. Sie besteht aus einigen Zellen, doch kann man dort bei eigener Wäsche für 5 Pf[ennig] in dem klaren Wasser ein frisches Bad nehmen."[16]

Malers Freud ...

„Bodenmais, 2. Juli. [Ausflug mit A. Weisgerber und Finetti] Nachdem wir ... gefrühstückt hatten, begaben wir uns auf die Stu-

dienreise und kamen nach halbstündigem Marsche durch schöne
Dorfstraßen, herrliche Wälder,
entlang an silbernen Bächen und
malerischen Mühlen, im eigentlichen Rißloch an. Da dieses zu
beschreiben mir ganz unmöglich
ist, so habe ich einige Ansichten
beigelegt. Der Weg führte, kaum
erkennbar, teilweise rechts, teilw.
links der Fälle über bemooste
Steine und knorrige Baumwur-
zeln durch herrliche Buchenwäl-
der, die mit den verkrüppelten,
herunterhängenden oder verdorr-
ten und abgebrochenen Ästen, einige am Boden liegend, einen
feenhaften Anblick boten. In
München hatte ich einige sehr
schöne Senerinnen [sic!] gesehen

und gar nicht geglaubt, daß es
solche Landschaften gäbe, u. doch
wurden sie von diesen wirklichen
weit an Schönheit übertroffen.
Dazu denke man sich die Sonnen-
flecke auf dem welken Laube am
Boden oder den grünen Sammet-
teppich, den das Moos auf den
gewaltigen, rings verstreuten
Felsblöcken bildete; oh! diese Farben - wir fühlten uns dem gegenüber ganz ohnmächtig und wag-
ten gar nicht zu zeichnen, da wir
es erstens nicht vermocht hätten
und auch viel Zeit verloren gegangen wäre."[17]

... und Malers Leid
„25. Juli. ... Sonntag morgen
ging ich um 7 ½ Uhr, als es schon

*Die Färberinsel in Regen,
heute „Sparkasseninsel", in der
für Broel typischen impressioni-
stischen Darstellung*

ordentlich heiß war, mit Staffelei
und Malsachen nach Weißenstein,
um in der Nähe eine Landschaft
... zu malen. Dabei wurde ich sehr
von den Fliegen belästigt. Doch
das häßlichste war, daß ich mich
ihrer nicht erwehren konnte, da
ich beide Hände voll hatte. Beim
Malen spannte ich den mitge-
nommenen Schirm auf, der doch
bald einem Bienenkorbe glich,
während ich wie ein Ochse um-
schwärmt war und vor kitzeln
kaum die Palette halten konnte.
Ich war gezwungen von dem ein-

zigen Menschen, der dort trotz der Höhe der Häuser vorbeikam Feuer zu erbitten, um eine Cigarillo zu rauchen, was aber nicht nur gar nicht half, sondern auch noch mit vielen neuen Unannehmlichkeiten verbunden war, da ich wegen Pinsel und Palette den Glimmstengel immer im Munde behalten mußte und der Rauch mir in die Nase und die Augen kam. Ich hatte die Absicht, den ganzen Tag in Weißenstein zu bleiben, gab aber den Plan unter solchen Umständen auf."[18]

Ausflug zum Großen Arbersee und nach Böhmisch Eisenstein

„12. August. ... Dann folgten wir einem hart am Ufer des Regen entlang, durch herrliche, in der schönsten Morgensonne liegende Wälder, führenden Weg, dem Prinzensteig und kamen nach halbstündigem Marsche nach Regenhütte, wo der Aufstieg zum großen Arbersee begann. Der Weg dorthin, der sog. Kaisersteig führt durch herrliche Tannenwälder und sah ich hier zum ersten Male jene Stämme, die ich bis jetzt nur stückweise auf der Säge bewundert hatte; viele derselben konnten von mehreren Personen nicht umfaßt werden und waren bis 20 oder mehr M[eter] Höhe ohne jeden Ast. Einer dieser Riesen lag quer über dem Weg, und da man ihn nicht hatte fortschaffen können, war der Weg durch ihn gehauen. ... Wir aßen in dem ganz aus Holz gebauten [Arbersee-] Hause zu Mittag, schrieben einige Karten, fuhren Kahn, bewunderten die gelben Wasserrosen und marschierten in zweieinhalb Stunden,

während deren wir viele tschechische Touristen, deren Landsleute wir leider noch kennenlernen sollten, antrafen, zum Bahnhof in bay. Eisenstein, wo wir Kaffee tranken und etwas ausruhten. Dann gingen wir ziemlich gemütlich nach böhm. Eisenstein, wo wir einen großen Menschenauflauf trafen, da man gerade jemand in einem Wirtshause erstochen hatte. Wir besuchten dann die sonderbar gebaute Kirche ... und begaben uns in eine größere Gartenwirtschaft, wo wir Pilsener und österreichische Zigaretten bestellten, was wir dann auch in einer halben, bezw. ganzen Stunde erhielten, nachdem wir es dem Kellner mindestens 20 mal gesagt hatten. Derselbe antwortete einfach nicht auf unser Drängen, sondern that, als wären wir gar nicht da. Einigen deutschen Herren ging es geradeso, während Tschechen, die an dem anderen Ende unseres Tisches saßen, sofort sehr freundlich bedient wurden. Sehr ermüdet kamen wir nach bay. Eisenstein und erfuhren am Bahnhof (Kellner), daß der Zug 8.16 Uhr ging. Wir speisten zu Abend und gingen dann, um die Wartezeit zu verkürzen, vor dem Bahnhof spazieren; zum Schalter zurückgekehrt, sagte man uns dann, daß der Zug (7.40) nach Regen soeben abfahre. Ganz niedergeschlagen, nachdem wir weitlich über die Kellner geschimpft und den kommenden Marsch erwogen hatten, noch nach Ludwigsthal evtl. nach Zwiesel zu gehen ... Im gleichen Schritt u. Tritt marschierten wir los durch große dunkle Tannenwälder ... und kamen um 10 ¼

also in 2 ¼ Stunden in Zwiesel ganz ermüdet an."[19]

Maler-Kollegen

„4. Juni. Beim Mittagessen kam ich in ein Gespräch mit den beiden genannten jungen Leuten über das Fest in Zwiesel. Im Laufe der Unterhaltung machte ich die Bekanntschaft des Herrn Finette; sein Freund[20] war schon nach Hause. Sie wollten am Nachmittage nach München zur Ausstellung im Glaspalast, denn beide sind Maler und in Regen, um Studien zu machen."[21]

„13. Juni. Herr von Finetti (nicht Finette) und sein Freund Weisgerber, dessen Bekanntschaft ich heute machte, sind von München zurückgekehrt; ich unterhielt mich sehr gut mit ihnen ..."

„Heute [28. Juni] mittag beschlossen wir, während der Feiertage eine größere Tour in den bay. Wald zu machen, um diesen näher kennenzulernen, und zwar wollten wir nach Bodenmais und dort fleißig skizzieren."[22]

27. August. „Eine Reihe von schönen Tagen liegt hinter mir ... Auf der Empfangsfeier am Samstag abend traf W[eisgerber] zwei Freunde, von denen der eine auch Maler ist, die in einer guten Bierstimmung den Plan gefaßt hatten, W. von Kötzting aus, wo sie wohnten, zu Fuß zu besuchen."[23]

30. August. Mutterl's Namenstag verlief sehr schön, ich schenkte ihr ein Stilleben (von C. Kleine), Molly hatte guten Kuchen gebacken und auch Familie Bretzl hatte sich mit den Kindern eingefunden. Herr Bretzl, aus Regen gebürtig, ist Zollbeamter in Straßburg, aber zugleich ein sehr

feiner Dichter, sein ältester Sohn ist Student, eine Tochter Lehrerin und die jüngste, ein hübscher, rechter Backfisch von 17 Jahren, von der Rudolf ganz begeistert ist, ist Malerin und besucht die Kunstgewerbeschule in Straßburg."[24]

Abschied von Regen

„25. Sept. Zum letzen Male schreibe ich in Regen in dieses Album, das mir [sic!] sehr viel Arbeit und Zeit gekostet hat, mir aber jetzt auch um so mehr Freude machte."[25]

„München, Oct. 1901. Am Abend feierten wir einen schönen Abschied und ich schlief auch bei Edenhofer's. Um 3½ Uhr morgens weckte mich Käthi und dann begleiteten mich die lieben Leute noch zur Bahn. Hinter dem ... [Auslassungspunkte im Manuskript] gab ich Käthi einen letzten, warmen Abschiedskuß; dann brauste der Zug heran, Grüße, liebe Worte ... ein schriller Pfiff - und fort ging's über die Eisenbahnbrücke im Ohetal gen München. Wieder war ich allein, und unbestimmt wie die nebelige Landschaft zu meinen Füßen lag die Zukunft vor mir ..."[26]

Klaus Mohr

Die Eindrücke, die Broel auf seinen Wanderungen im Bayerischen Wald gewann, hielt er in idyllischen Bildern fest.

„Wundervolles Regen-Perlein"

Das Gnadenbild von Weißenregen

Über Jahrhunderte hinweg wurde im Bayerischen Wald die Perlfischerei eifrig und nicht ohne Erfolg betrieben.[1] Eine „Beschreibung aller perlhaltigen Wasser, Fliß und Päch, Churf. Rentamts Straubing" vom Jahre 1652 hebt unter mehreren perlhaltigen Gewässern den Schwarzen und den Weißen Regen besonders hervor.[2] Nach einem Bericht von 1807 wurde noch zu Beginn des 19. Jahrhunderts in den Landgerichten Wetterfeld, Cham, Kötzting und Regen der Regenfluß nach Perlen abgefischt.[3]

Die Bayerwald-Perlen entstanden - nach Mathias von Flurl - „in einer Art Klaffmuscheln ..., welche nur etwas schwärzer, stärker und schwerer als unsere gemeine Flußmuscheln sind." Sie wurden unter Aufsicht der Pflegämter als landesherrliches Regal gehegt.[4] Die gewonnenen Perlen mußten an den Kurfürsten abgeliefert werden, der die größten und schönsten Stücke zu Schmuck verarbeiten ließ. Die weniger wertvollen wurden an die Hofapotheke zu Arzneizwecken abgegeben. Die Perl-

Hochaltar der Wallfahrtskirche Weißenregen bei Kötzting

gewässer waren bannig, d.h. das Perlfischen wie das Fischen überhaupt war außer für die verpflichteten Perlfischer bei Leib- und Lebensstrafe verboten.[5]

Im Turnus von sieben Jahren wurden die Perlwasser in Gegenwart des Pflegers oder Landrichters und des Gerichtsschreibers abgefischt. Die Fischer wateten stromaufwärts, nahmen die Muscheln aus dem Wasser, klemmten sie mit einer eisernen Gabel, dem Perlschlüssel, auf und bargen die Perlen. „Sind sie so glücklich, eine vollkommen ausgebildete Perl, welche wenigstens die Größe einer Erbse übersteigt, zu erhalten, so geräth alles in frohen Jubel, und die Fischerey hat für diesen Tag ein Ende. Dieses Glück widerfährt ihnen aber höchst selten; denn die meisten Perlen sind sehr klein, verdrückt, unansehnlich und braun gefärbt, und nicht einmal diese finden sich in allen aufgefischten Muscheln; ja manchmal ist unter zwanzig derselben kaum eine, welche eine Perle in sich hält."[6] Der Kostenaufwand war wegen der großzügigen Tagegelder für die Gerichtsbeamten ziemlich hoch. Im Landgericht Kötzting schlug er mit nicht weniger als 60 Gulden zu Buche für die Gewinnung einer einzigen guten

Perle. Um diesen Preis war ein gutes Pferd zu haben. Über die Entstehung der Perlen stellte man lange Zeit nur vage Vermutungen an. Tautropfen oder Sonnenstrahlen mutmaßte man als Ursachen. Ende des 18. Jahrhunderts fand ein Nichtfachmann, der Viechtacher Pflegskommissär Franz Ignaz Schmidbauer, durch Versuche heraus, daß die Muschel um Fremdkörper oder Verletzungen „einen dicken, weißtrüben Schleim" hüllt und so die Perle bildet.[7]

Den Wert einer seltenen Perle konnte Johann Wilhelm Zetlbaum, Pfarrer von Blaibach von 1744 bis 1751,[8] wohl ermessen. Waren doch Landschaft und Gewerbe seiner Pfarrei vom Schwarzen und Weißen Regen stark geprägt. Als er im Jahre 1748 ein Vademekum über die Wallfahrt Weißenregen[9] in Druck gab, verlieh er dem Gnadenbild den prunkvollen Ehrentitel[10] „wundervolles Regen-Perlein" und gab dem Büchlein eine in barocker Manier überschäumende Aufschrift.[11] In seiner „Anred an den geneigten Leser" begründete er die anspruchsvolle Titulierung damit, daß das Marienbild aus dem Perlwasser des Weißen Regens „erhoben" wurde (siehe unten), und Maria habe einen

Eine Fotoserie aus den 30er Jahren zeigt Franz Höcherl, Sägemüller aus Kötzting, beim Perlfischen. Die Perlmuscheln werden vom Grund des Flusses heraufgeholt und mit einem Perlschlüssel geöffnet.

ähnlichen Ursprung und ihr Weißenregener Bild die gleiche heilende Wirkung wie eine echte Perle. Wie die Muschel bei Sonnenaufgang durch den Tau des Himmels die Perle empfange, so hätten die Eltern Joachim und Anna nach zwanzigjähriger Unfruchtbarkeit durch den göttlichen Tau das edle Perlein Maria hervorgebracht. Und wie die Perle „nach dem Zeugnis der Herren Medicorum" das Gemüt erfrischt, das Herz stärkt und die matten Geister belebt, so erfahre der die große Kraft des marianischen Regen-Perleins, der seine Zuflucht nach Weißenregen nimmt.[12]

Zetlbaums „Regen-Perlein" ist eine bibliophile Rarität.[13] Ein stark veränderter und erweiterter Nachdruck von 1844[14] konnte Charme und Reiz barocker Sprachkraft nicht zurückholen. Nach einer ausführlich-überschwenglichen Widmung an den Kammerer und Regierungsrat Joseph Anton Cajetan Nothaft, Herr von Blaibach[15], und der „Anred an den Leser" beschreibt Zetlbaum den Ursprung der Wallfahrt Weißenregen, im zweiten Teil veröffentlicht er Mirakelberichte von 1640 bis 1747 und im dritten Abschnitt bietet er Tagesgebete, Litaneien und „Protestationes um einen glückseligen Todt". Das Büchlein im Format Duodez zählt 144 Seiten.

Im folgenden soll Johann Wilhelm Zetlbaum selbst zu Wort kommen. Das Kapitel über Entstehung und Frühzeit der Wallfahrt Weißenregen hat bis heute nichts an Aussagekraft, Informationsreichtum und Sprachkultur eingebüßt. Andererseits aber do-

kumentiert der Text auch eine vordergründige, dingverhaftete Religiosität, eine Do-ut-des-Frömmigkeit („Gib ich dir, gibst du mir"), die entgegen den Bestimmungen des Konzils von Trient (1545-1563) dem Mariengnadenbild Wunderkraft zutraut.[16]

„Das Orth Weissenregen liget auf einer sehr lustigen [sic!] Höhe und freyen Feld zwischen dem Churfürstl. Panmarckt[17] Kötzting und der Hofmarch Playbach, allwo es dann der dasig subsistierende Pfarrer[18] zu versehen hat, und nachfolgende Anmerckungen aus einer bey dem Churfürstl. Pfleg- und Land-Gericht zu gedachten Kötzting verhandenen uralten Beschreibung[19] und der von Anno 1584 bis auf diese Stund im Gotts-Haus noch findig gemahlnen Tafel genommen worden.

Nachdem die Neu-Ketzerisch- und Lutherische Verfolgung in der Obern Pfaltz sehr überhand genommen, ist dazumal solch miraculoses Gnaden-Bild Zweifels ohne von einen frommen Christen aus Forcht der Bilder-Stürmer hiehero in ein sehr grosse Aich (so allda, wo sich anjetzt der Predig-Stuhl befindet, gestanden) doch ohnwissend von weme mit der nachfolgenden Beyschrift ruckwärts am heiligen Haupt mit Rödtl geschribner gelifert, daß diese Bildnus von Naburg aus der Obern Pfaltz in besagte Aichen gebracht, worinnen es dann etliche Jahr verblieben, und von denen vorbey Reisenden verehret worden.

Hernach hat man solch heilige Bildnus in St.Veits-Kirchen nacher Kötzting verordnet, von welcher es aber ohne menschliche Hilf wider in vorige Aichen gekommen. Nachgehends auch nacher St.Elisabeth Gotts-

Haus Playbach gebracht, und weilen es allda ebenfalls nit bleiben wollen, als hat sich diese heilige Bildnus andern Tags widerum in oft ernennte Aichen auf gehörte Weis begeben.

Über diß ist solch heilige Bildnus von einem vagirenden Landstürtzer und Bettler, der sich stumm gestellt, genommen, auf ein Pferd gesetzt und folgends in den klein Weissenregen gestürtzt worden, welche dann zu Gmindt[20] unverletzt durch den Fall in den großen schwartzen Regen gerunnen, jedoch gleich unterhalb des Abfalls an einem Stein hangend verblieben, sich daran schwebend hin- und hergewogen und endlich zum dritten mahl ohne Menschliche Hilf wider in die alte Aichen kommen.[21]

Als nun dises heilige miraculose Gnaden-Bild hierüber, der Vermuthung nach von obig Vaganten und Bild-Stürmer mit Steinen herunter und gantz zu Trümmern zerworfen worden, haben über solche Schmach die in der Nachbarschaft sich befundene Christen grosses Mitleyden getragen und hievon alle Stücklein zusamm geleget, worüberhin es ohne Vermercken solchergestalt wider vollkommendlich gantz geworden, als wann es niemahlen zerbrochen gewest wäre, auch sodann die Andacht bey denen Leuthen je länger, je mehr zugewachsen, und sich der Zugang von denen Wahlfahrteren dergestalten vermehret, daß in kurtzer Zeit ein grosser Hauffen hiltzerner Armb, Füß und Krucken zu gedachter Aichen allhero gebracht worden.

Einen Pfaltzischen Knecht, welcher bey Albrechten Pock zu Weissenregen gedienet, hats verdrossen, daß er allzeit im Vorbeygehen den Hut abziehen solle, dahero boshaffter Weis vermeldet, er müsse obberührt heiliges Gnaden-Bild nach vorheriger

Lästerung oder angethaner Schmach mit einen Stein noch einmal herunter werffen, so auch beschehen; aber das gerechte Urtheil Gottes ist über disen Böswicht nit lang verschoben geblieben, sondern selben Augenblick solchen Frevels willen von Gott dermassen zu Boden geworffen worden, als wann ihne der Donner nidergeschlagen hätte.

Hingegen einer Burgers-Frau zu Pfreimbt in der Land-Grafschafft Liechtenberg, welche an beeden Händ- und Füssen krumb und lahm gewesen, auch alle dißfalls angewendte Curativ-Mittel vergebens geschinen, ist öffters im Schlaf vorkommen, sie solle sich zu einem Maria-Bild, so in einer Aichen auf offenen und freyen Feld stehet, führen lassen, und alldort wird ihr geholffen werden. Inmassen ihr dann auch nach vilfältig gehaltener Nachfrag aus Anordnung Gottes solches Gnaden-Bild durch ein Bettel-Weib an Tag gegeben worden, jedoch mit desen Zusatz, daß es ein ziemlich weiter Weg seye, ungeacht dessen aber hat sie sich nit lang bedencket, sondern das einsmahl erfragte heilige Gnaden-Bild in Persohn zu verehren auf die Reiß begeben. Als sie nun vor das Gnaden-Bild kommen und ihr Andacht allda verrichtet, hat sie augenblicklich Besserung ihrer Glider empfunden, auch zu einen Wahrzeichen ihre vorhero gebrauchte Krucken da-

selbst gelassen, andern Tags sich darauf zu einen Burger und Tuchhandler nacher Kötzting, der Eigenburger genannt, begeben, aldort eine geraume Zeit verbliben und täglich ihr Gebet bey der miraculosen Bildnus zur schuldigster Dancksagung verrichtet, folgends frisch und gesund nacher Haus gelanget. Über welches Spectacul dann sich jedermann verwundert, also zwar, daß der Zulauf von denen frommen Persohnen von Tag zu Tag grösser und vil, ja alle, welche nur ein rechtes Vertrauen dahin gehabt, von ihren Zuständen und Anligen entbunden und befreyet worden.

Darüber haben theils gefrevelt, und in specie Hans Peinkover ein Tagwercker, so dem Fischer zu Pulling neben seinen Knecht fischen helffen, und ein gantze Nacht darmit zugebracht. Als sie nun heimfahren wollen, hat der Knecht zu ihme Peinkover vermeldet, er seye ganz müd

und könne nit mehr stehen, solle ihne ein wenig rasten lassen, der Peinkover hierauf hingegen geantwortet, was er sich lang klagen wolle, er solle zu der Aich hinauf gehen und ihme ein starckes paar Füß nehmen, über welch vermessene Wort aber derselbe aus Verhängnus Gottes gleich zu Boden gefallen und weder gehen noch stehen können, bis er endlichen in sich selbst gangen, seine Sünd bereuet und sich mit ein paar hiltzenen Füß dahin verlobet. Worauf sich dann der gütige Gott durch Vorbitt seiner würdigsten Mutter MARIA über ihn Peinkover erbarmet und widerum zu vorigen Kräfften und Besserung gelangen lassen.

Nächst deme hat ein krumber Schlenckl und Faullentzer, insgemein der Peltzmichel genannt, als welcher in der nöthigen Erndt-Zeit von einem Baurn zu Weissenregen zum Nachbünden ersucht worden, hiezu aber keinen Bünd-Nagl gehabt, zu anderen Mit-Arbeitern Spottweis geredt: ich sollte Garben bünden helfen und hab keinen Bünd-Nagl, ich will mir bald einen machen; auf welches er zu der Aich geloffen, und aus einen allda geopferten Fuß dergleichen Bünd-Nagl geschnitzlet, da er nun mit solchen die dritte Garb gebunden, ist er gleich auf dem Acker erblindet, worüber derselbe zu verstandenen seinen Mit-Arbeitern aufgeschryen. Ach leyder! ich hab mich

Die Fischerkanzel in der Wallfahrtskirche Weißenregen, 1758 von Johann Paul Hager geschaffen

versündiget, helfet Gott, und seine heilige Mutter vor mich bitten, daß sie mir wider gnädig seyn und mein voriges Gesicht verleyhen wollen, welches auch alsobalden, nachdeme die Schaidten und Abschnitzlen von ersagten Fuß zusamm geklaubet und neben den Bünd-Nagl an sein voriges Orth mit verrichter Andacht gebracht worden, beschehen.

Ein Baurns-Knecht, welcher nach verricht Oesterlicher Beicht und Communion etwas bezechter von Kötzting im Heimbgehen anhero kommen, vor der heiligen Bildnus auf einen grossen Stein nidergeknyet und allda betten wollen, hat sich s.v.[22] übergeben, worauf der Stein gleich zu zwey Trümmern zersprungen, und als hinnach Herr Oswald Hautzenberger gewest Churfürstl. Land Richter zu bemeldten Kötzting[23] solche Stein zu seinen im Marckt allda neuerbauten Haus führen lassen, ist er also bald darauf erkrummet.

Des Paulus Geörgen gewesten Baurns zu Wettzell Ehe-Weib hat in der Niderkunft unnatürlich starck geflossen, und sie dahero, weilen es durch kein Mittel gewendet werden können, gleichsam des Todts eigen gehalten worden, nachdeme man aber in solch ihren Elend bey der Wunderthätigen Bildnus in der Aich hilff gesucht, ein Reisten Flachs auf des Leibs umgekehrt, und dahin geopfert,

Das Gnadenbild von Weißenregen. Federzeichnung nach einem Kupferstich von Michael Wening

ist sie gleich besser, und bey dem Leben erhalten worden.

Alldieweilen nun aus so vilen Wunderwercken der Ruff allenthalben erschollen, und dahin große Andachten angestellt worden, auch jeder vorbey Reisender nidergeknyet und nach Belieben etwas gebetet, hat unter andern ein Bauers-Weib an einen Sonntag nach gehaltenen Gottesdienst in Kötzting im vorbei oder heimbgehen daselbst ein brinnendes Wachs-Liechtl aufgestecket, allein weilen sie daselbst so lang nit gewartet, bis solches ausgeloschen, ist die Aich hievon angezündt und verbrennet, das heilige Gnaden-Bild aber onverletzt heraus genommen, und an statt verbrunnenen Aichen ein Figur[24] an selben Orth aufgerichtet, und darein versetzet worden.

Hernach hat man wegen der sich immerzu ereignet vilfältigen Miracklen und Wunderwercken, dann vermehrten Zulaufs ein solches Ihro Hochfürstl. Gnaden Bischoffen zu Regenspurg, und von dannen Ihro Päpstlichen Heiligkeit nacher Rom umständig unterthänigst berichtet, worüber dann von dort aus die gnädigste Verwilligung erfolgt, daß an diß Orth, wo anvor die Aich gestanden, ein schöne Capellen mit einen Thurn und Ring-Mauer erbaut, und die Gnadenreiche heilige Bildnuß Unser Lieben Frauen in dem Hoch-Altar, so vom Löbl. Closter Nideral-

tach hergegeben worden, gesetzt werden dörfe, welch alles auch bis Anno 1660 also verblieben. Seithero ist ermeldte Capellen in eine Kirchen, wie sie dermahlen stehet, verändert: grösser erbaut: mit einem gantz neuen Hoch- oder Chor-Altar, in welchen sich das heilige Gnaden-Bild befindet, dann zwey Seiten- als St. Joseph- und St. Sebastian-Altären versehen worden. Wobey noch bis heuntigen Tag durch die kräftige Fürbitt der wunderbarlich barmhertzigen Mutter Gottes MARIA vilen Menschen in ihren Nöthen an Leib und Seel, ja auch dem unvernünftig dahin verlobten Vich an ihren Gebrechen geholfen wird. Wie dann an denen heiligen Frauen-Tägen und sonderlich an Maria Himmelfahrts-Tag, allwo in disem Gotts-Haus ein von Jhro Päbstlichen Heiligkeit ertheilt vollkommener Ablaß zu erlangen, ein

grosser Zulauf des Volcks sowohl von der Nähe, als weit herumen entlegenen Orthen ist, und selbes allda ihr Andacht verrichtet."[25]

Neben diesem Textdokument soll ein zeitentsprechendes Bilddokument zu Wort kommen. Michael Wening, der berühmte Stecher und Herausgeber der „Topographia Bavariae", fertigte um 1700 einen großformatigen Kupferstich (29 x 16 cm) für Weißenregen. Den oberen Bildteil nimmt das von Engeln auf Wolken getragene Gnadenbild ein. Unten ist die Wallfahrtskirche mit der Klause der Eremiten dargestellt, so wie sie Pfarrer Zetlbaum erlebte: „ . . . auf einer sehr lustigen Höhe und freyen Feld".[26]
Auch in der religiösen Aussage geht Wening mit Zetlbaum einig. Beide glorifizieren das Gnaden-

Kreuzweg hinauf zur Wallfahrtskirche Weißenregen

bild und heben es in überirdische Sphären. Und doch bleibt es erdverbunden: Die von kindlich verspielten Putti umfaßte und von mannsstarken Erzengeln abgestützte Wolke mit dem Gnadenbild läßt fruchtbaren Regen auf Weißenregen fallen. Der angefügte Bildtext[27] nimmt das Wortspiel auf:
„Maria die Gnadenvolle Himmelswolckh/
Läßt Regnen über ihr andächtiges Volckh/
Den Regen ihrer Gnaden und giebt den Segen/
In der Pfarr Playbach zu Weissen Regen."

Ludwig Baumann

111

Die Mündung des Chamb in den
Regen auf einer Karte von 1769,
die die Verbindung der Gewässer
Regen, Chamb, Quadfeldmühlbach
und Haidbach untereinander zeigt
(Ausschnitt)

„Der Fluß, der Regen genannt wird"

Der Regenfluß in mittelalterlichen Quellen

Das Regental ist seit Urzeiten eine wichtige Verbindungsachse zwischen Böhmen und dem Donauraum. Zahlreiche archäologische Funde, wie der Pösinger Faustkeil aus der Altsteinzeit, die Knöblinger Gruppe aus der Jungsteinzeit oder die bronzezeitlichen Funde bei Satzdorf belegen dies deutlich. Auch taucht der Name des Flusses Regen bereits früh in den Überlieferungen und schriftlichen Quellen auf. Die folgenden Ausführungen bringen eine Auswahl aus den vorhandenen Quellen und beschränken sich örtlich auf den Chamer Raum und zeitlich auf das Mittelalter.

Im Jahre 179 nach Christus errichteten die Römer ein neues Kastell gegenüber der Mündung des Regens in die Donau und nannten es „Castra Regina" (Lager am Regen), das heutige Regensburg. Zu diesem Zeitpunkt lebte nach herrschender Meinung in der heutigen Oberpfalz und in Oberösterreich der Stamm der Naristen oder Varisten.[1] 531 vernichtete der Merowingerkönig Theuderich das Reich der Thüringer, zu dem die heutige Oberpfalz gehörte, 532 bis 534 unterwarf er auch das Burgunderreich. Zu diesem Zeitpunkt wurde wohl ein Teil der besiegten Varisten nach Burgund in die Gegend von Doubs umgesiedelt. Dort erzählten sie um 615 den Missionaren aus Luxeuil, daß ihre Vorfahren aus dem Gau „Stadevanga" (Uferfelder) am Fluß Regen gekommen seien, wo sie vertrieben wurden.[2] Der Gau „Stadevanga" kann also nur im Chamer Becken gelegen sein; vermutlich ist der Ortsname Stallwang auf diesen Gaunamen zurückzuführen. Ein Teil der Varisten blieb jedoch in der alten Heimat und verschmolz mit den Bajuwaren, was durch die Überlieferung der vorgermanischen Flußnamen Regen und Chamb anzunehmen ist.[3]

Die älteste schriftliche Nachricht über Cham ist aus dem Jahre 819 erhalten.[4] Aus der Gerichtsurkunde geht hervor, daß Bayernherzog Odilo (735 - 748) - er wird in der Quelle nur indirekt als Vater Herzog Tassilos (748 - 788) erwähnt - ein Gebiet von etwa sechs mal fünfzehn Kilometer um das heutige Chammünster an das Regensburger Domkloster St. Emmeram geschenkt hat. Vermutlich gehörte diese Schenkung zur Grundausstattung der 739 errichteten Diözese Regensburg. Als benachbarte Anwohner unrechtmäßig im bischöflichen Forst rodeten, reiste der Regensburger Bischof Baturich (814 - 847/48) nach „Chambe", wo eine „cella" (Filialkloster) „oberhalb des Flusses, der Regen genannt wird", zwischen den Bächen „Geuuinaha" (Gäubach, später Janabach und Haidbach) und „Marclaha" (Grenzbach, später Miltach und Perlbach) errichtet war.[5] Diese Klosterzelle kann nach den Angaben der Urkunde nur in Chammünster gewesen sein.[6] In dieser wichtigen Quelle bestimmt der Regenfluß nicht nur die Lage der Klosterzelle näher, sondern dient auch zur Beschreibung von „Marca" (Grenze) und „Commarca" (Klostergebiet).

Nachdem eine mündliche Verhandlung mit den Anwohnern ergebnislos blieb, setzte Bischof Baturich mit seinem Gefolge die Grenze durch einen amtlichen Umritt fest. Dieser führte von Chammünster aus zuerst westlich zur strittigen Rodung, dann nach Süden am Janabach entlang und dann nach Osten bis zur Marklach. Dort wandte sich die Kommission bachaufwärts zur Quelle der Marklach (heute Pointbach) bei Birnbrunn. Hier verlief die Grenze mitten über den Berg (heute Höhe 638 im Hochholz nördlich von Birnbrunn). Der weitere Grenzverlauf wurde nur mündlich in entgegengesetzter Richtung rekapituliert: von der

Das gotische Marienmünster in Chammünster, der Urpfarrei des Oberen Bayerischen Waldes, zählt zu den bedeutendsten Kirchenbauten der Region.

Votivbilder in der Wallfahrtskirche St. Walburga Lamberg. Die Kirche auf dem Lamberg wurde 1628-1630 erbaut und 1806 säkularisiert.
1832 wurde sie restauriert und seither wieder als Gotteshaus genutzt.

114

Mündung der Marklach in den Regen (bei Miltach)[7], zur Marklachquelle, dann über die Mitte des Berges zur Quelle des Janabaches und das Ostufer dieses Baches entlang bis zu seiner Mündung in den Regen.[8] Da das strittige Gebiet im Westen lag, wurde nur diese Grenze in der Urkunde ausführlicher beschrieben. Mit Sicherheit bildete aber der Regenfluß die Grenze des Klosterlandes gegen Osten und Norden. Die Urkunde vom 14. Dezember 819 bringt die erste Erwähnung von Cham als Name des Ortes, wo eine Klosterzelle oberhalb des Regenflusses stand und eine Grenzbeschreibung des Klosterlandes, wobei der Regenfluß zusammen mit den beiden Bächen eine natürliche Grenze bildete.

Die Grenzbestimmung mit Wasserläufen war im Mittelalter eine einfache und eindeutige Art, Ortslokationen oder Gebietsabgrenzungen zu erstellen. Im Jahre 882 bestätigte Kaiser Karl III. dem Kloster Metten den Besitz u. a. auch im Teisnacher Forst, wobei als Grenze der Schwarze Regen genannt wird.[9] Als im Jahre 1040 Kaiser Heinrich III. die vom Mönch Gunther gegründete Kirche zu Rinchnach dem Kloster Niederaltaich schenkte, wurden bei der Besitzbeschreibung Weißer ("Album Regin") und Schwarzer Regen ("Nigrum Regin") aufgeführt.[10]

1050 wurde in einer Urkunde der Ort Weißenregen, der seinen Namen vom gleichnamigen Fluß erhielt, erwähnt. Kaiser Heinrich III. schenkte seinem Dienstmann Azelin eine Königshufe von seinem Lehen in Weißenregen und

eine Mühle am jenseitigen Ufer des Weißen Regens. Die Objekte waren im Gau "Campriche" und in der Grafschaft des Grafen Sizo.[11]

Wichtig für die Geschichte des Chamer Raumes ist der Bericht des böhmischen Chronisten Cosmas von Prag († 1125) zum Sommer 1040 über die Kämpfe Kaiser Heinrichs III. mit dem Böhmenherzog Bretislav I.: Der Kaiser aber schlug sein Lager zu beiden Seiten des Flusses "Rezne" auf. Des anderen Tages zog er bei der Burg "Kamb" vorüber und näherte sich dem Walde, welcher Bayern von Böhmen trennte.[12] Interessant ist, daß Cosmas für den Flußnamen die tschechische Schreibweise "Rezne" verwendete, die keine Übersetzung des Wortes Regen darstellt, sondern nur den alten Namen "Regin" ausdrückt.[13]

Diesen Flußnamen (Rezne) benutzte Cosmas von Prag auch für die Schilderung der Verschwörung im Herbst 1105: Am Regen (bei Regensburg) standen sich bereits die Heere Kaiser Heinrichs IV. und die seines Sohnes Heinrich V. gegenüber, der mit dem Nordgauadel (Markgraf Diepold von Cham und Vohburg, Graf Berengar von Sulzbach und Graf Otto von Kastl) verbündet war. Aber der Böhmenherzog und der Markgraf von Österreich, die auf der Seite des kaiserlichen Vaters standen, verweigerten schließlich den Kampf.[14]

Dürren, Überschwemmungen oder andere Naturkatastrophen erachteten die mittelalterlichen Chronisten oft der Aufzeichnung wert, so daß etliche Quellen dar-

über erhalten blieben. Ein Hochwasser des Regens und einen dadurch verursachten Unglücksfall schilderte der Chamer Prediger und Geschichtsschreiber Johannes Chrafft († 1495): Im Jahr des Herrn 1467 in der Bittwoche gab es eine Überschwemmung, jedoch war sie um Cham herum nicht so bedeutend. Am Tag Christi Himmelfahrt ist es in Cham herkömmlich, daß Klerus und Volk nach der Mahlzeit nach Chammünster gehen, welches die wahre Mutterkirche ist, und dort die Non singen. Der Dekan Leonhard Stettner und sein Bruder Ulrich ritten auch hinaus "und bei der Brücke in der Nähe der Mühle, die 'Gewadtveldt' genannt wird, stürzten sie mit ihren Pferden in den Fluß, der Regen genannt wird", und beide gingen angesichts von mehr als 300 Menschen, die zur Rettung bereit standen, erbärmlich zugrunde.[15]

Neben diesen Quellen finden sich noch zahlreiche Urkunden, die auch Aussagen über die wirtschaftliche Bedeutung des Regenflusses bringen, z. B. Brücken, Mühlen, Fludern von Holz, Fischwasser oder über die Perlenfischerei. Sie bieten genügend Stoff für weitere Forschungen.

Josef Höpfl

„Partie am Regen" in Cham auf
einer Postkarte um 1910.
Das städtische Elektrizitätswerk
in der ehemaligen Grabenmühle
war bereits errichtet. Im Hintergrund ist die Brücke zu sehen,
die beim Biertor über den rechten
Regenarm führt.

„... der Regen, welcher der ernsten, mit doppelter Mauer züchtig umgürteten Stadt einen flüchtigen Kuß aufdrückt ..."

Die Stadt Cham in der Regenschleife

Mit diesen poetischen Worten beschreibt der Pfarrer und begeisterte Heimatforscher Joseph Lukas das Verhältnis zwischen Cham und dem Regen.[1] Auch wenn die Stadt ihren Namen vom Flüßchen Chamb erhielt, das bei Altenstadt in den Regen mündet, ist es zwischen den beiden nicht bei einem flüchtigen Kuß geblieben. Vielmehr besteht zwischen ihnen seit Jahrhunderten eine sehr enge Beziehung, die für die Stadt sowohl ihre guten als auch ihre schlechten Seiten hat.

Schon im frühen Mittelalter beeinflußte der Verlauf des Regens die Entwicklung von Cham. Seit dem Ende des 9. Jahrhunderts läßt sich im südöstlichen Bereich des Galgenberges, an strategisch günstiger Stelle, eine königliche Burg nachweisen. Von dieser Reichsburg aus wurde die Grenze nach Osten gesichert und die in der Nähe vorbeiführende Handelsstraße nach Böhmen kontrolliert. Außerdem bildete sie das Zentrum für die Verwaltung der gesamten Mark Cham. Angesichts dieser herausragenden Stellung verwundert es nicht, daß sich schon bald im Schutz der Burg Menschen niederließen. Unterhalb des militärischen Stützpunktes entstand eine kleine Siedlung, womit die Geschichte der heutigen Stadt begann.[2] Allerdings standen der steile Hang des Galgenberges und die beengten räumlichen Verhältnisse einer raschen Ausdehnung des Ortes im Wege. Als schließlich auch die Reichsburg ihre militärische Bedeutung einbüßte, war dies der Anfang vom Ende für das „alte Cham". Kaum zwei Kilometer westlich der Ursiedlung hatte der Verlauf des Regens bessere Bedingungen geschaffen, so daß sich zwischen dem 12. und 13. Jahrhundert eine Verlagerung der Stadt auf den heutigen Standort vollzog. An die Wurzeln von Cham erinnert heute noch der Ortsteil Altenstadt, dessen Namen man erstmals 1311 in seiner lateinischen Form mit „in veteri civitate" wiedergab.[3]

Der neue Markt, wie Cham in einer Urkunde von 1210 genannt wurde,[4] besaß auf dem felsigen Ausläufer des Katzberges die bislang entbehrte, ausreichend große und fast ebene Siedlungsfläche. Außerdem bot der Verlauf des Regens in diesem Bereich wichtige Standortvorteile. Da der Fluß den Ort auf drei Seiten umgibt, schützte er Cham wie eine natürliche Stadtmauer. Ein Wall mit Graben an der Nordseite genügte anfangs zur Verteidigung.[5] Trotz der Nähe zum Regen verhinderte die leichte Anhöhe, auf der die neue Siedlung lag, ein Übergreifen der jährlichen Hochwasser. Günstig sollte sich auch die bessere Verkehrsanbindung auswirken. Da sich der Regen bei der Insel „Bleiche" in zwei Arme teilt, ließ sich der Fluß an dieser Stelle leichter überqueren. Über den rechten Regenarm, beim heutigen Biertor, dürfte sicherlich schon in frühester Zeit eine Brücke geführt haben, während man den Kleinen Regen durch eine Furt passieren konnte.[6] Noch bis in die fünfziger Jahre unseres Jahrhunderts war diese Furt für Tiere und Fuhrwerke zu benutzen.[7] Personen gelangten trockenen Fußes auf einem Holzsteg über den linken Regenarm. Ein solcher Steg findet sich bereits auf einer Karte aus dem Jahr 1749[8] und wurde erst mit der Errichtung der Florian-Geyer-Brücke 1926 überflüssig.[9]

Die Nähe zum Fluß, die sich über Jahrhunderte hinweg als großer Vorteil erwiesen hatte, wurde der Stadt mit Beginn der Industrialisierung und angesichts der wachsenden Einwohnerzahl zum Verhängnis.[10] Mit dem Eisenbahnbau 1861 überschritt Cham die Grenzen der bisherigen Altstadt, da die Bevölkerung, aber auch Handel und Gewerbe, immer größere Flächen benötigten.

Allerdings verhindern bis heute die steilen Hänge des Katzberges, des Kalvarienberges und der Luitpoldhöhe eine ausreichende Ausweitung der Stadt nach Norden.[11] In südlicher Richtung würde die weite und flache Ebene des Regentals eine Bebauung sehr begünstigen, wenn dem nicht der Fluß mit seinen Hochwassern entgegenstünde. Vor allem während der Schneeschmelze im Frühjahr, aber auch nach heftigen Sommergewittern muß mit Überschwemmungen gerechnet werden. Begünstigt durch sein geringes Gefälle im Gebiet zwischen Chammünster und Roding fließt der Regen normalerweise gemächlich in vielen Windungen dahin. Sobald aber seine Zuflüsse aus dem Bayerischen Wald eine große Menge Wasser mit sich führen, tritt der Regen über die Ufer und beginnt das Tal zu überfluten.[12]

Den frühesten Nachweis für ein solches Hochwasser in Cham liefert ein Gedenkstein aus dem Jahr 1400. Dieser über drei Zentner schwere Stein war im alten Spitalgebäude eingemauert und zeigte die Höhe der damaligen Flut an. Als das Gebäude nach dem großen Stadtbrand von 1873 wieder aufgebaut wurde, verzich-

tete man auf den Einbau des Gedenksteins. Statt dessen verwendete man ihn bei der Errichtung eines Abwasserkanals ganz in der Nähe des heutigen Bürgerspitals. Es vergingen fast hundert Jahre, bis der Heimatforscher Ludwig Hauser bei Erdarbeiten in diesem Bereich den Stein wiederentdeckte und für seine Sammlung barg.[13]

Die Bewohner im Regental mußten lernen, mit den regelmäßigen Hochwassern und den zum Teil recht gefährlichen Eisstößen zu leben. Allein zwischen 1839 und 1862 zählt eine Ortschronik von Cham zwölf größere Überschwemmungen auf. In der Zeit vom Sommer 1866 bis zum März 1867 wird sogar von 19 Hochwassern berichtet, von denen fünf das gesamte Tal überfluteten.[14] Während die Einheimischen die Tücken des Regens kannten, unterschätzten Auswärtige leicht seine Gefährlichkeit. Eindrucksvoll belegt dies das Schicksal der tschechischen Tierschau Kludsky, die Ende Juli 1897 in Cham gastierte. Die Menagerie mit Löwen, Tigern und anderen exotischen Tieren hatte ihr Quartier „auf der Regenwiese nächst der Fleischtorbrücke", beim heutigen Parkplatz Stadellohe, aufgeschlagen. Als

heftiger Regen einsetzte, begann das Wasser zu steigen. Zahlreiche Einwohner erkannten die drohende Gefahr und versuchten den Schausteller vor dem Hochwasser zu warnen. Sie versprachen ihm sogar, bei der Verlegung der Menagerie zu helfen, doch es war vergebens. Herr Kludsky konnte sich nicht vorstellen, daß der kleine Fluß eine derartige Höhe erreichen würde und harrte auf seinem Standplatz aus. Bereits in der kommenden Nacht überflutete der Regen die Menagerie. Nur den vielen Helfern und der Unterstützung durch die Chamer Feuerwehr war es zu verdanken, daß bis auf einen Panther alle Tiere gerettet wurden.[15]

Wenn der Regen Hochwasser führte, konnte er nicht nur Tieren, sondern auch Menschen gefährlich werden. Die Bezirksamtsblätter und die Zeitungen berichteten immer wieder von Kindern, die sich beim Spielen zu nahe an das Ufer gewagt hatten und ihre Unachtsamkeit mit dem Leben bezahlen mußten.

Das geringe Gefälle des Flusses ließ den Regen nicht nur rasch über die Ufer treten, sondern konnte auch dazu führen, daß er bei Hochwasser seinen Lauf än-

Eisstockschießen auf dem Regen bei Cham im Winter 1885

derte oder sich in mehrere Arme verzweigte. Viele Altwasser und ergiebige Kiesablagerungen zeugen heute noch von diesen Vorgängen.[16] Ein Grund für die Aufgabe des Püdensdorfer Schlosses könnte in einer Verlagerung des Flußbettes zu suchen sein. Die Anfänge des Gutes reichen bis in das Mittelalter zurück, denn bereits seit 1250 nannten sich die dortigen Herren nach ihrem Stammsitz Püdensdorf.[17] Allerdings war die Hofmark, noch vor dem Aussterben der Püdensdorfer, in andere Hände übergegangen. Um 1828 war schließlich vom Glanz früherer Jahrhunderte nichts mehr zu spüren. Hochwasser, bei denen „nicht selten das Schloß wie eine Insel wild umflutet in einem strömenden See"

stand, hatten die Gebäude beschädigt und die dazugehörigen Wiesen und Felder verwüstet.[18]

Der in Cham geborene Heimatforscher Schuegraf äußerte die düstere Vorahnung: „Die Wellen des hart vorbeifliessenden Regenflußes werden bald die Grundfesten des Schloßgebäudes durchspühlen, wenn ihrem Zudrange nicht durch Vorbaue gewehrt werden wird."[19] Im Januar 1829 sollte sich seine Vorhersage erfüllen und der Regen dem schon sehr heruntergekommenen Schloß zum Verhängnis werden. Ein Hochwasser mit Eisstoß richtete so große Zerstörungen an, daß die letzten Besitzerinnen, die Fräulein von Vieregg, Püdensdorf verlassen mußten. Einen Monat später wurde das Anwesen samt

Grundbesitz an die Püdensdorfer Weidegenossenschaft verkauft. Da deren Mitglieder an der Förderung der Viehzucht, nicht aber am Erhalt der Gebäude interessiert waren, ließ man die Reste des Gutes abreißen. Nur ein Birnbaum aus dem Schloßgarten erinnerte noch bis in die dreißiger Jahre unseres Jahrhunderts an den Standort der ehemaligen Hofmark.[20]

Angesichts der Schäden für die Landwirtschaft und der Verkehrsbehinderungen, die mit den jährlichen Hochwassern verbunden waren, kamen Forderungen nach einer Regulierung des Regens auf. Nachdem 1926 Überschwemmungen die gesamte Heuernte vernichtet hatten, stellte zwei Jahre später die Bezirksbauernkammer, unterstützt durch den Chamer Stadtrat, bei der Staatsregierung den Antrag, sowohl den Chamb als auch den Regen zwischen Chammünster und Wetterfeld zu regulieren.[21] Die Planungen sahen vor, die zahlreichen Windungen des Regens zu begradigen und das Flußbett insgesamt zu verbreitern.[22] Da aber die Kosten in keinem Verhältnis zum vermeintlichen Nutzen der Maßnahme standen, kam das Projekt über erste Entwürfe nicht hinaus.[23] Nur die Regulierung des Chamb nahm man 1937 mit Arbeitskräften des sogenannten „Reichsarbeitsdienstes" in Angriff.[24]

Der Regen brachte aber Cham nicht nur Hochwasser und Überschwemmungen, sondern auch Waren und Arbeitsplätze. Aufgrund der lange Zeit unzureichenden Straßenverhältnisse nutzte man den Fluß schon früh als Transportmittel. Die ersten Verträge über das Flößen reichen bis in das 14. Jahrhundert zurück und unterstreichen die große Bedeutung dieses Verkehrsweges. Neben den unbearbeiteten Baumstämmen gelangten auch Fertigprodukte aus Holz vom Bayerischen Wald bis nach Regensburg. Die Stämme wurden entweder geflößt oder getriftet. Im Gegensatz zum Flößen wurden beim Triften die drei Meter langen Hölzer (Blöcher) einzeln von der Strömung flußabwärts befördert.[25]

Ein Warentransport auf dem Regen im Bereich der Stadt Cham

ist schon für das 16. Jahrhundert nachgewiesen. Als 1583 Lorenz Krieger aus Tirschenreuth in Cham eine Schiffsmühle errichten wollte, standen seinem Gesuch nicht nur die ortsansässigen Müller entgegen, sondern auch der Pfleger von Cham. Dieser begründete seine Ablehnung damit, „daß jährlich eine große Zahl von Küfer- und Brennholz, Reifen, Brettern, Latten, dann auch Getreide, Hausrat und andere Waren, desgleichen Fischflöße (meist bei Nacht) auf dem Regen aus Bayern herab nach Regensburg, Straubing und noch weiter auf Flößen getriftet werden, so daß eine henkende Mühle [Schiffsmühle] den Fluderleuten beschwerlich werde."[26]

Obwohl die Menge des getrifteten Holzes im Verlauf des 19. Jahrhunderts zunahm, war zunächst nur ein geringer Teil davon für Cham bestimmt. Dies änderte sich 1861 grundlegend mit dem Anschluß an das Eisenbahnnetz. Neben der Bahnverbindung begünstigten auch die Lage am Zusammenfluß von Chamb und Regen und die Nähe zum Bayerischen Wald die Entwicklung der Stadt zu einem der bedeutendsten Standorte für den Holzhandel in Süddeutschland. Ein regelrechter Boom setzte nach 1870 ein, als Stürme in den Wäldern schwere Schäden angerichtet hatten und zu einem gewaltigen Holzangebot führten.

Vor allem auswärtige Unternehmer erkannten die Vorteile des Umschlagplatzes Cham. 1873 begann die Dampfsäge des Nürnberger Holzhändlers Karl Kröber die Holzverarbeitung im großen

Stil.[27] Im selben Jahr bewilligte das Bezirksamt auch dem Chamer Joseph Schmid eine solche Anlage am rechten Regenufer unterhalb des Kommunbrauhauses. Allerdings hatte Schmid nicht mit dem energischen Widerstand der Nachbarschaft gerechnet, die sich durch den Dampfkessel bedroht sah. Mit dem Argument der mangelnden Sicherheit und der damit verbundenen Feuersgefahr unterbanden die Anwohner mehrfach die Inbetriebnahme. Erst nachdem zusätzliche Auflagen erfüllt waren, konnte die Arbeit in der Dampfsäge im September 1874 wieder aufgenommen werden.[28] Weniger Schwierigkeiten dürfte Schmid der Umbau der ehemaligen Schleifmühle, in der Nähe der Neumühle, zu einer Bretterschneidsäge im Jahr 1870 bereitet haben.[29]

Fortgesetzt wurde die Gründung von Sägewerken durch den Chamer Valentin Frey, der 1879 den Bauplan für eine Dampfschneidesäge beim staatlichen Bezirksamt einreichte.[30] Dieses Unternehmen wurde 1890 von Ludwig Carl Gebhardt aus Nürnberg erworben und in späteren Jahren bedeutend ausgebaut. Mit dem Kauf der Freysäge ließ sich die Firma Gebhardt endgültig in Cham nieder, nachdem man bereits 1860 ein Grundstück zur Lagerung und zum Versand von Schnitthölzern gekauft hatte.[31] Weitere Dampfsägen und holzverarbeitende Betriebe richteten 1890 der Schweizer Karl Clemencon und Johannes Melchior aus Sachsen ein. Die Melchiorsäge ging 1905 an den ebenfalls aus Nürnberg stammenden Max

Borger über, der das Werk zu einer Spulenfabrik umbaute. Während dieser Gründungswelle bestanden im Bereich südlich des Bahnhofs vier Dampfsägen sowie ausgedehnte Holzlager, so daß der Heimatforscher Johann Brunner schrieb: „Gewaltig sind die Vorräte an Brettern, Latten etc., die in der Nähe des Bahnhofs in großen Stößen aufgeschichtet sind. So ausgedehnt stellen sich diese Holzlager dar, daß sie sogar das Landschaftsbild von Cham wesentlich beeinflussen und dem Auge aus der Ferne als ein Stadtteil erscheinen."[32]

Nach dieser Schilderung kann man verstehen, daß die heutige Frühlingstraße zu jener Zeit die

Bezeichnung „Bei den Dampfsägen" führte.[33] Auch außerhalb Chams blühte die Holzindustrie auf, wie etwa der Betrieb des Josef Greß in Altenstadt, der aus einem Sägewerk und einer Holzwollefabrik bestand.[34] Obwohl der Holztransport auf dem Regen in den achtziger Jahren des 19. Jahrhunderts wieder zurückging, blieben die holzverarbeitenden Betriebe noch lange Zeit der einzige Industriezweig und der wichtigste Arbeitgeber in der Stadt Cham.

Bevor man die einzelnen Blöcher in den Dampfsägen verarbeiten oder mit der Eisenbahn weiterbefördern konnte, mußten sie zunächst in Cham gesammelt

Eine Aufnahme aus dem Jahr 1872 zeigt den Holzlagerplatz in Cham, im Hintergrund ist das Fleischtor zu sehen.

werden. Zu diesem Zweck errichtete man an einer Engstelle des Spitalregens den oberen Verhang. Dieser setzte sich aus drei bis vier Flößen zusammen, die vom Ufer aus mit langen Holzstämmen, den Strembäumen, abgestützt wurden. Die Strembäume waren an Land zusätzlich abgesichert, um dem gewaltigen Druck der ankommenden Blöcher standhalten zu können. Schließlich stellte man eine Wache auf, die den Verhang auch nachts kontrollierte.[35]

Wenn nun im Frühjahr der Regen wegen der Schneeschmelze genügend Wasser führte, konnte die Trift beginnen und bereits nach wenigen Tagen war in Cham der Ruf zu hören: „Das Holz schwimmt an!" Angesichts des nun ablaufenden Schauspiels kam für diesen Abschnitt des Flusses die Bezeichnung „Floßhafen" auf: „Der Spitlregen füllt sich allmählich mit Tausenden von Blöchern derart, daß oft die Hölzer durch den Druck, der von den nachdrängenden ausgeübt wird, die Uferböschung emporsteigen und fast an den Alleeweg reichen. Da kann man die gewaltigen 'Bummeln', die Riesen des Bayerwaldes sehen, die manchmal einen Durchmesser von einem Meter haben und dennoch vollständig gesund sind. Immer kommen noch die Hölzer angeschwommen, Tag und Nacht, Sonntag und Werktag." Die Ankunft der Trift wurde aber nicht nur von den Arbeitern in den Sägewerken mit Ungeduld erwartet, sondern auch von der Chamer Jugend. Für sie war nun der Floßhafen ein idealer Abenteuerspielplatz, auf dem man seine Geschicklichkeit bewies und so manche Mutprobe zu bestehen hatte. Daran konnten auch die Warnungen vor den Gefahren und die Verbote der Eltern nichts ändern.[36]

Nachdem ein Großteil des Triftholzes Cham erreicht hatte, wurde der obere Verhang mit Hilfe eines beweglichen Floßes geöffnet, um jeweils eine bestimmte Anzahl von Blöchern flußabwärts zu den Sägewerken zu befördern. Die Auswahl erleichterten Markierungen auf den Holzstämmen,

die bereits vor Triftbeginn angebracht worden waren. So hatte man zum Beispiel die Blöcher der Firma Gebhardt mit den Initialen LG für Ludwig Gebhardt markiert.[37] Nach dem Öffnen des Verhangs trieben die Baumstämme zunächst an der mit starken Pflöcken, sogenannten Stempen, gesicherten Neumühle sowie an der Grabenmühle vorbei, um dann durch eine Floßschleuse oberhalb des Biertors zum unteren Verhang bei den Dampfsägen zu gelangen. Hier wurden die Blöcher erneut aufgehalten und anschließend mit zwei elektrischen Paternosterwerken aus dem Wasser gehoben. Da sowohl bei den Sägewerken als auch am oberen Verhang zahlreiche Hilfskräfte benötigt wurden, fanden während der Trift viele Menschen Arbeit.[38]

Außer dem Verhang bestanden in Cham auch Einrichtungen für die Flößer. Als man in der Zeit von 1864 bis 1875 das linke Regenufer befestigte, wurden für sie oberhalb und unterhalb der Fleischtorbrücke Anlegestellen eingerichtet. Die Liegedauer, das Lagern der Holzstämme und die damit verbundenen Kosten waren in einer eigenen Lände-Ordnung festgelegt.[39]

Nachdem das Triften in den siebziger Jahren seine Blütezeit erlebt hatte, ging das Holzaufkommen aufgrund der wachsenden Konkurrenz durch die Eisenbahn immer stärker zurück. Noch bevor der Bau des Höllensteinkraftwerks den Transport auf dem Regen unterband, führte 1917 die Firma Kröber und 1924 schließlich auch die Firma Geb-

hardt die letzte Trift durch.[40] Somit hatte der Floßhafen seine wirtschaftliche Bedeutung endgültig verloren. Da im Rahmen der Hochwasserfreilegung Abschnitte des Flusses begradigt werden sollten, begann man 1953 mit der Auffüllung des Spitalregens. Zunächst wurde die Engstelle beseitigt, zwischen der sich früher der obere Verhang befunden hatte. Das so gewonnene Erdreich konnte sogleich als Füllmaterial im Floßhafen verwendet werden.[41] Obwohl vor allem beim Bau der Bundeswehrkaserne große Mengen an Erdreich anfielen[42], erreichte man erst 1965 die vorgesehene Uferlinie.[43] Gemäß den Planungen von 1952 legte man an der Stelle, an der sich früher die Blöcher türmten, den Großparkplatz „Floßhafen" an.[44]

Den Menschen diente der Fluß nicht nur als Wasserstraße. Schon sehr früh lernten sie, dessen Kräfte zu lenken, um damit Räder und Maschinen anzutreiben. Die heute noch in vielen Orten entlang des Regens vorhandenen Mühlen zeugen von diesen Bemühungen. Für Cham lassen sich Mühlen bereits im 13. Jahrhundert nachweisen. Da ihnen bei der Versorgung der Bevölkerung eine besondere Rolle zukam und sie zugleich eine gute Einnahmequelle darstellten, unterstanden sie seit frühester Zeit der staatlichen Kontrolle. Deshalb stammt auch die älteste schriftliche Nachricht über die Chamer Mühlen aus einem Verzeichnis der bayerischen Herzöge, in dem man die von den Untertanen zu leistenden Abgaben eintrug. Hierin werden um 1231/1234 erstmals die Quad-

Cham (Opf.)

*Cham in der Regenschleife.
Postkarte um 1950*

*Cham in der Regenschleife.
Postkarte um 1950*

feldmühle, die Grabenmühle und die Mühle in Altenstadt erwähnt.[45] Diese drei Mühlen scheinen zunächst den Bedarf gedeckt zu haben, denn es vergingen etwa zweihundert Jahre, bis mit der Neumühle ein vierter Mühlbetrieb genannt wurde. Schließlich kamen am linken Regenufer oberhalb der Fleischtorbrücke noch die Lohmühle und zwischen Graben- und Neumühle eine kleine Schleifmühle hinzu.[46]

Während in der Anfangszeit das Mahlen des Getreides im Vordergrund stand, ging man später dazu über, die Wasserkraft zum Betrieb weiterer Maschinen einzusetzen. So war es nicht ungewöhnlich, daß in der Quadfeld- oder Grabenmühle außer den Mahlsteinen auch die Brettschneidesägen angetrieben wurden.[47] Da man für die Glasherstellung Schleif- und Polierwerke benötig-

te, richtete der Chamer Xaver Greß neben der Neumühle eine Anlage mit acht Schleifsteinen ein. Dessen Mühle scheint zu damaliger Zeit beeindruckt zu haben, denn der Autor eines Reisehandbuches über Cham empfahl sie seinen Lesern als besondere Sehenswürdigkeit.[48]

Der Mangel an preisgünstiger Kohle, unter dem die bayerische Wirtschaft ab 1900 litt, führte dazu, daß man von Seiten des Staates bei der Energiegewinnung verstärkt auf die Wasserkraft zurückgriff.[49] Auch in Cham waren Pläne vorhanden, den Regen zur Stromerzeugung zu nutzen. Da sich der Mühlbetrieb in der Grabenmühle nicht mehr gelohnt hatte, waren die bisherigen Eigentümer in Konkurs gegangen. Dies bot der Stadt am 24. November 1905 die Möglichkeit, die Mühle zu erwerben und von Grund auf

umzubauen.[50] Anstelle der altgedienten Mühlräder trat eine moderne, regulierbare Turbine, die je nach Wasserstand bis zu 68 PS Leistung brachte. Trotz der hohen Kosten war es nun gelungen, allein mit Hilfe des Regens den damaligen Strombedarf der Stadt zu decken und sogar noch einen Überschuß zu erzielen. Deshalb bezeichnete ein Zeitgenosse die Anlage in der Grabenmühle als „... eine Quelle des Segens und ein Zeichen des Fortschritts für die Stadt Cham."[51]

Das genaue Gegenteil zur hochentwickelten Turbine in der Grabenmühle stellten die ebenfalls am Regen vorhandenen Wasserschöpfräder dar. Sie gehören zu den frühesten Erfindungen des Menschen, mit denen er sich die Kräfte des Wassers nutzbar machte. In Cham lassen sich wenigstens zwei dieser Vorrichtungen nachweisen. Ein Schöpfrad wurde 1854 auf der Bleiche errichtet, um das Wasser des Kleinen Regens zu den Feldern der Gärtnerei Kattun zu befördern.[52] Ein weiteres stellte 40 Jahre später Valentin Frey auf, um seine Wiesen zu bewässern.[53]

Obwohl der Regen für Cham einen wichtigen Wirtschaftsfaktor darstellte, beschränkte sich die Beziehung zwischen der Stadt

*Auf dem Regen treibende
Blöcher bei Cham*

CHAM i. b. W.
Partie am Regen

und ihrem Fluß nicht allein auf Handel und Gewerbe. Seit dem späten 19. Jahrhundert kam eine neue Funktion hinzu. Der Regen und seine ufernahen Bereiche wurden als Erholungsraum für Einheimische und Touristen entdeckt. Gefördert wurde diese Entwicklung vor allem durch die Verschönerungsvereine, die ihre Aufgaben, außer in der Verbesserung des Ortsbildes, auch in der Förderung des Fremdenverkehrs sahen.[54] Zu einem der zahlreichen Projekte des 1872 in Cham gegründeten Verschönerungsvereins[55] gehörte auch die Anpflanzung einer Kastanienallee am Regenufer. Nach dem Stadtbrand von 1873 hatte man mit dem Bauschutt der abgebrannten Häuser das Ufer befestigt und anstelle der engen und winkligen Gassen des Stadtteils Letz die Obere und Untere Regenstraße angelegt.[56]

In diesem Zusammenhang ist auch die Anlage des repräsentativen Meranwegs zu sehen. Seine Entstehung ging eigentlich auf den Bahnbau in den Jahren 1860/61 zurück. Nach dem Abschluß der Arbeiten verblieb der Weg im Eigentum der Bayerischen Ostbahn, die auch für dessen Erhaltung aufkommen mußte. Um die Kosten möglichst niedrig zu halten, verwendete die Bahn

anstelle von Kies die Kohlenschlacke aus ihren Dampflokomotiven, um den Weg zu schottern. Der eigentümliche Bodenbelag führte zunächst zu der Bezeichnung „schwarzer Weg". Der teilweise heute noch vorhandene Baumbestand am Meranweg geht auf die Initiative des Bahnmeisters Kleemann zurück, der auch aktiv an den Vorhaben des Chamer Verschönerungsvereins beteiligt war.[57] Der Weg schuf nicht nur eine weitere Verbindung zwischen Bahnhof und Stadtkern: Wie sein Name schon andeutet, wollte man etwas von der Atmosphäre des mondänen Südtiroler Kurortes mit seinen Uferpromenaden in die Stadt bringen. Meran war zu dieser Zeit das Ziel der Reichen, Schönen und Berühmten dieser Welt und etwas davon, ein „Klein Meran", wie es auf einer Bildpostkarte heißt, wollte man auch am Regenufer verwirklichen.[58]

Nicht nur das Flanieren am Regen, auch die sportlichen Aktivi-

täten am Fluß kamen in Mode. Während es um die Jahrhundertwende in Cham nur noch einen Berufsfischer gab, wandelte sich das Angeln immer mehr zum Freizeitvergnügen.[59] Als Folge davon hoben die damaligen Reiseführer die vielfältigen Möglichkeiten für den Angelsport in Cham hervor. Außerdem propagierte man das Baden im Regen und schrieb ihm eine „äußerst günstige Wirkung" für die Gesundheit und das Wohlbefinden zu.[60] Schließlich bestanden neben der städtischen Flußbadeanstalt auch drei privat betriebene Bäder.[61] Ob das Baden im Regen allerdings eine positive Wirkung hatte, muß bezweifelt werden, wenn man bedenkt, daß unmittelbar vor der städtischen Flußbadeanstalt zwei Abwasserkanäle in den Fluß führten.[62] Eine weitere Attraktion hatte der Regen mit dem Kahnverleih am Floßhafen zu bieten. In der Zeit von sechs Uhr früh bis elf Uhr abends standen insgesamt zwölf Boote zur

Verfügung, wobei in den Fremdenverkehrsprospekten vor allem die abendlichen Kahnfahrten empfohlen wurden.[63]

All diese Beispiele belegen die enge Beziehung zwischen Fluß und Stadt. Der Regen hat das Leben in Cham über Jahrhunderte hinweg bestimmt und wird es auch in Zukunft beeinflussen. Auch wenn der Fluß als Schutzwall oder Transportweg ausgedient hat, werden sich doch immer wieder neue Berührungspunkte ergeben, wie die Entdeckung des Regens als Erholungsraum zeigt.

Schließlich sei noch an die Sage von Cham auf dem Fischschwanz erinnert, deren Entstehung vielleicht auch durch die Nähe der Stadt zum Fluß angeregt wurde. In dieser Geschichte heißt es: „Die Stadt Cham war früher so groß, daß Chammünster in ihrer Mitte lag und Chameregg die östliche Spitze bildete. Die ganze Stadt ist auf dem Schwanze eines ungeheuren Fisches erbaut. Den Fisch darf man nicht schrecken, damit er sich nicht rührt, sonst könnte leicht die ganze Stadt über den Haufen purzeln. Darum durfte auch der Hirte beim Viehaustreiben nicht blasen."[64] So bleibt nur zu hoffen, daß der Fisch noch viele weitere Jahre stillhält.

Timo Bullemer

Der Kahnverleih in Cham, dahinter das Waschfloß im Regen, wo die Wäsche im Fluß gewaschen wurde

Wasserschöpfrad in Cham

125

Die Untere-Regen-Straße in Cham. Auf der Uferböschung liegt Wäsche „auf der Bleiche". Die Kastanienallee wird vom Straubinger Turm überragt.

„Als der Kaufladen am Ranger stand"

Kinderspiele am Fluß

Kindertrauben vor den Häusern, in denen die Menschen wohnen, sind selten geworden. Kinder saßen damals auf Trottoirs und berieten, was „ma spialn kannt'n". Sie erzählten sich was, stritten auch und versöhnten sich wieder. Sie verteidigten ihre Spielstraße, wenn andere Kinder aus einer anderen Straße sich „zu-flicken" wollten. Ihre Stimmen hat schon lange der Straßenverkehr verdrängt.

Vor den Häusern stehen heute die abgestellten Autos; sie bieten in unserer Zeit immerhin die Möglichkeit, auch weit auseinander liegende Orte der Begegnung zu erreichen. Man fährt mit den Erwachsenen „wohin". Oder man unterliegt der Anziehungskraft des häuslichen Computers. Diese Glasscheibe und ihre phantastischen Möglichkeiten versetzen die Spieler heute in Regionen jeder oder fast jeder Realität entfernt, ohne daß sie sich vom Platz bewegen.

Wie war das damals anders, als jedes Viertel der Stadt seine Spielstraße hatte? Nicht unbedingt als solche ausgewiesen, zog sie doch die Kinder an: man hüpfte in Karrees, spielte „Schusser" oder versteckte sich in geeigneten Ecken.

Könnte man es sich überhaupt noch vorstellen, daß so eine Gruppe Kinder - wie damals - in den Alleen am Regen, der Unteren und der Oberen Regenstraße in Cham auf den „Bankerln" verkaufen spielte oder für die Puppen kochte?

Mir scheint, der Regen floß einst ruhiger und gemächlicher dahin als heute, der Wasserspiegel war glatt und spiegelte die Ufer und die Alleebäume wider. An Sommertagen war er weit in sein Bett zurückgetreten, man sah die Steine, die sonst das Wasser bedeckte. Die Sonne hatte ihre glitschigen Seiten getrocknet und man turnte, da sie nun einem nahe waren, auf ihnen herum, setzte sich darauf und hielt die nackten Beine ins seichte Wasser. Und plötzlich hatte eines der Kinder die Idee „spial'n mer Verkauferles". Da liefen sie flugs die Steintreppen, die zum Ufer hinunter führten, wieder hinauf, am „Ranger" entlang. Der „Ranger" - das Ufer - war die Grundlage des Verkaufsangebotes. Klar und deutlich gesagt, er lieferte das „Gmüas" ...!

Der Ranger war bewachsen mit viel Gebüsch, wie auch heute noch, er war nur nicht so „zu", die Sträuche waren niedrig, denn oft wurde damals gerodet. Schnell wuchs aber das „Zeug" wieder hoch und diese Gräser,

Blumen und Zweige, deren Bezeichnungen keines der Kinder kannte, bekamen „Namen". Da gab es also Schnittlauch, das eigentlich Gras war, da war der Löwenzahn ein „Blumenkohl", wenn er noch nicht in der vollen gelben Blüte stand; als Blüte aber wurde er zum Spiegelei und eine Wurzel zum Rettich. Wieder ein anderes Blatt war ein Salatkopf.

Die Kieselsteine wurden zu Geld und die Kinder waren Frau Sowieso und Frau Hinundher. „Aber i bin die Verkäuferin" - „Na, des bist du net, des bin i ...!" „Na, i", meldete sich dann die Resi und die Marianne wurde es dann. „Aber net allerweil, da wechseln ma ab ..." Also es kamen die Frau Sowieso und die Frau Allerweil und kauften ein, bezahlten, und wenn das Gemüse ausging, holte eine Beauftragte Nachschub.

Alle waren beschäftigt, bis ... „Do schau hie, a Floß!" Nun stand der Pulk Kinder am Regen und schaute gebannt auf die zusammengebundenen Baumstämme und zu den Männern mit den langen Stangen. Sie lachten mit ihren ledernen Gesichtern zu den barfüßigen Kindern herüber und diese winkten. Die Flößer riefen ihnen etwas zu und aus den Häusern kamen Erwachsene, für die

Barbara Geschka mit ihrem Vater und ihrem Bruder am Regenufer, Cham 1933

Kastanienallee am Regen in Cham

Kinderspiele am Wasser, bei Altenmarkt

ein Floß eine interessante Unterbrechung des stillen Vormittags war. Auch sie winkten und schauten dem Floß nach, bis es außer Sichtweite war.

Die Frauen gingen danach wieder in ihre Häuser und erzählten der Nachbarin noch kurz, was sie heute kochten. Die Kinder waren das Verkaufenspielen leid und ein neues, anderes Spiel begann. „Mutterles und Vaterles" war angesagt. Der kleine Max, der beim Verkaufen nur zuschauen durfte, meldete sich als „Vater". „Etza derf i a mitspieln" - „A geh, da-zua bist z'kloa." Da stand er wieder, sein Holzpferdchen in der Hand - er war ja erst fünf Jahre alt -, denn die Übermacht der „Deandln" war zu groß. Doch da

CHAM
Teilansicht an der Regenbrücke

meldete sich der Alis; im blauen Leinenjackerl kam er aus dem großen Haustor und jetzt waren sie schon zu zweit, die Buben! Alis wurde der Vater, der kleine Maxl der Sohn! Die Mädchen kochten darum und servierten das Essen: Spinat und Kartoffeln, - Kartoffeln waren die Kamillenköpfchen - auf Zigarettenschachtelhälften, die man auf der Straße gefunden hatte. Spaziergänger, die die Kastanienallee am Regen gerne entlanggingen, sahen den Kindern zu, manche auch nicht. Kinderfreundlichkeit war damals noch kaum ein Programm. Ins schönste Spiel hinein konnte es sogar passieren, daß ein grantiger Pensionist seinen „Heiglstecken" nicht nur als Spazierstock benütz-

te, sondern als Planierraupe und mit einem „Fahrer", das war ein unwirscher Wischer, die aufgebaute Spielsubstanz vom Bankerl fegte. „Es Saufratzen, es elendigen, was fällt eich ei, de Bank so zu verdrecken ...!"

Naja, sauber war sie wirklich nicht mehr, die Bank, denn aus Sand und Regenwasser wurde auch Kuchen gebacken ...!
„- Putzt's de Bank ab, sonst hol ich die Polizei ...!" Da stoben die Kinder auseinander und in ihre Häuser; es war sowieso Zeit zum Essen!

Wie schön, daß es heute in Cham diesen Marktplatz gibt! Eine „Spielstraße" unserer Zeit! Kultiviert stehen dort die Stühle für die Erwachsenen, die Kinder

zieht der Brunnen an, man schaut in den tiefblauen Himmel, schlürft sein Getränk und die Buben und Mädchen rennen die Wasserlinse hinauf und hinab. Die Waldhexe schaut geduldig zu, der Graf Luckner spuckt gelangweilt in kurzen Abständen und der Bilmesschneider tut niemanden etwas. Seine Sicheln ruhen, glänzen in der Sonne. Vielleicht möchte er manchmal doch sagen: „Kinder, treibt es nicht zu wild, es könnt' euch wehtun, wenn ihr auf den Brunnenrand hiefalln dat's ..."

Barbara Geschka

Innenraum der Wallfahrtskirche
Heilbrünnl mit Brunnenbecken
vor dem Volksaltar

„O schönes Brünnel, lieber Ort auf sanfter Höh' am Regen ...“

Die Wallfahrtskirche Heilbrünnl bei Roding

In der Vielzahl marianischer Gnadenstätten im Landkreis Cham nimmt das landschaftlich reizvoll hoch über dem Regen gelegene Heilbrünnl bei Roding eine besondere Stellung ein. „Brünnl" oder „Houhbrünnl" (Hochbrünnl) nennt es der Volksmund, und seiner heilsamen Quelle wegen reiht es sich ein in die große Zahl der altbayerischen Brünnlheiligtümer. Wie bei vielen anderen Quellheiligtümern läßt sich die Entstehung der Heilbrünnl-Wallfahrt auf eine fromme Legende zurückführen, die anhand von vier Gemälden an der oberen Westempore der Wallfahrtskirche recht farbenfroh und anschaulich dargestellt ist.

Ein Rodinger Hirte, der wie jeden Tag seine Herde zur Tränke führt, entdeckt in der Quelle ein Marienbild. Es gelingt ihm nicht, das Bild aus dem Wasser zu bergen, da es bei jedem Versuch, es zu fassen, wieder von seiner

Hand zurückweicht. Erst der Pfarrer von Roding, der davon in Kenntnis gesetzt wird, kann es am darauffolgenden Tag, als er in einer feierlichen Prozession an die Quelle kommt, aus dem Wasser erheben. Neben der Quelle wird das Marienbild daraufhin zur Verehrung in einem Bildstock aufgestellt und der von nun an einsetzende große Zulauf erfordert alsbald den Bau einer Kapelle und später einer Kirche.

Historisch greifbar wird der Hintergrund um die Heilbrünnl-Wallfahrt erst im Jahre 1660 durch ein Schreiben des Bürgermeisters und Rates von Roding an das bischöfliche Ordinariat in Regensburg, in dem zum ersten Mal von

Der Einsturz der Rodinger Regenbrücke, links oben die Wallfahrtskirche. Votivbild von 1803 (katholisches Pfarramt Roding)

einer heilkräftigen Quelle die Rede ist, die schon vor Luthers Zeiten existiert haben soll. Mit dem Anschluß Rodings an die neue ketzerische Lehre sei diese versiegt und erst nach der Rückkehr zur alten Kirche wieder aufgebrochen. In diesem Schreiben, das auf die Genehmigung zur Errichtung eines Bildstocks und Aufstellung eines Opferstocks abzielt, wird auch von mehreren Leuten berichtet, die nach dem Gebrauch des Wassers von verschiedenen Gebrechen Heilung fanden, so daß bereits Votivgaben und Rosenkränze bei der Quelle abgelegt wurden.

Nur der Pfarrer von Roding, Johann Wolfgang Laibel, steht der ganzen Sache ablehnend gegenüber. Erst sein Nachfolger Bartholomäus Sinzl (seit 1663) setzt sich dann für die Förderung der Wallfahrt ein, mittlerweile auch von der weltlichen Obrigkeit unterstützt. Er läßt eine Kapelle erbau-

Kranke suchen Heilung an der Quelle. Gemälde an der Empore der Wallfahrtskirche Heilbrünnl

en und erweitern und sorgt für die Aufzeichnung von Wunderheilungen.

Bemerkenswert an der Entwicklung der Heilbrünnl-Wallfahrt ist, daß sie anfangs - ganz im Gegensatz zur Entstehungslegende - mit keinem Gnadenbild in Verbindung gebracht wird, und die „Wunderheilungen", von denen für den Zeitraum von 1660 bis 1666 etwa 80 überliefert sind, ohne die Fürsprache Mariens oder eines anderen Heiligen erfolgt sind. Die Gnadenerweise verdanke man allein dem Brünnlwasser, das allerdings keinerlei heilwirksame Inhaltsstoffe enthielt, wie eine durchgeführte Untersuchung ergab.

Ab 1685 rückt die Gottesmutter in den Mittelpunkt der Verehrung. Sie wird ja in der Heiligen Schrift und in der Hymnenliteratur „Brunnen der Gnade und Quelle des Heils" genannt. Die neue Wallfahrt wird nun immer öfter als „Unser Lieben Frau Heilbrünnl" bezeichnet. Der Fertigstellung des jetzigen Kirchenbaus im Jahre 1730 folgt zwei Jahre darauf die Konsekration. Der einfache, weiträumige Bau mit seiner ländlich heiteren Rokokoausstattung und seinem rot-weiß gesprenkelten Marmorbecken, das der Aufnahme des heilkräftigen Wassers dient, zählt ganz gewiß zu den anheimelnden Kirchenbauten der Region. Inmitten des Hochaltars präsentieren Engel das von einem kostbaren Rahmen aufgenommene Gnadenbild. Ob es vor dem Kirchenbau von 1730

schon als solches verehrt oder überhaupt vorhanden war, läßt sich nicht mehr nachweisen. Das Bild ist eine Kopie des bekannten und seit alters vielverehrten Gnadenbildes in der Alten Kapelle in Regensburg. Von diesem nach byzantinischer Tradition gemalten Bild erzählt die Legende, daß Kaiser Heinrich II., der Heilige, es bei seiner Krönung 1014 vom Papst erhalten habe. Ikonographisch nicht haltbar ist dagegen die Aussage, es handle sich hierbei um die Nachbildung des berühmten Lukasbildes in S. Maria Maggiore in Rom.

Wer um die Rodinger Pfarrgeschichte weiß, den mag es dagegen nicht verwundern, warum man sich zur damaligen Zeit ausgerechnet für dieses Bild entschied. Verweist es doch auf die vielen jahrhundertealten Verbin-

Kreuz der Totenbrettergruppe vor der Heilbrünnl-Kirche

ihrer verzweifelten Lage der Hilfe Mariens empfehlen. Dieser Gnadenstrahl ist der Heilbrünnlwallfahrt verblieben, selbst im 19. Jahrhundert, das sich anfangs so aufklärerisch gegen alle Äußerungen der Volksfrömmigkeit zur Wehr gesetzt und viele Gnadenstätten zum Erliegen gebracht hat. Er ist seither vielen Andächtigen zuteil geworden, die das ganze Jahr über, vor allem aber an den „Frauentagen", so zahlreich hierher kommen. Wer je die Heilbrünnlkirche besucht und in der Stille vor Bild und Brunnen verweilt hat, mag diesen Gnadenstrahl noch heutzutage verspüren. So heißt es in einem Gedicht des 19. Jahrhunderts:[1]

dungen der Pfarrei Roding zum Kollegiatstift der Alten Kapelle in Regensburg, das das Präsentationsrecht auf die ihm inkorporierte Pfarrei Roding ausübte.

Nach 1730 erscheint das Gnadenbild der Brünnlkirche auch auf den Andachtsbildern und Votivtafeln, um werbend die Kunde von seiner Verehrung zu verbreiten, so daß sich immer mehr Gläubige mit ihren Nöten und Anliegen dorthin wenden.

So wird etwa auf einer Votivtafel ganz drastisch der Einsturz der Rodinger Regenbrücke im Jahre 1803 geschildert, bei dem eine Menge Schaulustiger - angelockt vom Schauspiel des Eisstoßes - durch die einseitige Belastung der Brücke in den Fluß gestürzt war. Ein lichter Strahl, der von der Brünnl-Muttergottes und ihrem Kind ausgeht, trifft die Unglücklichen, die in das eiskalte Wasser gestürzt waren und sich nun in

„Das leise Plätschern in der Mitt' - Will es nicht gleichsam sagen: Die Mutter hört schon Deine Bitt', Du darfst nicht länger zagen, Geh nur getrost nach Haus!"

Hans Wrba

133

Im Jahr 1143 wurde am Regenufer,
unweit des Benediktinerklosters
Reichenbach, das Zisterzienserkloster
Walderbach gegründet.

„Von der Liebe zur Gastfreundschaft"

Der Speisesaal im Zisterzienserkloster Walderbach und sein Deckengemälde

Im Jahre 1768 verfaßte der damalige Abt des Zisterzienserklosters Walderbach, Nivard Bixl, einen Nachruf für seinen Amtsvorgänger, den am 2. September des Jahres verstorbenen Gerard Paumann. In einer für die Barockzeit typischen, bildhaften Sprache wird dessen Leben und Spiritualität gepriesen. Innerhalb der Aufzählung der von Paumann für Walderbach veranlaßten Bau- und Ausstattungstätigkeiten findet sich auch ein Hinweis zum Festsaal: „Von der Liebe zur Gastfreundschaft ... spricht der große Speisesaal, eine künftige Augenweide, in dem immer noch die Scharen der Arbeiter und Künstler sich mühen, um ihn zu vollenden."[1]

Diese Notiz, die die einzige zeitgenössische Aussage zu diesem Saal darstellt, läßt zwar viele wichtige Fragen - etwa die nach den Namen der ausführenden Künstler - unbeantwortet. Jedoch ist aus der Würdigung zu schließen, daß Gerard Paumann wohl als Auftraggeber dieses Bauabschnittes anzusehen ist. Ferner steht als Datierung das Jahr 1768, das Jahr des Abtwechsels, nun eindeutig fest. Für die Interpretation des Bildprogrammes jedoch von weit größerer Bedeutung ist die Überlieferung der dem Raum ursprünglich zugedachten Funktion: Er sollte als Speisesaal der Bewirtung von Gästen dienen.

Aus diesem Hinweis lassen sich ebenso weitere Sinnschichten für die im Fresko dargestellte Szene „das Gastmahl des ägyptischen Joseph" erschließen, wie auch die monastische Kultur im allgemeinen und die der Zisterzienser im besonderen beleuchtet werden kann.[2]

Esther oder ägyptischer Joseph?
Eine Übersicht über die den Speisesaal behandelnde Literatur zeigt die unterschiedlichen Ansatzpunkte auf. In den „Erinnerungen aus der Oberpfalz" von Albert Vierling aus dem Jahre 1874 wird in einer für die Reiseliteratur typischen Art das Baudenkmal - „besonders schön ist das ehemalige Refektorium" - und die biblische Szene - „wie mir schien einem Gastmahle der Königin Esther"- erstmals genannt.[3] 1905 beschreibt Georg Hager in den „Kunstdenkmälern von Bayern" das Thema des Deckengemäldes im „Speisesaal zwischen Prälatur und Gastbau" als „Gastmahl des ägyptischen Joseph, wohl in Erinnerung an Bilder von Paolo Veronese komponiert".[4] Bernhard Röttger, der diesen Angaben folgt, schlägt als mögliche Maler erstmals Andreas oder Otto Gebhard aus Prüfening vor.[5] Innerhalb einer ikonographischen, also die Bildinhalte untersuchenden Studie über den ägyptischen Joseph in der Kunst widmet sich Annemarie Wengenmayr 1951 der Darstellung des Freskos im Walderbacher „Refektorium". Sie sieht in Joseph das Vorbild des mächtigen, aber gütigen Fürsten und in dem Versöhnungsmahl, das dieser seinen Brüdern gibt, einen Hinweis auf das Abendmahl Christi mit seinen Jüngern.[6]

Harald Gieß schließlich erläutert in der nach Abschluß der Restaurierungsarbeiten am Festsaal 1992 entstandenen Monographie nicht nur die denkmalpflegerischen Aspekte, sondern ausführlich die Baugeschichte des Klosters nebst Festsaal sowie dessen Ausstattung[7] und vertieft 1993 die Aussagen zu Lage und Funktion des Saales[8]. Schließlich sollen die zahlreichen Artikel in der Chamer Zeitung von Josef Menath erwähnt sein, in denen der Verfasser die Deutung der Szene als „Gastmahl des Ahasver mit Esther" bzw. „Die Krönung Esthers durch Ahasver" vertritt.

Die Errichtung der Konventgebäude und die Bau- und Kunsttätigkeit unter Abt Gerard Paumann (1752/68)[9]

Die Erneuerung von Kloster Walderbach unter dem bayerischen Kurfürsten Ferdinand Maria im Jahre 1669 markiert nach der durch die Reformation bedingten Aufhebung nicht nur einen Neubeginn des monastischen Lebens, sondern auch den der baulichen Tätigkeiten.[10] Laut einer 1708 erschienenen Zisterzienserchronik soll im Jahre 1687 die Grundsteinlegung für einen Konventneubau erfolgt sein. Allerdings legt die Bausubstanz die Vermutung nahe, daß bereits um 1680 Maßnahmen an den reparaturbedürftigen, schon bestehenden Bauten unternommen wurden. Diese wurden dann wohl zu dreigeschoßigen Bauten aufgestockt und in Form einer dreiflügeligen Anlage erweitert. Nach der durch den Spanischen Erbfolgekrieg bedingten Baupause wurden nach 1714 die Arbeiten wieder aufgenommen. Vermutlich noch unter Abt Malachias Lechner (1705/21) konnten Bau und Ausstattung der Konventanlage sowie des in westlicher Verlängerung des Südflügels auf eine Baulücke folgenden Brauerei- und Gasttrakts vollendet werden.

Unter Abt Gerard Paumann (1752/68) setzte eine Zeit neuerlicher, umfangreicher Kunsttätigkeiten ein. Das anstelle des 1748 unter Abt Engelbert Söttl (1735/52) abgetragenen romanischen Chores neuerrichtete Presbyterium wurde mit Stuck ausgestaltet. Dieser weist bereits am Chorbogen in Form einer Kartusche das Wappen Paumanns auf.[11]

Des weiteren ließ Paumann, so berichtet der Nachruf, unter anderem den Hochaltar mit „Gold und Silber ausschmücken" und die Kanzel aufstellen.[12] Vermutlich wurde erst während seiner Amtszeit die anhand der Bausubstanz eindeutig nachzuweisende Baulücke zwischen dem Südflügel des Konventgevierts und dem freistehenden Gästebau geschlossen.[13] Die Ausstattungsarbeiten des Speisesaaltrakts konnten endgültig unter Nivard Bixl (1768/75) beendet werden.

Die architektonische Gestalt der Konventanlage und die Nutzung der Räume

Heute noch präsentiert sich das Kernstück des weitläufigen Walderbacher Klosters aus Klosterkirche und Konventgebäude als ein zwar gewachsenes, in der baulichen Anlage jedoch geschlossenes Architekturensemble. An die romanische Hallenkirche, die mit dem hellen und geräumigen Chor sowie dem die Westfassade akzentuierenden Turm über zwei Zutaten des 18. Jahrhunderts in barocker bzw. Rokoko-Formgebung verfügt, sind die drei Flügel des barocken Konventbaus so angefügt, daß sie mit der Kirche eine Rechteckform bilden. Architekturgeschichtlich leitet sich diese Form von der Situierung des Kreuzganges an einer der Längsseiten der Klosterkirche, in der Regel die Südseite, her. Durch die im Erdgeschoß liegenden Gänge zur Innenhofseite hin wurde in Walderbach motivisch der 1606 noch erwähnte Kreuzgang wieder aufgegriffen. Das steil zum Flußlauf des Regens ab-

fallende Gelände bedingte wohl die Anordnung des freistehenden Bautrakts in gedachter westlicher Verlängerung des südlichen Teils der vierflügeligen Anlage.

Die ursprüngliche Funktion der Räume ist in einer Beschreibung der Klostergebäude durch die kurfürstliche Klosteradministration aus dem Jahre 1803 überliefert.[14] Im Westflügel waren neben der Pforte, dem Haupteingang zum Inneren des Konvents, die Kastnerei und die am Außenbau mittels eines Eckerkers hervorgehobene Abtswohnung samt Kapelle untergebracht. Der gegenüberliegende Ostflügel beherbergte das Kapitelzimmer der Konventmitglieder und die Wohnräume der Mönche. Im östlichen Teil des Südflügels befanden sich neben weiteren Zellen verschiedene Nutzräume wie Vorratskammern und Küche sowie weitere Gemeinschaftsräume und das Refektorium. Der westliche Teil des Südflügels, der sog. „Vorflügl", der aus der Flucht der Westfassade um drei Fensterachsen heraustritt, verfügte über weitere Wirtschaftsräume, zwei Schenkkeller sowie zwei Tafelzimmer. Das im ersten Stock gelegene Tafelzimmer war mit dem Speisesaal des westlich anschließenden Bautrakts durch zwei Türen verbunden. Das sog. Bräuhaus schließlich in westlicher Verlängerung des Süd- und Speisesaalflügels bot Platz für zweckdienliche Räumlichkeiten. Die beiden oberen Stockwerke waren der Beherbergung von Gästen vorbehalten, über das Treppenhaus hatten die Gäste Zugang zum benachbarten Speisesaal.

Der barocke Konventbau des Klosters Walderbachs ist an die romanische Kirche angebaut.
Die konvexe Fassade des Speisesaals springt deutlich vor.
Zu den Wirtschaftsgebäuden des Klosters zählte die Mühle am Regen.

In der architektonischen Gesamtanlage kommt die monastische Grundhaltung und herrschaftliche Struktur der Ordensgemeinschaft anschaulich zum Ausdruck. Die im Konventbau verwirklichte Idee des nach außen geschlossenen Kreuzganges dokumentiert den von der Außenwelt abgeschirmten, nach innen gerichteten, geistig-sakralen Aspekt. Dagegen betont die nach außen gerichtete und zum Prälatengarten hin offene Anlage, die aus dem Hauptflügel des Konvents mit dem Wohn- und Repräsentationsbereich des Abtes und dem Großzügigkeit demonstrierenden Brauerei- und Gasttrakt besteht, die eher weltlich-herrschaftliche Komponente. Genau an dieser Nahtstelle zwischen klösterlicher Gemeinschaft und weltlichem Leben ist der Speisesaal plaziert.

Der Speisesaal

Im Gegensatz zu den langgestreckten Baukörpern des Süd- und Gästetrakts ist der Speisesaaltrakt in Form eines an den Schmalseiten vorgewölbten Rechteckbaus gebildet. Die Nord- und Südansichtsseiten weisen eine dreigeschoßige Gliederung durch Stockwerkgesimse in Form von horizontalen Putzbändern und eine vertikale Rhythmisierung durch Fensterachsen auf. Die rechteckigen Fensteröffnungen besitzen profilierte Fensterfaschen, wobei die Fensterrahmungen der beiden oberen Geschoße durch zusätzlichen Dekor hervorgehoben sind.

Die konvexe Fassade dagegen verfügt über zwei ursprünglich nicht verglaste Eingänge in Form weiter Segmentbogen. Der Speisesaal nimmt die beiden oberen Geschoße ein. Die gestreckten Rechteckfenster sind von profilierten Rahmungen mit Ohren und geschweiften Bändern über dem Sturz eingefaßt. Den unteren Fensterabschluß bildet jeweils eine ausschwingende Fensterbrüstung auf Konsole. Die baldachinartige Bekrönung ist als Halbzwiebeldach ausgebildet. Über dem Dachgesims in konvexer Form sitzt der geschweifte Giebel auf. Zwei in Putzbändern abgesetzte Volutenspangen mit aufwendigem Spiralabschluß markieren die seitliche Begrenzung, während die obere ein Dreiecksgiebel bildet. Die Schauseite zum ehemaligen Prälatengarten hin ist durch eine Ädikula betont: Zwei Pilaster flankieren eine rundbogenförmige, muschelbekrönte Nische mit einer Statue des Ordensheiligen Bernhard von Clairvaux.

Der Innenraum ist architektonisch als einheitlicher Saal gestaltet, der durch drei hohe Fenster in segmentbogenförmigen Nischen hell belichtet wird.

Über den jeweils zwei Türen der Längsseiten sind vier Ölgemälde mit halbfigurigen Porträts angebracht.[15] Auf der zum Konvent hin gerichteten, östlichen Seite ist links Herzog Theodor von Bayern (1703-63), Kardinal und Fürstbischof von Regensburg, und rechts der Zisterzienser Joachim Besozzi (1680-1755), Kardinalprotektor des Zisterzienserordens, porträtiert. Die beiden Gemälde auf der gegenüberliegenden, dem Gasttrakt zugewandten Seite lassen sich als die Porträts des bayerischen Kurfürsten Maximilian III. Joseph (1727-77) und seiner Gattin Maria Anna von Sachsen (1728-97) deuten. Für das bislang vorgeschlagene Paar lassen sich weniger deutliche Verbindungen zu Walderbach herstellen. Jedenfalls wurde der zusammengehörende Porträtzyklus ursprünglich für einen anderen Aufstellungsort konzipiert und erst später in den Speisesaal umgehängt.

Den Saalabschluß bildet ein Muldengewölbe mit jeweils drei mittels profilierter Stuckrahmen betonten Stichkappen unterschiedlicher Größe an den Längs- und Schmalseiten. Die Decke weist ein profiliert gerahmtes Gewölbefeld in längsovaler Form mit geraden Kanten und ge-

schweiften Einschnitten auf.

Das Fresko ist von gemaltem Stuck umgeben. „Stucco finto", auch „fingierter Stuck" genannt, ist eine seit dem beginnenden Rokoko auftretende und immer beliebter werdende Variante des plastischen Stucks. Die dreieckförmigen Stichkappenfelder sind mit brokatähnlichen Mustern in alternierend ocker oder blaugrauer Farbe und Rahmen aus Muschelwerk und Blütengehängen geschmückt.

In die dazwischenliegenden größeren Gewölbezwickel dagegen sind bildliche Darstellungen eingeschrieben. In den vier Feldern der Schmalseiten präsentieren jeweils zwei Putten eine von Rocaillen gerahmte Kartusche mit auf das Schild gemaltem Wappen. An der Nordseite ist rechts das Wappen der Gründer von Kloster Walderbach, der Burggrafen von Regensburg, in Form dreier gelber Rosen in grünem Schrägbalken auf Grund angebracht. Das linke Wappen in Form eines Doppelkreuzes in rotem Feld auf einem grünen Dreiberg ist dasjenige Ungarns. Es steht für die Schwester des Stifters, Wilhilde, die Gemahlin von König Stephan II. von Ungarn. Die Südseite zeigt die beiden persönlichen Wappen der Äbte Gerard Paumann links, einen baumpflanzenden jungen Mann, und Nivard Bixl rechts, ein baumähnliches Gebilde über dem Meer mit dem Auge Gottes am Himmel. In der Amtszeit beider Äbte ist der Speisesaal entstanden.

Die vier Gewölbezwickel der Längsseiten nehmen Allegorien der vier Jahreszeiten als szenische

Darstellungen mit Putten auf, die jeweils jahreszeittypische Arbeiten verrichten. An der Westseite kommt links der Frühling mit einer Szenerie aus drei blumenbindenden bzw. blumenkorbtragenden Putten vor zwei Maibäumen im Hintergrund zur Darstellung. Rechts ist das durch die Winterkälte bedingte Aufwärmen und Feuermachen in den Vordergrund gestellt. In den beiden Szenen der Ostseite präsentieren Putten den für die jeweilige Saison typischen Ertrag. Links ist in einer Sommerlandschaft die Getreideernte zweier Putten mit Getreidegarben gezeigt. Rechts dagegen werden geerntete Früchte von einem Putto gebracht, während ein zweiter Putto, mit Weinlaub bekränzt und auf einem Faß sitzend, mit einem Weinkelch zuprostet.

Die seitlichen Rahmungen umwinden natursymbolische Attribute, die als zusätzliche Charakterisierungen der vier Jahreszeiten zu deuten sind. Den Frühling begleiten Blumengebinde, den Winter verdorrte Zweige, den Sommer Kornblumen und Ähren und den Herbst Weinreben und Weinblätter.

Die gemalte Architekturanlage des einansichtigen Deckenbildes ist in perspektivischem, steil aufragendem System mit nach Norden weisender Blickrichtung komponiert. Eingeleitet wird sie über einem dreilagigen Mauerverband, in den eine illusionistisch geschwungene Balustrade mit einem balkonähnlichen Akzent in der Mitte und seitlichen Vorschwüngen in Form von Volutenspangen integriert ist. Auf den sieben Stufen der steilen Treppen-

Das Deckenfresko im Speisesaal des Klosters Walderbach zeigt das „Gastmahl des ägyptischen Joseph".

anlage erhebt sich ein mit weißem, spitzenbesetzten Linnen gedeckter Tisch. Dahinter steht in der Mitte ein durch einen Baldachin mit Vorhangdraperie hervorgehobener Thron. Der darauf Thronende ist zusätzlich durch den hermelingefütterten und von einer Agraffe gehaltenen roten Umhang als Herrscher gekennzeichnet. Er trägt ein mit kostbaren Spangen in Goldschmiedearbeit geschlossenes Obergewand und auf dem Kopf einen Turban. Ihm zur Seite und an den vorgezogenen Tischenden sitzen und stehen elf Männer unterschiedlichster Altersstufen, die mit eifri-

gen Gebärden und staunenden Mienen in ein Gespräch vertieft sind. Betont einfach gehalten ist ihre Tracht aus Hosen, lockeren Obergewändern, Westen mit Verschlüssen aus Schnurknopflöchern, Schultertaschen und Riemensandalen.

Die Tafel ist bereits mit Silbergeschirr gedeckt und mehrere Diener tragen Speisen und Getränke auf. Die Bekleidung der Bediensteten, die aus Westen über bauschig weiten, teilweise geschlitzten Ärmeln, Kniehosen, Strümpfen und Schuhen besteht, entspricht dem Charakter einer Hofgesellschaft. Ein monumentaler, triumphbogenähnlicher Architekturprospekt hinterfängt die Tafelrunde. Der den Thronbaldachin umrahmende Rundbogen auf Pfeilern, der den Blick in einen kuppelgewölbten Raum frei gibt, wird von zwei seitlich vorgestellten, kolossalen und korinthisierenden Säulen flankiert, deren kannelierte Schäfte glatte Auflagen mit Hieroglyphen aufweisen. Am verkröpften Abschlußgesims, über dem sich der Himmel öffnet, ist genau oberhalb des Baldachins eine mit Kriegsattributen und Krone verzierte Kartusche angebracht. Der das Fresko oben abschließende, zur Seite geraffte Vorhang läßt die dargestellte

Szene wie ein auf einer Bühne inszeniertes, dramatisches Ereignis erscheinen.

Das Gastmahl des ägyptischen Joseph

Die beschriebenen Merkmale führen zu dem Schluß, daß hier das „Gastmahl des ägyptischen Joseph" gemeint sein muß, über welches das Alte Testament (Genesis 43, 26-34) berichtet.

Joseph, der von seinen Brüdern aus Eifersucht in die Sklaverei verkauft worden war, wurde in Ägypten vom Pharao, dessen Träume er aufgrund einer von Gott gegebenen Gabe als einziger deuten konnte, zum Herrn über das Land bestimmt. Als die von ihm vorausgesagte Hungersnot eintrat, kamen auch seine Brüder in die Stadt Pharaos. Denn nur hier gab es in den auf den Rat Josephs hin angelegten Kornspeichern noch Getreide. Das wollten die Brüder kaufen. Joseph, von seinen Brüdern unerkannt, schickte sie, bis auf einen, mit Getreide in ihre Heimat zurück und befahl ihnen außerdem, mit dem jüngsten Bruder Benjamin, dem Lieblingssohn des Vaters, zurückzukehren. Nun vollzählig, wurden alle zwölf als seine Gäste zum Essen eingeladen. Während dieses Gastmahls zeichnete Joseph die Hebräer dadurch aus, daß er ihnen von seinen Speisen vorsetzen ließ. Benjamin wurde bevorzugt ausgezeichnet, indem ihm fünfmal so viel an Speisen wie seinen Brüdern aufgetragen wurde. Später wurde auf Josephs Geheiß genau der silberne Becher, mit Hilfe dessen Joseph wahrsagen konnte, in Benjamins Getrei-

desack versteckt. Nachdem der Becher dort gefunden wurde, sollte Benjamin als Sklave in Ägypten bleiben. Die Brüder flehten um Gnade und Vergebung für die von Benjamin offensichtlich nicht begangene Tat. Auch könnten sie ohne den Lieblingssohn des Vaters nicht in die Heimat zurückkehren. Daraufhin gab sich Joseph seinen Brüdern zu erkennen.

Deutlich ist auf dem Fresko jener Augenblick festgehalten, in dem Joseph den herbeikommenden Dienern befiehlt, den Brüdern das Mahl aufzutragen. Die dem jungen Mann zur Rechten Josephs geltende Handbewegung zeigt die Bevorzugung Benjamins an. Das Erstaunen der Brüder über die Auszeichnung ist ihnen deutlich vom Gesicht abzulesen. Auch wurden die Gegensätze zwischen Ägyptern und Hebräern, Herrschern und Untergebenen, zum Ausdruck gebracht. Joseph ist nicht nur entsprechend der Tradition des 18. Jahrhunderts durch die orientalisierende Tracht, sondern auch deutlich durch die gängigen Erhöhungsmotive, Thron, Baldachin, Arkade und Krone, charakterisiert. Viele der Requisiten, wie Schmuckvasen und Rauchfaß, ja sogar Mohr und ein edler Hund, dienen der Beschreibung einer einem Herrscher angemessenen Umgebung. Seine Tafelgesellschaft jedoch, bestehend aus Männern vom Jünglingsalter über den reifen Mann bis hin zum Greis, repräsentiert eindeutig eine rangniederere und keinesfalls höfische, eher sogar untere Bevölkerungsschicht, eben hebräische Hirten. Mit dem von

zwei schwarzen Sklaven dargereichten Pokal zur Linken Josephs ist dessen Silberbecher gemeint, der zugleich auf den weiteren Verlauf der Geschichte und die nachfolgende Anschuldigung gegen Benjamin anspielt. Ein Hinweis auf das Land Ägypten ist übrigens in den dargestellten Mittelteilen der Säulenschäfte gegeben. Dort sind Hieroglyphen aufgemalt.[16]

Das Beispiel des ägyptischen Joseph

Der Malerei wohnen außer dem rein erzählerischen Moment weitere Intentionen inne. Denn die barocke Bilderwelt ist einem metaphorischen Denken verpflichtet, so daß allem Sichtbaren eine bildhafte Funktion mit Verweisungscharakter anhaftet. Die der bildenden wie redenden Kunst gemeinsamen Entstehungsbedingungen bilden demnach die einzigen adäquaten Deutungsmuster. Für die Interpretation christlicher Themen können die in der zeitgenössischen Predigt angewandten Methoden der Rhetorik herangezogen werden. Die für die barocke Schriftpredigt geltende Lehre vom vierfachen Wortsinn kann im Falle der Barockmalerei zu einem Schema von der „vierfachen Sinndeutung des Bildes" erweitert werden.[17] Demnach deckt die aus dem Leben des alttestamentlichen Joseph erzählende Form den „sensus litteralis" oder „sensus historicus" ab.

Im „sensus tropologicus" oder „sensus moralis" jedoch entschlüsselt sich dem Betrachter die Geschichte Josephs als nachzuahmendes Vorbild. In der Gastmahlsszene wird in der Person

Im Fresko ist der Moment festgehalten, in dem Joseph den Dienern bedeutet, das Mahl aufzutragen.

des jüngsten Bruders Josephs eigenes Schicksal nochmals aufgerollt. Wie Benjamin wurde Joseph zunächst wohlwollend ausgezeichnet und danach zu Unrecht beschuldigt. Von Gottes Vorsehung auserwählt und zu Ruhm gelangt, verfällt er dennoch nicht der Rachsucht, sondern vergibt demütig seinen Schuldigern.

Um die Adressaten der inszenierten Ermahnung auszumachen, genügt ein Blick auf die Speisegepflogenheiten in Klöstern.[18] Neben dem im Refektorium stattfindenden, täglichen Mahl der Mönche nimmt die Speisung von Gästen eine wichtige, in den Mönchsregeln eigens behandelte Rolle ein. Über die caritative Fürsorge gegenüber Armen und Fremden hinaus hatte ein Kloster auch repräsentative Pflichten gegenüber den weltlichen Fürsten oder Klosterstiftern. Diesem Zweck dienten die reich ausgestatteten Klostersäle, wobei

die Mahlzeit sozusagen als vermittelndes Ritual zwischen Abt und Gästen fungierte.

Ganz allgemein galt die in der Gestalt Josephs angezeigte Tugend der Demut als beispielhaft und nachahmenswert für jeden Menschen, egal ob Mönch oder Weltlicher. Für den Zisterzienserorden stellt die Demut zudem eine der wichtigsten Tugenden dar, da sie von Christus selbst zum Vorbild für alle Menschen vorgelebt wurde. Auch Bernhard von Clairvaux behandelte in einer seiner Schriften, die eine wichtige Quelle für die Spiritualität des Zisterzienserordens darstellen, diese Tugend. In „Über die Stufen der Demut und des Stolzes" führt Bernhard sogar das Beispiel Josephs an, der, „obwohl er seine Erhöhung vorausgesehen hatte, doch seinen Verkauf nicht vorausgewußt hatte, auch wenn der Verkauf näher war als die Erhöhung".[19]

Auf die konfessionelle Situation in der Oberpfalz angewandt, könnte die Szene auch das Verhalten des Konvents umschreiben. Denn nur die gelebte Demut in den schweren Zeiten der Reformation schuf die Voraussetzung für eine Weiterentwicklung und die neuerliche Blüte in der Barockzeit.

Weiter kann die Vorbildfunktion Josephs, der zudem immer das Bild des idealen Herrschers verkörpert, auf den Walderbacher Abt übertragen werden. Denn dieser regiert ja selbst innerhalb der Hofmark als Fürst. Diese Deutung findet ihre Bestätigung auch darin, daß der Auftraggeber Paumann in dem vorgenannten Nachruf nicht nur wegen seiner herausragenden Tugend, der Demut, sondern auch als mildtätiger Regent gewürdigt wird. Des weiteren findet die hervorgehobene Gastfreundschaft des Abtes ebenfalls in der Bibelszene ihre Entsprechung. Aber nicht nur die Gastfreundschaft gegenüber den Gästen, sondern auch die Freigebigkeit gegenüber den Ärmeren könnte mit dem Bild gemeint sein. Vielleicht spielt es sogar auf eine bestimmte Situation an, in der der Abt, wie der ägyptische Joseph, seinen Untertanen in einer Notzeit Getreide des

141

Allegorie des Frühlings aus der Reihe der vier Jahreszeiten in den Gewölbezwickeln des Speisesaals

klostereigenen Speichers zu günstigen Bedingungen überlassen hat.[20]

Auf eine weitere Person könnte das Beispiel Josephs bezogen werden, nämlich auf den Landesherrn, der im Falle Kloster Walderbachs der bayerische Herzog war. Zur Entstehungszeit des Deckenfreskos, also 1768, regierte Kurfürst Maximilian III. Joseph (1745/77). Berücksichtigt man den Umstand, daß neben der Stiftung durch den Ordensgründer auch die Stiftung durch einen weltlichen Fürsten innerhalb einer Klostergeschichte eine wichtige Rolle spielt, und wirft man einen Blick auf die Geschichte Walderbachs speziell, so werden hier Zusammenhänge deutlich. In diesem Sinne sind auch die beiden Stifterwappen zu beurteilen. Vielleicht ist sogar von Bedeutung, daß der Besitz der Stifterfamilie Stefling 1196 an die Wittelsbacher kam. Jedenfalls wurde die Er-

neuerung Walderbachs ebenso wie die der übrigen Oberpfälzer Klöster vom Münchener Hof als „fürstlicher Gnadenakt und freiwillige Stiftung"[21] ausdrücklich herausgestellt. Rechtlich gesehen waren die Herzogsklöster sogar viel weniger selbständig als die Prälaturen im altbayerischen Gebiet. Es ist sicher nicht auszuschließen, daß die dargestellte Szene auch als Anspielung auf die Regentschaft des Kurfürsten oder aber als Ermahnung für den amtierenden Monarchen verstanden werden darf.

Das Gastmahl des ägyptischen Joseph als Vorwegnahme des Abendmahls Christi

Ein weiterer Bedeutungssinn erschließt sich auf der Stufe des „sensus allegoricus". Nach dieser typologischen Denkform, die ein Ereignis im Neuen Testament durch ein entsprechendes im Alten Testament vorbereitet sieht, ist

das alttestamentliche Gastmahl, das der ägyptische Joseph seinen zwölf Brüdern ausrichtet, als deutlicher Hinweis auf das letzte Abendmahl Christi mit seinen zwölf Jüngern zu sehen.

Der Vergleich mit bildlichen Darstellungen in klösterlichen Speiseräumen bestätigt nicht nur den in Walderbach durch das alttestamentliche Vorbild angezeigten Hinweis, sondern zeigt außerdem die Bandbreite der auf das Abendmahl zu beziehenden Themenbereiche auf. Neben den zahlreichen hier anführbaren Beispielen gibt es auch Darstellungen der heilsgeschichtlichen Schlüsselszene. So ist etwa im Mutterkloster von Walderbach, der Abtei Aldersbach, im größeren der beiden Speiseräume inmitten der um 1760 entstandenen stuckierten Decke ein rundes, von Muschelwerk umgebenes Stuckrelief mit dem Abendmahl Christi angebracht.[22] Die seitlichen Rahmen aus Ähren und Weinranken symbolisieren die Eucharistie. Die bekrönenden Gesetzestafeln dagegen repräsentieren den Alten Bund und machen, typologisch ausgelegt, die prophezeite Erfüllung durch das Erlösungsmahl Christi deutlich.

Ein weiterer Hinweis auf die heilsgeschichtliche Interpretation der alttestamentlichen Bibelszene in Walderbach ist zudem in der Anordnung der jahreszeitlichen Darstellungen gegeben. Als Sinnbilder für das Werden und Vergehen beschreiben sie nicht nur den natürlichen Zyklus der Schöpfung ganz allgemein, sondern auch das Schicksal des Menschen. Die Szenerien Sommer und Herbst, von Ähren und Weinranken umgeben, die die Eucharistie symbolisieren, sind programmatisch an der zum Konvent hin ausgerichteten Ostseite des Saales angebracht. Die beiden westlichen Darstellungen, Winter und Frühling, die zur weltlichen Seite des Gasttrakts hinweisen, stehen dagegen für Geburt und Tod des Menschen.

Der Walderbacher Konvent scheint im übrigen eine besondere Vorliebe für bildliche Darstellungen des Altarsakraments gehabt zu haben. So finden sich in der ehemals dem Kloster inkorporierten Filialkirche St. Maria Magdalena in Kirchenrohrbach am Regen zwei barocke Fresken. Während auf dem im Chor situierten Fresko die eigentliche Abendmahlsszene dargestellt ist, kommt im Langhausfresko mit der Fußwaschung Christi durch die das Bild der reuigen Sünderin verkörpernde Maria Magdalena eine weitere Gastmahlsszene zur Anschauung. Und schließlich ist das barocke Chorgestühl dort mit Allegorien auf die Eucharistie ausgestattet.

Ob die in Walderbach auffallend häufig anzutreffenden Anspielungen auf das Altarsakrament auf das Hostienwunder zurückzuführen sind, das sich dort

im Mittelalter ereignet hatte, läßt sich nur vermuten. Vielleicht beabsichtigte man im Barockzeitalter sogar, die auf das Wunder hin entstandene und in der Reformationszeit erloschene Wallfahrt „Zum Stock" wiederzubeleben, wofür auch die Errichtung der Hl. Blut-Kirche in Stockhof im Jahre 1717 spräche.

Die Tischgemeinschaft mit Gott

Schließlich ist der alttestamentlichen Szene auch der vierte Bildsinn, der „sensus anagogicus", zu entnehmen, der auf die sich im Jenseits erfüllenden Verheißungen abzielt. Wer also nach dem Vorbild Josephs lebt und handelt, könnte man diese Intention zusammenfassen, wird im Himmelreich dafür belohnt werden und dort in seliger Gemeinschaft mit Gott ewig leben. Der Bildtyp des Mahls kann schließlich gar als Metapher auf die bereits im Judentum bekannte und in die Gleichnisse Jesu übernommene, eschatologische Mahlsgemeinschaft mit Gott aufgefaßt werden.[23]

Würdigung

Abschließend kann der Walderbacher Speisesaal als eine künstlerisch durchaus beachtenswerte Architektur gewürdigt werden, die einen spezifischen Beitrag zur bedeutenden Barockkultur der oberpfälzischen Klöster leistet. Darüber hinaus kommen in der dort gegebenen Architektur und Bilderwelt wesentliche Aspekte monastischer Gesinnung zum Ausdruck. Neben der Zurschaustellung von weltlichen Belangen, der Gastfreundschaft und

Großzügigkeit aber auch dem Repräsentationswillen, steht die Behandlung der Spiritualität im Vordergrund. Auf weltlicher Ebene wird hier im Rahmen eines auf Sinnlichkeit und Sinnfälligkeit abzielenden Rituals, des Mahls, der zentralen Botschaft der Heilsgeschichte, dem Geheimnis der Eucharistie und damit dem Erlösungswerk Christi gedacht.

Die Wahl der alttestamentlichen Bibelstelle wirft zudem ein erhellendes Licht auf den Entwerfer des Bildprogramms. Das Gastmahl des ägyptischen Joseph ist zwar eine innerhalb der christologisch ausgelegten Josephszyklen des Mittelalters häufig dargestellte Szene. In der Neuzeit jedoch kommt sie eher selten als Einzelszene zur Abbildung, obwohl sich der ägyptische Joseph in der Barockzeit wieder größerer Beliebtheit erfreut. Der Entwerfer erweist sich mit der treffenden Auswahl der alle Aspekte eines Speisesaales abdeckenden Bibelstelle als ein in der Kunst der Rhetorik und Predigt ausgebildeter Theologe. All diese Bedingungen hat mit Sicherheit der schon als Auftraggeber des Speisesaaltrakts angesprochene Abt Gerard Paumann erfüllt, der, anläßlich seines Eintritts in das Kloster Walderbach im Jahre 1735, das Novizengewand ebenso freudig aus der Hand des Abtes entgegengenommen haben soll, wie der ägyptische Joseph seinen bunten Rock von seinem Vater Jakob empfangen hat.[24]

Christina Grimminger

Beobachtungen am Regen

1 Vortrag anläßlich der Vorstellung des 10. Bandes der „Beiträge zur Geschichte im Landkreis Cham" am 30. 3. 1993 im Festsaal in Walderbach.

Das Regental in der Reiseliteratur des 19. und frühen 20. Jahrhunderts

1 Zeitler, Walther: Der Regen. Portrait eines Bayerwaldflusses. Grafenau 2. Aufl. 1982, S. 17.

2 Grueber, Bernhard; Müller, Adalbert: Der bayrische Wald (Böhmerwald). Regensburg 1846 (=reihe reprint, Bd. 6), Reprint Grafenau 1993, S. 15.

3 Vgl. Paukner, Sepp: Die Waldler. In: Berlinger, Joseph (Hrsg.): Grenzgänge. Streifzüge durch den Bayerischen Wald. Passau 1985, S. 15-35.

4 Vgl. Rolshoven, Johanna: Der Blick aufs Meer. Facetten und Spiegelungen volkskundlicher Affekte. In: Zeitschrift für Volkskunde 89 (1993), S. 193, Anm. 13.

5 Zu Reiseführern allgemein vgl.: Lauterbach, Burkhart: Baedeker und andere Reiseführer. Eine Problemskizze. In: Zeitschrift für Volkskunde 85 (1989), S. 206-234. - Die wichtigste Reiseliteratur über den Bayerischen Wald für das 19. Jahrhundert, welche größtenteils auch für vorliegenden Beitrag benutzt wurde, findet sich bei Haller, Jörg: „Wald Heil!" Der Bayerische Wald-Verein und die kulturelle Entwicklung der ostbayerischen Grenzregion 1883-1945. Grafenau 1995, S. 39f, 54ff. - Zur Funktion von Reiseführern für die Wahrnehmung der Reisenden vgl.: Fendl, Elisabeth; Löffler, Klara: Utopiazza. Städtische Erlebnisräume in Reiseführern. In: Zeitschrift für Volkskunde 88 (1992), S. 31.

6 Vgl. Sieghardt, August: Wanderung durch das Regental. Eine Pfingsttour in die Oberpfalz. In: Nordbayerische Verkehrs- und Touristen-Zeitung. Nr. 10 (15.5.1910), S. 185: „Das eigentliche Regental, von dem hier die Rede ist, umfaßt das Gebiet zwischen Cham (-Nittenau-) und Regensburg und bildet die Fortsetzung des weißen und des schwarzen Regen ..."

7 Schuegraf, J(oseph) R(udolf): Die Umgebungen der K. Bayer. Kreishauptstadt Regensburg. Regensburg 1830, S. 72f. - Zu Schuegraf vgl.: Bauer, Karl: Regensburg. Regensburg 4. Aufl. 1988, S. 347f.

8 Vgl. allgemein dazu Kaschuba, Wolfgang: Die Fußreise - Von der Arbeitswanderung zur bürgerlichen Bildungsbewegung. In: Bausinger, Hermann; Beyrer, Klaus; Korff, Gottfried (Hrsg.): Reisekultur. Von der Pilgerfahrt zum modernen Tourismus. München 1991, S. 165f. - Vgl. Rolshoven: Der Blick aufs Meer, S. 202f.

9 Vgl. Hammer, Eva Maria: Die Holztrift und Flößerei auf dem Regen. Die Bedeutung des Holztransports auf dem Regen für die Entwicklung der nördlichen Vororte Regensburgs im 19. und frühen 20. Jahrhundert. In: Donau-Schiffahrt. Regensburg 1987, S. 76-91.

10 Vgl. Begriff der „Produktionslandschaft", der „Nutzlandschaft" bei: Lövgren, Orvar: Natur, Tiere und Moral. Zur Entwicklung der bürgerlichen Naturauffassung. In: Jeggle, Utz; Korff, Gottfried; Scharfe, Martin; Warneken, Bernd Jürgen (Hrsg.): Volkskultur in der Moderne. Probleme und Perspektiven empirischer Kulturforschung. Reinbek 1986, S. 123.

11 Vgl. Hammer: Die Holztrift, S. 82.

12 Haller schreibt Schuegraf „erstmals rein touristisches Interesse am Bayerischen Wald" zu. Vgl. Haller: „Wald Heil!", S. 54.

13 Grueber/Müller: Der bayrische Wald. Zu den Biografien der Autoren vgl. ebd. Einführung S. XIIff.

14 Ebd. S. 1. - Vgl. Müller, Adalbert: Bayerischer Wald. Zum Gebrauche als Wegweiser für Reisende. Regensburg, 4. Aufl. 1861, S. III.

15 Müller: Bayerischer Wald, S. IIIf.

16 Ebd. S. IV.

17 Reder, Heinrich: Der Bayerwald. Regensburg 1861, S. Vf.

18 Vgl. Mages, Emma: Eisenbahnbau, Siedlung, Wirtschaft und Gesellschaft in der südlichen Oberpfalz (1850-1920). Kallmünz 1984. - Vgl. Zeitler, Walther: Eisenbahnen in Niederbayern und der Oberpfalz. Die Geschichte der Eisenbahn in Ostbayern. Bau-Technik-Entwicklung. Weiden 1985.

19 Oft abgedruckt in Zeitschriften wie „Die Oberpfalz", welche seit 1907 im Verlag von J.B. Laßleben in Kallmünz erschien oder in den seit 1903 herausgegebenen Publikationen des Bayerischen Wald-Vereins. Vgl. dazu Haller: „Wald Heil!", S. 90ff.

20 Haller: „Wald Heil!", S. 39.

21 Müller: Bayerischer Wald, S. 18.

22 Vgl. Rolshoven: Der Blick aufs Meer, S. 194, 198. - Vgl. Lövgren: Natur, S. 143. - Vgl. Wolf, Barbara: Das Bild der Iller in Reiseliteratur und Landeskunden. In: Kettemann, Otto; Winkler, Ursula (Hrsg.): Die Iller. Geschichten am Wasser von Noth und Kraft. Kronburg-Illerbeuren 1992, S. 25.

23 So genannt in: Mayenberg, Joseph: Führer durch den bayrischen Wald. Passau 7. Aufl. 1891, S. 10ff.

24 Vgl. Grueber/Müller: Der bayrische Wald, S. 7ff, 73, 77ff.

25 Ebd. S. 10. - Vgl. Reder: Der Bayerwald, S. 5.

26 Vgl. Rolshoven: Der Blick aufs Meer, S. 198. - Vgl. Kaschuba: Die Fußreise, S. 169.

27 Hazzi, Joseph: Statistische Aufschlüsse über das Herzogthum Baiern, aus ächten Quellen geschöpft. Ein Beitrag zur Länder- und Menschenkunde. Bd. 4, 1. Abt. Nürnberg 1805, S. 101f. - Vgl. Paukner: Die Waldler, S. 16. - Zu Hazzi vgl. Haller: „Wald Heil!", S. 34.

28 Vgl. Köstlin, Konrad: Grenzland-Tourismus. In: Berwing, Margit; Köstlin, Konrad (Hrsg.): Reise-Fieber (=Regensburger Schriften zur Volkskunde, Bd.2). Regensburg 1984, S. 128ff.

29 So z.B. betreffs Zustand der Straßen, der Gastronomie, aber auch betreffs der Bildung der Bewohner: Lob der „durch den Schulunterricht heller gewordenen Köpfe ..."; vgl. Grueber/Müller: Der bayrische Wald, S. 64, 88, 91.

30 Haller: „Wald Heil!", S. 32.

31 Kaschuba: Die Fußreise, S. 169.

32 Reder: Der Bayerwald, S. VI.

33 Grueber/Müller: Der bayrische Wald, S. 27, 81. Letztere Behauptung wurde im Zusammenhang mit der „gleichmäßigen Vertheilung der Bevölkerung und des Eigenthumes" im Bayerischen Wald aufgestellt.

34 Reder: Der Bayerwald, S. 71.

35 Vgl. „optische Aneignung der Welt" in der touristischen Reise, Ende des 18. und 1. Hälfte des 19. Jahrhunderts. - Vgl. Mit dem Auge des Touristen. Zur Geschichte des Reisebildes (=Katalog zur Ausstellung des Kunsthistorischen Instituts der Universität Tübingen). Tübingen 1981, S. 8.

36 Vgl. allgemein dazu Prahl, Hans-Werner; Steinecke, Albrecht: Der Millionenurlaub. Von der Bildungsreise zur totalen Freizeit. Frankfurt/M. u.a. 1981, S. 142f. - Vgl. Oettermann, Stephan: Das Panorama. Die Geschichte eines Massenmediums. Frankfurt/M. 1980, S. 11f.

37 Mit dem Auge des Touristen, S. 9f. - Vgl. Artikel „Pittoresk". In: Alscher, Ludger u.a. (Hrsg.): Lexikon der Kunst, Bd. III. Berlin 1983, S. 871f.

38 Vgl. allgemein dazu Oettermann: Das Panorama.

39 Dies und das Folgende vgl. Grueber/Müller: Der bayrische Wald, S. 24ff.

40 Schuegraf: Die Umgebungen, S. 65.

41 Schuegraf, J(oseph) R(udolf): Meine Wanderung über die Rusel im baierischen Walde. Straubing 1824, S. 28.

42 Müller: Bayerischer Wald, S. 123.

43 Hartmann, Otto (Otto von Tegernsee): Waldeszauber. Bergländische Stimmungsbilder aus dem Waldgebirg. Regensburg o.J. (1924), S. 69.

44 Grueber/Müller: Der bayrische Wald, S. 113f.

45 Ebd. S. 328.

46 Huber, Gottfried: Wanderung durch das Regental und die angrenzenden Gebiete. Von Regensburg bis Cham. Regensburg 1925, S. 9. Der Autor suchte und fand überall Burgen und „Burgenähnliches", wie z.B. in Reichenbach ein Kloster als „Burg" (S. 64) oder in Hof eine Kirche als Burg (S. 57f.).

47 Reder: Der Bayerwald, S. 153.

48 So z.B. Huber 1925, Wanderung, S. 11: Er schickte die Wanderer vom Regensburger „Goliathhaus" mit dem „Charakter einer mittelalterlichen Burg" über die „düstere Brückengasse klammartig abwärts" auf die „sagenumwobene altersgraue ‚Steinerne Brücke'". - Vgl. auch Hartmann: Waldeszauber, S. 36f.

49 Vgl. Mages: Eisenbahnbau, S. 14ff, 214ff. - Vgl. Zeitler: Eisenbahnen, S. 22ff.

50 So z.B. bei Müller: Bayerischer Wald, S. VI, 116ff.

51 Dies und das Folgende vgl. Reder: Der Bayerwald, S. 186.

52 Zu Schönwerth vgl. Röhrich, Roland: Das Schönwerth-Lesebuch. Volkskundliches aus der Oberpfalz im 19. Jahrhundert. Regensburg 1981. - Vgl. Jehl, Alois: Heimatsagen von Nittenau und Umgebung. In: Stadt Nittenau im Naturpark Vorderer Bayerischer Wald. München-Assling 1972, S. 131f. - Vgl. Vierling, Albert: Erinnerungen aus der Oberpfalz. Weiden 1878. Reprint 1988, S. 82. Der Reisende Vierling bezog sich 1877 ausdrücklich auf Schönwerth, als er den „Geisterberg" Stockenfels besuchen wollte.

53 Vierling: Erinnerungen, S. 82f.

54 Ebd. S. 88.

55 Vgl. allgemein dazu: Prahl/Steinecke: Der Millionenurlaub, S. 156ff. - Vgl. Mit dem Auge des Touristen, S. 103ff.

56 So z.B. Lokalbahn Cham-Kötzting-Lam 1892/93. - Vgl. Mages: Eisenbahnbau, S. 236ff. Schon 1891 (!) wurde in einem Reiseführer auf diese, damals noch geplante (!) Linie hingewiesen; - vgl. Mayenberg: Führer, S. 31. - Vgl. Lokalbahn Gotteszell-Viechtach 1890; Lokalbahn Viechtach-Blaibach 1927; 1928 Zusammenschluß zur „Regentalbahn AG"; - vgl. Zeitler: Eisenbahnen, S. 271ff.

57 Vgl. Mayenberg, Joseph: Führer durch den Bayerischen Wald und den angrenzenden Böhmerwald. Passau 11. Aufl. 1902, S. 101ff. - Vgl. Detter, Johann Baptist: Illustrierter Führer durch den mittleren und oberen bayerischen Wald. Deggendorf 1902, S. 131f.

58 Allgemein zur Veränderung der Raum-Zeit-Wahrnehmung durch die Eisenbahn vgl. Schivelbusch, Wolfgang: Geschichte der Eisenbahnreise. Zur Industrialisierung von Raum und Zeit im 19. Jahrhundert. München Wien 1977.

59 Dies und das Folgende vgl. Mages: Eisenbahnbau, S. 53-55. - Vgl. Zeitler: Eisenbahnen, S. 244f.

60 Dorrer, Georg: Neunburg v. Wald, seine Umgebung und das Regental bei Nittenau. Straubing 1909, bes. S. 28f.

61 Walderdorff, Hugo Graf von: Regensburg in seiner Vergangenheit und Gegenwart. Regensburg 1896. Reprint Regensburg 1973, S. 596, 632-637.

62 In der Klosterkirche Walderbach hatte der Kgl. Bauamtsassessor Friedrich Niedermayer aus Regensburg romanische Malereien in „musterhafter Weise" freilegen lassen; vgl. Walderdorff: Regensburg, S. 637. Das zum Abbruch bestimmte Kloster Reichenbach wurde 1883/84 durch den Ankauf des Regensburger Domvikars Dengler „gerettet", der es dann einem Orden zur Nutzung überließ; es wurde eine Heil- und Pflegeanstalt darin errichtet; vgl. ebd. S. 635.

63 Verschönerungs- und Fremden-Verkehrs-Verein Roding (Hrsg.): Roding und seine Umgebung. Roding o.J. (nach 1906?).

64 Vgl. Stadtarchiv Regensburg, Akt Vereine 4a,b.

65 Zur Regensburger Sektion vgl. Megele, Friedrich: Waldverein Regensburg im Laufe seiner Geschichte. Regensburg 1989. - Zum Bayerischen Wald-Verein vgl. Haller: „Wald Heil!".

66 Dies und das Folgende vgl. Megele: Waldverein Regensburg, S. 6, 12ff., 28ff.

67 Zumindest sind keine bei Megele vermerkt; vgl. ebd. S. 19ff.,96,115ff.

68 Vgl. Vierling: Erinnerungen, S. 83.

69 Dies und das Folgende vgl. ebd. - Vgl. Megele: Waldverein Regensburg, S. 22. - Vgl. 1000 Jahre Regenstauf 970-1970. Regenstauf 1970, o.S. Kap. „Bergverein 1893 e.V. Regenstauf".

70 So noch 1861 in einem Reiseführer genannt. Vgl. Hoffmann, Carl: Führer durch den bayerischen Wald. Handbuch für Reisende. Passau 1861, S. 100.

71 Hartmann: Waldeszauber, S. 40. - Vgl. Bayerischer Wald-Verein (Hrsg.): Die Sommerfrischen des Bayerischen Waldes. Nürnberg 1915 (1. Aufl. 1906), S. 41.

72 Dies und das Folgende vgl. Bayerischer Wald-Verein: Die Sommerfrischen, S. 42. - Vgl. Megele: Waldverein Regensburg, S. 22, 25, 47. - Vgl. Hartmann: Waldeszauber, S. 57: Hartmann pries den Jugenberg als „Auserwählter unter den Kleinen des Waldgebirgs" und setzte hier einen Schwerpunkt in seiner Beschreibung einer Wanderung durch das Regental. - Zu den „Waldspaziergängern" in Regenstauf vgl. 1000 Jahre Regenstauf.

73 Dies und das Folgende vgl. Lövgren: Natur, S. 128. - Vgl. Haller: „Wald Heil!", S. 102ff.: „Die Kanalisierung des Blicks".

74 Eduard von Schenk. In: Charitas 1836, zitiert von Grueber/Müller: Der bayrische Wald, S. 368f.

75 Vgl. Lövgren: Natur, S. 128.

76 Gründungsaufruf vom 10.2.1908. - Vgl. Ausstellung des Oberpfälzer Fremdenverkehrs-Verbandes. In: Ausstellungszeitung. Organ der Oberpfälzer Kreisausstellung Nr. 18 (3.9.1910).

77 Vgl. allgemein Kleindorfer-Marx, Bärbel: Die Oberpfälzische Kreisausstellung 1910 anläßlich der Hundertjahrfeier der Zugehörigkeit Regensburgs zu Bayern. In: Möseneder, Karl (Hrsg.): Feste in Regensburg. Regensburg 1986, S. 559-575.

78 Vgl. allgemein Köstlin: Grenzland-Tourismus, S. 130. - Vgl. z.B. Megele: Waldverein Regensburg, S. 7ff., 26, 28, 31f., 122f.

79 Vgl. Weileder, Rainer: Franz Michael Loritz - Zeichner und Heimatforscher (1858-1926). In: Stadt Nittenau (Hrsg.): Nittenau. Ein Heimatbuch. Regensburg 1995, S. 202f.

80 Heute befindlich im Stadtmuseum Nittenau.

81 Vgl. Weileder: Loritz, S. 203.

82 Dorrer: Neunburg v. Wald.

83 Sieghardt: Wanderung, S. 185.

84 Hartmann: Waldeszauber, S. 60. Das hier behandelte Regental auf S. 35-87.

85 Vgl. Megele: Waldverein Regensburg, S. 51.

86 Vgl. Hartmann: Waldeszauber, S. VIf. und Abbildungen S. 35-87.

87 Huber: Wanderung, o.S.: Anhang mit Inseraten.

88 Vgl. allgemein dazu: Kaschuba: Die Fußreise, S. 165-173.

89 Ebd., Vorwort.

90 Ebd. S. 29.

91 Folgendes in: Hartmann: Waldeszauber, Wegweiser S. III-VII.

92 Haller: „Wald Heil!", S. 186.

93 Dies und das Folgende in: Müller: Bayerischer Wald, S. 12, 14.

94 Vgl. Kaschuba: Die Fußreise, S. 168.

95 Müller: Bayerischer Wald, S. 14.

96 Ebd. S. 13.

97 Bayerischer Wald-Verein: Die Sommerfrischen, S. 10.

98 Vgl. Verschönerungs- und Fremden-Verkehrs-Verein Roding: Roding, S. 9: „Das Regenwasser ist vollkommen frei von unreinen Stoffen und ist durch seine wohltuende Wirkung in weitesten Kreisen bekannt." - Auf Flußbäder wurde in den Reiseführern schon 1891 hingewiesen bei: Mayenberg: Führer, S. 124. - Verschönerungs- und Fremden-Verkehrs-Verein Roding: Roding , S. 9 u.a. - Bayerischer Wald-Verein: Die Sommerfrischen, S. 42 u.a.

99 Vgl. Bayerischer Wald-Verein: Die Sommerfrischen, S. 8. - Vgl. allgemein dazu: Prahl/Steinecke: Der Millionenurlaub, S. 159f.

100 Z.B. Verschönerungs- und Fremden-Verkehrs-Verein Roding: Roding, S. 8: „schönste Kahnparthien" von Roding aus empfohlen. - Vgl. Hartmann: Waldeszauber, S. 56: erstmals Schilderung einer längeren Kahnfahrt in den untersuchten Reiseführern. - Vgl. Mayenbergs Führer durch den Bayerischen Wald, den deutschsprachigen Böhmerwald und das westliche obere Mühlviertel. Passau 1927, S. 98: In Cham gab es 1927 eine „Kahnverleihanstalt".

101 So gab es beispielsweise seit 1924 in Regensburg einen Kanu-Club, dessen Mitglieder wohl auch den Regen befuhren. Vgl. 60 Jahre Regensburger Kanu-Club. 1924-1984. Regensburg 1984, S. 6ff.

102 Vgl. die in den Reiseführern übliche Nennung empfehlenswerter Gasthäuser am Zielort der Wanderung.

103 Hartmann: Waldeszauber, S. 50.

104 Hartmann: Waldeszauber, S. IV. - Vgl. allgemein zum „Kleinen/Unbedeutenden": Scharfe, Martin: Bagatellen. Zu einer Pathognomik der Kultur. In: Zeitschrift für Volkskunde 91 (1995), S. 1-26, bes. S. 20.

105 Vgl. Hartmann: Waldeszauber, S. 40, 42f.

106 Vgl. Hammer: Die Holztrift, S. 89. - Vgl. Zeitler: Der Regen, S. 162, 169, 173.

107 Hartmann: Waldeszauber, S. 50.

Die wirtschaftliche Bedeutung des Regens

1 Das Zitat im Titel dieses Beitrags bezieht sich auf die wirtschaftliche Nutzung des Regens und stammt von Schuegraf, J[oseph] R[udolf]: Die Umgebung der K. Bayer. Kreishauptstadt Regensburg. Regensburg 1830, S. 72f. Hyrkanien war eine Landschaft des Persischen Reiches am Kaspischen Meer (Hyrkanisches Meer) und war in der Antike bekannt für seine Fruchtbarkeit und seinen Waldreichtum. Nach: Allgemeine Encyklopädie der Wissenschaften und Künste in alphabetischer Folge. Hrsg. von J.S. Ersch und J.G. Gruber. Zweite Section, 13. Theil. Nachdruck der Ausgabe Leipzig 1836. Graz 1980, S. 69. - Möglicherweise hatte Schuegraf bei seinem pathetischen Ausruf ein Wortspiel im Sinn, denn das Waldgebiet nördlich der Donau bis hinauf zum Thüringer Wald wird in römischen und mittelalterlichen Quellen auch als „Saltus Hyrcanus" oder „Hercynia Silva" bezeichnet. Wild, Karl: Der Böhmerwald als Name in Geschichte und Gegenwart. In: Ostbairische Grenzmarken 1961, S. 207-225.

2 Siegert, Toni: Elektrizität in Ostbayern. Niederbayern von den Anfängen bis 1945. Theuern 1988, S. 429.

3 Stadt Regen (Hrsg.): Geschichte der Stadt Regen 1067-1967. Grafenau 1967, S. 199-201.

4 Stadt Regen 1967, S. 308.

5 Kleindorfer-Marx, Bärbel: Die Perlfischerei im Regen und seinen Nebengewässern. In: Beiträge zur Geschichte im Landkreis Cham 5 (1988), S. 151-181.

6 Schmidt, Willibald: Die Perlfischerei im Bayerischen Wald. In: Der Bayerwald 20 (1922), S. 22-24.

7 Stadtarchiv Regen, Gerichtsakten IV/1.

8 Friedl, Paul: Heimatbuch der Waldstadt Zwiesel und des Zwieseler Winkels. Heimat-Geschichte. Zwiesel 1954, S. 115.

9 Lackerbauer, Anna: Viechtach im Viechtreich. Streiflichter über Viechtachs Landschaft und seine Geschichte. Viechtach 1979, S. 14.

10 Brunner, Johann: Handelsgeschichte der Stadt Cham. Cham 1908, S. 77f.

11 Kleindorfer-Marx: Perlfischerei, S. 159.

12 Lang, Georg: Winterliche Eisarbeit bei Oberpfälzer Brauereien. In: Die Oberpfalz 80 (1992), S. 1-5.

13 Stadtarchiv Kötzting, Rep. 640/11.

14 Schwarzfischer, Karl: Geschichte der Stadt Roding und ihres Pfarrgebietes. Roding 1967, S. 275f. - Siehe auch S. 131 in diesem Buch.

15 Stadtarchiv Kötzting, Rep. 521/1.

16 Königlich Bayerisches Kreisamtsblatt von Niederbayern, 12.3.1859, Sp. 310.

17 Pfaffl, Fritz: Die alten Furten sind in Vergessenheit geraten. Bayerwald-Bote Regen Nr. 38 vom 16.2.1993.

18 Staatsarchiv Amberg, Bezirksamt Roding Nr. 965 (Schreiben des Bezirksamtes Roding vom 18.7.1890).

19 Ebd.

20 Ebd.

21 Staatsarchiv Amberg, Bezirksamt Stadtamhof Nr. 3909.

22 Bauernfeind, Günther: Schönau. Viechtach 1996. S. 207-210.

23 Sauer, Horst: Regen in alten Ansichten. Band 3, Zaltbommel 1987, S. 15.

24 Kratzer: Die neue Bahn Viechtach - Blaibach. In: Der Bayerwald 26 (1928), S. 88.

25 Leythäuser, L.: Wirtschaftliche und industrielle Rundschau des inneren Bayerischen Waldes. Passau 1906.

26 „Vor dem 2. Weltkrieg war der Wagenbedarf stets besonders groß zur Beerenzeit, als täglich 12 bis 15 Wagen Heidelbeeren vom hiesigen Bahnhof abrollten." Stadt Regen 1967, S. 103.

27 Eckl, Josef: Die frühere Waldarbeit und Waldwirtschaft. In: Beiträge zur Geschichte im Landkreis Cham 13 (1996), S. 121-144.

28 Grundlegend dazu: Schmaderer, Franz: 125 Jahre Ludwig Gebhardt KG Cham 1839-1964. Typoskript Cham 1964.

29 Zit. nach Eckl: Waldarbeit, S. 133.

30 Bayerische Wald-Zeitung. Tagblatt für Zwiesel und den bayer. Wald vom 17.4.1898.

31 Stadtarchiv Cham: Mitgliederlisten der Krankenversicherungen 1882 - 1913.

32 Schmaderer, 125 Jahre, 3. Anhang, Blatt 21f.

33 Zeitler, Walther: Der Regen. Porträt eines Bayerwaldflusses. Grafenau, 2. Aufl. 1982, S. 158-179.

34 Staatsarchiv Landshut, Rep. 159/11 Nr. 170, Forstamt Kötzting.

35 Gemeinde Pösing (Hrsg.): Chronik von Pösing. Geschichte und Geschichten zusammengestellt von Hellmut Betz. Roding 1995, S. 110.

36 Schwarzfischer: Roding, S. 134.

37 Wasserwirtschaftsamt Regensburg: Nivellements- u. Triebwerksplan über die neue Mühl-Triebwerksanlage der Angermühle für Herrn Ant. Kraus Mühlenbes. in Roding (1906).

38 300 Jahre Eisenstein. Eine historische Ausstellung ... Ausstellungskatalog der Gemeinde Bayerisch Eisenstein. Bayerisch Eisenstein 1988, S. 11f.

39 Oberste Baubehörde (Hrsg.): Die Wasserkräfte Bayerns. Textband. München 1907.

40 Ebd. Die Erhebung strebte zwar Vollständigkeit an, erreichte sie aber nicht. Gerade kleinere Mühlen an den Zuflüssen sind manchmal nicht erfaßt worden, so etwa die heutige Geiger-Mühle am Arnbrucker Bach, die schon seit

1829 eine Schneidsäge betrieb. - Staatsarchiv Landshut, Landgericht älterer Ordnung Viechtach Nr. 1042.

41 Kreittmayr, Wiguläus von: Anmerkungen über den Codex Maximilianeus Bavaricus Civilis. Neue Auflage 2.Teil, München 1844. Kap. 8 § 18, Ziff. 6, zit. nach: Heider, Josef: Mühlen und Müllergewerbe in Altbayern und Schwaben. In: Schwäbische Blätter für Heimatpflege und Volksbildung 16 (1965), Anm. 67.

42 Königlich Bayerisches Kreis-Amtsblatt von Niederbayern Nr. 19 (1912), S. 87.

43 Ebd. S. 80.

44 Sacher, R.: Handbuch des Müllers und Mühlenbauers. Leipzig, 2. neubearbeitete Aufl. 1925.

45 Siegert, Toni: Elektrizität in Ostbayern. Die Oberpfalz von den Anfängen bis 1945.Theuern 1985. - Siegert, Toni: Elektrizität in Ostbayern. Niederbayern von den Anfängen bis 1945. Theuern 1988.

46 Auskunft durch Herrn Schiller, Regen am 23.2.1996.

47 Triebwerkskarte, 1996 erstellt vom Wasserwirtschaftsamt Regensburg.

48 Siegert: Niederbayern, S. 465-471.

49 Münch, Paul: Der Höllensteinsee und das Kraftwerk Höllenstein. In: Das Bayerland 48 (1937) S. 511.

50 70 Jahre Kraftwerk am Höllenstein 1926-1996. Straubing 1996, S. 2 und S. 7.

51 „Die Aitnach schäumt und stinkt. Fische und Muscheln vernichtet. Landwirt hatte auf die hartgefrorenen Wiesen 50.000 Liter Gülle ausgebracht". Bayerwald-Bote Regen vom 16.3.1996.

52 Wasserwirtschaftsamt Deggendorf (Hrsg.): Trinkwassertalsperre Frauenau. Deggendorf 1995.

Eisenbahnen im Regental

1 Landtagsverhandlungen, Kammer der Abgeordneten 1870/71, Sten. Berichte II, S. 131, 164, 479 f., zit. nach Mages, Emma: Eisenbahnbau, Siedlung, Wirtschaft und Gesellschaft in der südlichen Oberpfalz (1850-1920). Kallmünz 1984, S. 233.

2 Mages, Eisenbahnbau S. 226.

3 Bayerisches Hauptstaatsarchiv IV (Kriegsarchiv) Generalstab 379, 25. Februar 1869; Kriegsministerium 9716, 25./27. Februar 1869, zit. nach Mages, Eisenbahnbau, S. 229.

4 zit. nach Mages, Eisenbahnbau, S. 237.

Literatur:

Arbeitskreis Wanderbahn im Regental (WiR): Eisenbahnromantik im Regental. Wanderbahn 1996.

IG Schienenverkehr Niederbayern e.V. (Prospekt o.J.).

Mages, Emma: Eisenbahnbau, Siedlung, Wirtschaft und Gesellschaft in der südlichen Oberpfalz (1850-1920). Kallmünz 1984 (Regensburger Historische Forschungen 10).

Regentalbahn AG (Hrsg.): 100 Jahre Regentalbahn AG Viechtach. Festschrift anläßlich des hundertjährigen Bestehens. Viechtach o.J. [1989].

Zeitler, Walther: Vom Eisernen Hund zum Trans-Europa-Express. Eisenbahnen im Bayerischen Wald - gestern und heute. Grafenau 1974.

Zugfahren und wandern. Saisonstart der „Wanderbahn im Regental". In: Viechtacher Bayerwald-Bote vom 1.7.1994.

Die Fischer in Viechtach

1 Zitiert nach Keim, Josef: Alte Urbare des Straubinger Gebietes. In: Jahrbuch des Historischen Vereins für Straubing und Umgebung, Heft 28 (1925), S. 86.

2 Staatsarchiv Landshut, Pfleggericht Viechtach A 164. Diese und weitere Akten wurden von Elisabeth Spitzenberger zur Verfügung gestellt.

3 Bayerisches Hauptstaatsarchiv München, Kurbaiern Nr. 15802.

4 Stadtarchiv Viechtach, Abschrift einer Urkunde, aus dem Nachlaß des Anton Trellinger.

5 Pfarrarchiv Viechtach, Kirchenbücher.

6 Staatsarchiv Landshut, Pfleggericht Viechtach A 164.

7 Staatsarchiv Landshut, Rep.168, Verz. 4, Fasz. 418, Nr. 7054.

8 Staatsarchiv Landshut, Pfleggericht Viechtach A 164.

9 Staatsarchiv Landshut, Häuser- und Rustical-Kataster Viechtach 1808.

10 Vermessungsamt Zwiesel, Liquidationskataster der Gemeinde Viechtach 1839.

11 Protokoll im Besitz von Franziska Pfeffer.

12 Staatsarchiv Landshut, LG ä.O. Viechtach Nr. 737.

13 Vgl. Zeitler, Walther: Der Regen. Porträt eines Bayerwaldflusses. Grafenau 1976, S. 190f.

14 Urkunden im Besitz von Franziska Pfeffer.

15 Hans Baumer von der Schmausenmühle kannte Georg Lankes von Kindheit an. Hans Mages war seit den 50er Jahren die „rechte Hand" des Fischers.

16 Nach Mitteilung von Hans Mages.

17 „Das Lichtfischen begann in den Wintermonaten Dezember und Januar, wenn der Regenfluß noch nicht ganz zugefroren war." Hauser, Ludwig: Das Lichtfischen im Regenfluß. In: Der Bayerwald 70 (1978), S. 24-26, hier S. 25.

18 Nach Mitteilung von Hans Baumer.

19 Nach Informationen von Hans Baumer und Hans Mages.

20 Nach Mitteilung von Hans Baumer.

Badehäuser und Schwimmbäder im Regenfluß

1 Götz, Johann B.: Die große oberpfälzische Landesvisitation unter Kurfürst Ludwig VI. In: Verhandlungen des Historischen Vereins für Regensburg und die Oberpfalz 86 (1936), S. 277-362, hier S. 297.

2 Staatsarchiv Amberg, Bezirksamt Roding Nr. 2261.

3 Bezirksarzt zu Roding am 20.6.1896 an das Bezirksamt Roding. Staatsarchiv Amberg, Bezirksamt Roding Nr. 2262.

4 Staatsarchiv Amberg, Bezirksamt Roding Nr. 2261.

5 Ebd.

6 Kreisamtsblatt der Oberpfalz und von Regensburg vom 23. Februar 1898.

7 Staatsarchiv Amberg, Bezirksamt Stadtamhof Nr. 2143.

8 Zeitungsausschnitt Stadtamhof 5. Juli 1896. Staatsarchiv Amberg, Bezirksamt Stadtamhof Nr. 2143.

9 Staatsarchiv Amberg, Bezirksamt Stadtamhof Nr. 2143.

10 Ebd.
11 Errichtung einer Herren- und Damenbadeanstalt in Regen. Stadtarchiv Regen, Abt. X,
Fach 10, Nr. 4.
12 Staatsarchiv Amberg, Bezirksamt Stadtamhof
Nr. 2143.
13 Staatsarchiv Amberg, Bezirksamt Cham
Nr. 4332.
14 Plan: Staatsarchiv Amberg, Bezirksamt Cham
Nr. 4332.
15 Woerl's Reisehandbücher, Führer durch Cham
und Umgebung 1893.
16 Badeanstalt Kötzting. Stadtarchiv Kötzting
Nr. 522/2 bis 522/8.

Die Regentalaue zwischen Cham und Pösing

1 Bauer, Josef: Das Weihergebiet im Westen von
Cham - Seine Geschichte, Bewirtschaftung
und heutige Bedeutung als Vogelparadies. Manuskript 1973.

Literatur:

Braun, Hans: Veränderung der Auenlandschaft
zwischen Cham und Pösing, Landkreis Cham.
Unveröffentlichte Diplomarbeit an der FH Weihenstephan 1992.
Peterhoff, F.: Morphologische Untersuchungen zur
Talgeschichte des mittleren Regens. Diss. Regensburg 1984.

Der Maler Georg Broel in Regen

1 Schlaeger, Friedrich: Unsere Exlibriskünstler
und der Krieg. In: Exlibris. Buchkunst und an-
gewandte Graphik 26 (1916), S. 24.
2 Waldsinfonie, 13 Radierungen von Georg
Broel. Verlag von F. Bruckmann, München
1920.
3 Vollmer, Hans (Hrsg.): Allgemeines Lexikon
der bildenden Künstler des 20. Jahrhunderts.
Leipzig 1953, S. 321.
4 Wolf, G. J.: Georg Broels Waldsinfonie. In: Die
Kunst 36 (1921), S. 65.
5 Ebd.
6 Frühlingssinfonie, 10 Radierungen von Georg
Broel. Verlag von F. Bruckmann, München
1917.
7 Gleichen-Russwurm, Alexander von: Georg
Broel. Ein Begleitwort zu seiner Radierfolge
„Frühlingssinfonie" und seinen Zeichnungen.
In: Die Kunst 37 (1917/18), S. 213-221.
8 Stadt Regen (Hrsg.): Geschichte der Stadt Regen 1067-1967. Grafenau 1967, S. 271.
9 „Reise-Erinnerungen", handschriftliches Tagebuch von Georg Broel, München und Regen
1901. Das Tagebuch befindet sich im Stadtarchiv Regen. Stadtheimatpfleger Horst Sauer
hat eine Abschrift des 163 Seiten umfassenden
Tagebuchs verfaßt und die darin enthaltenen
künstlerischen Arbeiten aufgeführt:
12 Ölbilder,
2 Tuschezeichnungen,
4 Aquarelle/Bleistiftzeichnungen,
18 Aquarelle,
18 Vignetten,
3 Aquarelle/Tuschezeichnungen,
45 Bleistiftzeichnungen,
17 Schwarz/Weiß-Ansichtskarten, von Georg
Broel künstlerisch umrahmt,
4 farbige Ansichtskarten, von Georg Broel
künstlerisch umrahmt.

Horst Sauer sei dafür gedankt, daß er das Tagebuch für diese Publikation zugänglich gemacht hat.
10 Fremdenverkehrsprospekte der Stadt Regen
(Stadtarchiv).
11 Tagebuch Broel, nicht paginiert [S. 27].
12 Tagebuch Broel, [S. 27-29].
13 Tagebuch Broel, [S. 36-38].
14 Tagebuch Broel, [S. 47f].
15 Tagebuch Broel, [S. 59-66].
16 Tagebuch Broel, [S. 71].
17 Tagebuch Broel, [S. 88-91].
18 Tagebuch Broel, [S. 77f.].
19 Tagebuch Broel, [S. 131-137].
20 Gemeint ist Albert Weisgerber (1878 - 1915),
Mitarbeiter der Zeitschrift „Jugend" und 1913
Mitbegründer der „Neuen Sezession". Ausgehend vom Impressionismus näherte sich Weisgerber in seinen temperamentvoll und in starken Farben gemalten Bildern dem Expressio-
nismus.
21 Tagebuch Broel, [S. 68].
22 Tagebuch Broel, [S. 76-82].
23 Tagebuch Broel, [S. 145].
24 Tagebuch Broel, [S. 151].
25 Tagebuch Broel, [S. 162].
26 Tagebuch Broel, [S. 163].

Das Gnadenbild von Weißenregen

1 Huber, Heinrich: Die Perlfischerei im Bayerischen Wald. In: Der Bayerwald 39 (1941),
S. 43-49.
2 Ebd., S. 43.
3 Ebd., S. 44.
4 Flurl, Mathias von: Beschreibung der Gebirge
von Baiern und der oberen Pfalz. München
1792. Neuausgabe von Gerhard Lehrberger,
München 1992, S. 150.
5 Huber: Perlfischerei, S. 43.
6 Flurl: Gebirge, S. 150.
7 Huber: Perlfischerei, S. 45f.
8 Weinberger, Michael: Heimatbuch von Kötzting und Umgebung. Eine heimatkundliche
Stoffsammlung. Manuskript der Gemeinde
und Schule [Weißenregen] gewidmet 1948,
Bl. 167.
9 Weißenregen war eine Filiale der Pfarrei Blaibach, Umpfarrung nach Kötzting am 1. 1. 1922
(Pfarrarchiv Kötzting 2185 A).
10 Metaphorische Titulierungen für Mariengna-
denbilder waren damals populär, z.B. „Zeitiger
Granat-Apfel" für die Gottesmutter von Neukirchen b. Hl. Blut (1671), „Wohlriechender
Marianischer Quitten-Apfel" für Maria zu
Sammarei (1707).
11 Zetlbaum, Johann Wilhelm: Wundervolles Re-
gen=Perlein Oder Wunder/ und Gnadenrei-
ches Maria=Bild zu Weissenregen/ So Die
Menge der Gnaden/ Wunder/ Wohl= und
Gutthaten/ in solchen Überfluß von sich spüren lasset, daß davon alle Betrangte, und Hilff-
suchende Wahlfarter Erquickung: Trost, Hilff,
und Heyl erhalten. Wie Zu grösserer Ehr/ der
Allerglorwürdigsten Himmels=Königin, und
Mutter Gottes MARIA der Ursprung dieses
Gnaden=Bilds zu Weissenregen/ dann zu Auf-
ferbauung/ Andacht/ Liebe/ und Trost der
Betrangten/ und Hilfflosen die allda beschehe-
ne Wunder/ Gnaden und Wohlthaten in Druck
gegeben/ und mit andächtigen Gebettern versehen worden. Straubing 1748.

12 Ebd., S. 12ff.
13 Der Verfasser konnte bislang nur ein Exemplar
ausfindig machen (Bayerische Staatsbibliothek
München, Bavar. 3016, SN 020 892 489).
14 Henneberger, Xaver: Marianisches Regen-Perlein oder: Andachtsbuch für die Verehrer und
Verehrerinnen der wunderthätigen Mutter Gottes Maria zu Weissenregen, Pfarrei Blaibach.
Cham 1844.
15 Der Hofmarksherr von Blaibach hatte das Pa-
tronatsrecht über die Pfarrei (Vorschlagsrecht
für den Pfarrer).
16 Konzilstext: „Man soll ihnen [den Bildern der
Heiligen] die schuldige Ehrfurcht und Verehrung erweisen, nicht etwa als ob man glaubte,
es wohne ihnen etwas Göttliches oder eine
Kraft inne, weshalb man sie verehren müsse;
oder als ob man sie um etwas bitten könne;
oder als ob man seine Zuversicht auf Bilder
setze." (Neuner, Josef; Roos, Heinrich: Der
Glaube der Kirche in den Urkunden der Lehr-
verkündigung. Regensburg 1958, S. 262f.)
17 Markt mit eigenem Magistrat und dem Recht
der Niedergerichtsbarkeit (Schmeller I Sp. 243).
18 = der hier weilende Pfarrer.
19 Pater Wolfgang Dullinger, Archivar der Bene-
diktinerabtei Rott/Inn, stellte 1712 ein Kom-
pendium in lateinischer Sprache zusammen
über den Ursprung der Kapelle in Weißenregen und stützte sich dabei auf das „Archivum
Köztingensi" (erhalten in zwei Ausfertigungen:
BaySt Bibliothek Clm 1444 S. 593, BayHSt
Archiv KL Rott am Inn 59 S. 492).
20 = Gmündt, Weiler am Zusammenfluß von
Weißem und Schwarzem Regen.
21 Auf dieses Legendenmotiv spielt Zetlbaum an,
wenn er das Gnadenbild wie eine Perle aus
dem Weißen Regen „erheben" läßt.
22 Abkürzung für salva venia = mit Verlaub.
23 Hauzenberger ist 1547 als Landrichter von
Kötzting bestätigt. Geiß, Ernest: Die Reihenfol-
gen der Gerichts- und Verwaltungsbeamten
Altbayerns, 2. Abteilung, Niederbayern. München 1867.
24 = Bildstock.
25 Zetlbaum: Regen-Perlein, S. 21-32.
26 Wenings Kupferstich ist mit drei weiteren Weißenregener Andachtsbildern veröffentlicht bei
Bleibrunner, Hans: Andachtsbilder aus Niederbayern. In: Beiträge zur Heimatkunde von Niederbayern Band II. Passau und Landshut 1970,
S. 350-355.
27 Ein Originalabdruck befindet sich im Stadtmuseum München, eine sehr gekonnte Federzeichnung besitzt das Pfarrarchiv Kötzting,
2122 A.

Literatur:

Mehler, Johann B.: Wallfahrtsbüchlein von U.L.
Frau in Weissenregen. Regensburg 1901.
Hubel, Achim: Weißenregen. Wallfahrtskirche Ma-
riä Himmelfahrt. 1979 (= Schnell Kunstführer
Nr. 224).
Martin, Helmut: Die Wallfahrt Weißenregen. In:
Kötzting 1085-1985. Regensburg 1985.
Menath, Josef: „Ein Weib zu Pfreimbt bei Nab-
burg . . ." Kötztinger Zeitung 28. 5. 1981.
Menath, Josef: Neue Dokumente hiesiger Marien-
verehrung. Kötztinger Zeitung 11. 2. 1988.

Der Regenfluß in mittelalterlichen Quellen

1 Beide Bezeichnungen lassen sich als „Flußanwohner" deuten. Siehe Schwarz, Ernst: Sprache und Siedlung in Nordostbayern (= Erlanger Beiträge zur Sprach- und Kunstwissenschaft 4). Nürnberg 1960, S. 10f und S. 45f. - Pabst, Alois: Nordgau und Naristen. In: Oberpfälzer Heimat 24 (1980), S. 22-38.

2 „... qui olim de pago, ut ferunt, qui dicitur Stadevanga, qui situs est circa Regnum fluvium partibus Orientis fuerant ejecti." Acta Sanctorum, Septembris Tomus 7. Paris und Rom 1867, S. 107 (Vita St. Ermenfrid 25. Sept).

3 Nicht völlig geklärt ist die Herkunft des Flußnamens: Früher wurde er als Übersetzung vom vorgermanischen „Nar" oder „Var", was „Wasser" bedeutet, gedeutet. Die neuere Forschung sieht eher einen alteuropäischen Gewässernamen, der mit der Endung „-n" zur indogermanischen Wurzel „reg" = „feucht", „bewässeren" gebildet wurde. Siehe Schwarz: Sprache, S. 15f. - Schwarz: Der Flußname Regen. In: Der Regenkreis 1 (1961), S. 5-9.

4 Bayerisches Hauptstaatsarchiv München, KL Regensburg St. Emmeram Nr. 5 1/3, fol. 77 v - 78 v. Es handelt sich hier um die Zusammenstellung des Regensburger Diakons Anamot aus dem ausgehenden 9. Jahrhundert.
Diese Urkunde wurde erstmals gedruckt von Pez, Bernhard: Thesaurus Anecdotorum novissimus. Tomus I, Pars III. Augsburg 1721, Spalte 201. Diese Edition, die leicht fehlerhaft ist, verwendete auch Ried, Thomas: Codex chronologico - episcopatus diplomaticus Ratisbonensis. Regensburg 1816, S. 17f. Ried machte im Text eigene Anmerkungen, die er in Klammern einschließt, z. B. „Cella (Monasterium parvum)". - Eine quellenkritische Ausgabe findet sich bei Widemann, Josef: Die Traditionen des Hochstifts Regensburg und des Klosters St. Emmeram (= Quellen und Erörterungen zur bayerischen Geschichte. Neue Folge 8). München 1943, S. 15-17. - Heute noch gültige Ausführungen zu dieser Urkunde bringt Dinklage, Karl: Cham im Frühmittelalter. In: Verhandlungen des Historischen Vereins von Oberpfalz und Regensburg 87 (1937), S. 162-184. - Die jüngste Untersuchung stammt von Bauer, Reinhard: Die ältesten Grenzbeschreibungen in Bayern und ihre Aussagen für Namenkunde und Geschichte. Dissertation München 1988, S. 129-139.

5 „... venit Baturicus episcopus ad Chambe, vbi cella ipsa constructa est super flumen quod Regan dicitur, inter duas aquas id est, inter Geuuinaha et Marclaha ..." Bay. HStA, KL Regensburg St. Emmeram Nr. 5 1/3, fol. 77 v, Zeile 5-7.

6 Es ist verwunderlich, daß bis heute die falsche Meinung gepflegt wird, daß die Cella bei Cham („Cella apud Chambe") und nicht in Cham war, obwohl die Urkunde einwandfrei einen Ort Cham (heute Chammünster) als Standort der Zelle angibt. Daß der Verlauf des Regenflusses vom heutigen Flußbett abweichend und näher an Kirche und Ortschaft Chammünster war, ergeben bisher unbekannte Akten mit Planzeichnungen, die eine künstliche Verlegung des Flußlaufes bei Chammünster im Jahre 1616 nachweisen. Ferner beachte man, daß in der Regel Siedlungen, die gegen-

über der Mündung eines kleineren Gewässers in ein größeres liegen, den Namen von diesem kleineren Gewässer erhalten (siehe oben Regensburg).

7 „.... loco, vbi Marclaha in Regan fluuium cadit, ..." Bay. HStA, KL Regensburg St. Emmeram Nr. 5 1/3, fol. 78, Zeile 16-17.

8 „.... usque ad flumen Regan, vbi ipsa Gevuinaha introiit in Regan." Bay. HStA, KL Regensburg St. Emmeram Nr. 5 1/3, fol. 78 v, Zeile 2-3.

9 „.... juxta rursus Reganum ..." Monumenta Boica. Band 11. München 1771, S. 432.

10 Monumenta Germaniae Historica. Fünfter Band. Die Urkunden Heinrichs III., Hrsg. von Bresslau, Harry und Kehr, Paul. Berlin, 2. Aufl. 1957, S. 33, Nr. 25 (Augsburg 1040 Januar 17).

11 „.... in loco etiam, qui dicitur Wizenregen sumendum et adversus eundem locum in altera ripa preterlabentis fluminis unum molendinum in pago Campriche et in comitatu Sizonis comitis situm ..." Monumenta Germaniae 5, S. 332, Nr. 248 (Goslar 1050 18. Februar). Später verfälschte das Kloster Niederaltaich den Text in drei Huben.

12 „Ipse autem Cesar castra metatus est ex utraque parte fluminis Rezne. Postera autem die pertransiens castrum Kamb cum admoveret aquilas silve, que dirimit Bawariam atque Boemiam ..." Die Chronik der Böhmen des Cosmas von Prag. Monumenta Germaniae Historica, Scriptores. Neue Serie 2. Hrsg. von Bretholz, Bertold. Berlin 1923, S. 95. - Eine deutsche Übersetzung der Chronik bei: Des Dekans Cosmas Chronik von Böhmen, übersetzt von Georg Grandauer (= Geschichtsschreiber der deutschen Vorzeit 65). Leipzig, 3. Aufl. 1939. - Eine Untersuchung des Feldzuges macht Perlinger, Werner: Die Niederlage König Heinrichs III. am Furth - Tauser Paß Anno 1040. Versuch einer neuen lokalen Analyse des Schlachtortes anhand gegebener Quellen. In: Oberpfälzer Heimat 37 (1993), S. 35ff.

13 Schwarz: Sprache, S. 16. Das „z" vertritt hier g vor i. Man vergleiche die heutigen tschechischen Namen: „Řezna" für den Fluß und „Řezno" für die Stadt Regensburg.

14 Cosmas: Chronik, S. 182. Zum Aufstand siehe Meyer von Knonau, Gerold: Jahrbücher des deutschen Reiches unter Heinrich IV. und Heinrich V. Band 5. Leipzig 1904, S. 235ff.

15 „.... et circa pontem molendini, quod volgo gewadtveldt dicitur, cum equis ceciderunt in aquam vel flumen, quod Ymber dicitur, ..." Stettner wird wohl im „Altenmarkter Regen", einem Arm des Regens, der sich von Altenstadt bis Altenmarkt erstreckt, ertrunken sein. Chrafft verwendete die lateinische Übersetzung „Ymber" (Imber) für den Regenfluß, was strenggenommen „Platzregen" oder „Gewitterregen" bedeutet. Zit. n. Leidinger, Georg (Hrsg.): Andreas von Regensburg. Sämtliche Werke (= Quellen und Erörterungen zur bayerischen Geschichte. Neue Folge 1). München 1903, S. 711. Über die Handschrift des Hans Chrafft ebd., S. XXXI.

Die Stadt Cham in der Regenschleife

1 Lukas, Joseph: Geschichte der Stadt und Pfarrei Cham. Landshut 1862. Reprint Neustadt a. d. Aisch 1985, S. 3.

2 Rieckhoff-Pauli, Sabine, Torbrügge, Walter (Bearb.): Regensburg-Kelheim-Straubing Teil II, Führer zu archäologischen Denkmälern in Deutschland. Stuttgart 1984, S. 161ff.

3 Bayer. Akademie der Wissenschaften: Monumenta Boica. Band 36b, S. 340.

4 Ried, T.: Codex chronologico-diplomaticus episcopatus Ratisbonensis. Band 1. 1816, S. 300.

5 Brunner, Johann: Geschichte der Stadt Cham. Cham 1919, S. 15f.

6 Muggenthaler, Hans: Wie die Stadt Cham entstand. In: Festschrift zur Vertreter- und Mitgliederversammlung des Oberpfälzischen Kreislehrervereins. Cham 1958, S. 25f.

7 Straßer, Willi: Die Florian-Geyer-Brücke in Cham. In: Schönere Heimat 78 (1989), S. 160.

8 Staatsarchiv Amberg: Plansammlung 118.

9 Stadtarchiv Cham: Akt 22.

10 Heininger, R.: Einführung in die geographischen Grundbegriffe mit besonderer Berücksichtigung der Heimatkunde von Cham. Cham 1924, S. 23f.

11 Quitterer, Helmut: Die ersten Schritte der Stadt Cham in die bauliche Moderne: Ludwig- und Bahnhofstraße. In: Beiträge zur Geschichte im Landkreis Cham 10 (1993), S. 163f.

12 Heininger: Geographische Grundbegriffe, S. 7.

13 Hauser, Ludwig: Chams ältester Hochwasser-Gedenkstein von anno 1400. In: Die Oberpfalz 67 (1979), S. 188ff. Der Stein befindet sich heute im Kreismuseum Walderbach.

14 Stadtarchiv Cham: Chronik der Stadt Kamm, B 260.

15 Amts-Blatt für die königlichen Bezirksämter Cham und Roding: Nr. 171, 31.07.1897. - Brunner, Johann: Menagerie im Hochwasser und der Schuster von Budweis. In: Bayerische Ostmark vom 29.07.1937.

16 Heininger: Geographische Grundbegriffe, S. 7.

17 Bayer. Akademie: Monumenta Boica, S. 3.

18 Brunner, Johann: Der Püdensdorfer Birnbaum. In: Das Chamberich, Beilage des Chamer Tagblatts, Nr. 19 vom 10.10.1929.

19 Schuegraf, Joseph Rudolph: Püdenstorf (Manuskript), [1829].

20 Brunner, Johann: Die Püdensdorfer Weidegenossenschaft. In: Das Chamberich, Beilage des Chamer Tagblatts, Nr. 20 vom 19.10.1929.

21 Stadtarchiv Cham: Akt 641/1.

22 Staatsarchiv Amberg: Bezirksamt Cham 4936.

23 Stadtarchiv Cham: Akt 645/2.

24 Bayerische Ostmark vom 25.05.1937.

25 Brunner, Johann: Handelsgeschichte der Stadt Cham (= Sonderheft 72 der „Deutschen Gaue"). Augsburg 1908, S. 37f.

26 [Brunner, Johann]: Die Mühlwerke bei Cham. In: Das Chamberich, Beilage des Chamer Tagblatts, Nr. 20 vom 22.08.1928.

27 Brunner: Handelsgeschichte, S. 70ff. - Staatsarchiv Amberg: Nachweis über nicht mehr vorhandenen Bauplan einer Dampfschneidesäge von Karl Kröber aus dem Jahr 1873.

28 Staatsarchiv Amberg: Bezirksamt Cham 1084.

29 Stadtarchiv Cham: Chronik der Stadt Kamm, B 260.

30 Staatsarchiv Amberg: Nachweis über nicht mehr vorhandenen Bauplan vom 17.07.1879.

31 Schmaderer, Franz Xaver: 125 Jahre Ludwig Gebhardt KG. Cham 1964, Anhang 2, S. 4.

32 Brunner: Handelsgeschichte, S. 71f.
33 Adress- und Geschäftshandbuch für die Städte Cham, Furth, Waldmünchen und für die Märkte Kötzting und Roding, Cham 1909, S. 10.
34 Brunner: Handelsgeschichte, S. 71.
35 Richter, Joseph: Die Holztrift auf dem Regenflusse. In: Die Oberpfalz 13 (1919), S. 89-91 und S. 118-121.
36 Ebd.
37 Schmaderer, Franz Xaver: Cham als Umschlagplatz für Trift- und Floßware. In: Der Bayerwald 79 (1987), S. 23-30, hier S. 29.
38 Richter: Die Holztrift, S. 118.
39 Gsellhofer, Franz Xaver: Die Trift- und Floßfahrt auf dem Regenfluß. In: Waldheimat, Monatsbeilage des Bayerwald-Echos, Nr. 7 und Nr. 8, Cham 1963.
40 Ebd.
41 Bayerwald-Echo vom 19.09.1953.
42 Bayerwald-Echo vom 22.11.1957.
43 Stadtarchiv Cham: Akt 641/3.
44 Bayerwald-Echo vom 20.10.1952.
45 Bayer. Akademie: Monumenta Boica, S. 110ff.
46 Stadtarchiv Cham: Chronik B 260.
47 Straßer, Willi: Die Quadfeldmühle in Cham. In: Die Oberpfalz 78 (1990), S. 154.
48 Führer durch Cham und Umgebung. Woerl's Reisehandbücher. Würzburg 1893, S. 6.
49 Siegert, Toni: Elektrizität in Ostbayern. Die Oberpfalz von den Anfängen bis 1945. Theuern 1985, S. 10f.
50 Unterlagen und Pläne der Stadtwerke Cham über die Grabenmühle.
51 Chamer Tagblatt vom 30.04.1907.
52 Staatsarchiv Amberg: Landgericht Cham älterer Ordnung 911.
53 Staatsarchiv Amberg: Bezirksamt Cham 1345.
54 Haller, Jörg: „Wald Heil". Der Bayerische Wald-Verein und die kulturelle Entwicklung der ostbayerischen Grenzregion 1883 bis 1945. Grafenau 1995, S. 64ff.
55 Stadtarchiv Cham: Protokollbuch des Verschönerungsvereins Cham.
56 Brunner: Geschichte der Stadt Cham, S. 178f.
57 Gsellhofer, Franz Xaver: Handschriftliche Notizen. - Bayerwald-Echo vom 07.04.1982.
58 Städtische Heimatgeschichtliche Sammlung: 84 CHA 1476.
59 Adress- und Geschäftshandbuch: S. 10.
60 Waldvereins-Sektion Cham (Hrsg.): Cham und seine Umgebung. Cham 1888, S. 10f. - Führer durch Cham und Umgebung, S. 7.
61 Ebd., Karte auf S. 33.
62 Staatsarchiv Amberg: Bezirksamt Cham 4919.
63 Führer durch die Gewerbeschau Cham: Anzeige, Cham 1921 - Fremdenverkehrsprospekt: Cham, Bayer. Wald, [um 1936] - Cham. Deutschen Wesens Schutz und Hort in der bayerischen Ostmark. Cham [um 1926], S. 29.
64 Winkler, Karl: Oberpfälzer Heimatbuch. Kallmünz 1929, S. 323.

Die Wallfahrtskirche Heilbrünnl bei Roding

1 Achtstrophiges Gedicht in: Neunburger Bezirksamtsblatt Nr. 52 (26. Dez. 1863).

Literatur:

Hartinger, Walter: Heilbrünnl und Sträucherröhren. In: Schönere Heimat 70 (1981), S. 102-113.
Schwarzfischer, Karl: Geschichte der Stadt Roding und ihres Pfarrgebietes. Roding 1967.
Schwarzfischer, Karl; Thummerer, Robert: Kirchen der Pfarrei St. Pankratius Roding und Wallfahrtskirche Heilbrünnl. Roding o. J.
Wittmann, Jacob: Kurze Beschreibung der Entstehung des Wallfahrtsortes Heilbrünnl bei Roding. Roding 1927.

Der Speisesaal im ehemaligen Zisterzienserkloster Walderbach und sein Deckengemälde

1 Staatliche Bibliothek Amberg: Ms 39/5, Rotuli T.5 (1760-1769), S. 349-352; hier S. 351v. (lat.: Amorem hospitalitatis ... loquitur coenaculum grande, oculorum futurum delicium, cui operi perficiundo adhuc insudant manus opificum artificumque).
2 Die innerhalb dieses Rahmens nicht zu leistende stil- und formalgeschichtliche Beurteilung sowie die Einordnung des Deckengemäldes in das Gesamtwerk des aus stilistischen Gründen feststehenden Künstlers Otto Gebhard erfolgt innerhalb der von der Verfasserin momentan bearbeiteten Dissertation bei Prof. Dr. Norbert Knopp, Katholische Universität Eichstätt, mit dem Titel „Der Barockmaler Otto Gebhard (1703-1773) aus Prüfening. Leben und Werk".
3 Vierling, Albert: Erinnerungen aus der Oberpfalz. 1874, Nachdruck Weiden 1988, S. 49.
4 Die Kunstdenkmäler von Oberpfalz und Regensburg, Bezirksamt Roding. Bearbeitet von Georg Hager. München 1905, S. 208.
5 Röttger, Bernhard: Malerei in der Oberpfalz. Augsburg 1927, S. XII.
6 Wengenmayr, Annemarie: Die Darstellung der Geschichte und Gestalt des egyptischen Joseph in der bildenden Kunst. Diss. München 1951, S. 108f., 213 Nr. 205.
7 Gieß, Harald: Der Festsaal im ehemaligen Zisterzienserkloster Walderbach. Geschichte-Ausstattung-Restaurierung. München 1992 (= Denkmalpflege Informationen, Bayerisches Landesamt für Denkmalpflege, Ausgabe D Nr. 15).
8 Gieß, Harald: Walderbachs Baudenkmäler als Spiegel seiner Geschichte. In: 850 Jahre Walderbach, Festschrift 1993, S. 38-50, hier S. 43f.
9 Eine kritische Durchsicht der Literatur zur Planungs- und Baugeschichte macht deutlich, daß noch viele Unklarheiten, auch infolge der ungünstigen Quellenlage, bestehen. Hierzu müßten noch notwendige quellenmäßige Vorarbeiten und Bauuntersuchungen unternommen werden.
10 Grundlegend hierzu Sippl, Georg: Die schriftlichen Quellen zur Baugeschichte des ehemaligen Zisterzienserklosters Walderbach zwischen Reformation und Säkularisation. Zulassungsarbeit, Universität Regensburg, Lehrstuhl für Bayerische Landesgeschichte, Prof. Dr. W. Volkert. Regensburg 1990, mit Nennung der älteren Literatur.
11 Vgl. die Inschrift am Grabstein, der sich links des nördlichen Seitenaltars in der Klosterkirche befindet: „... Sapiens in primis Architectus. Factus in caput anguli, coepit aedificare ...".
12 Staatliche Bibliothek Amberg: Ms 39/5, Rotuli T.5, S. 351r.
13 Nach Gieß war „nach Fertigstellung des Konventbaus und des Gasttrakts um 1721" eine Baulücke, die „sich noch heute im erhaltenen Baubestand ablesen läßt". Allerdings widerspricht er sich in diesem Punkt später, wenn er zu der These gelangt, daß „jedenfalls die Entscheidung für einen Anbau unter Einschluß des Festsaals mit der Errichtung des Gast- und Brautrakts erfolgt sein dürfte". Gieß: Festsaal, S. 4 u. 8.
14 Sippl: Schriftliche Quellen zur Baugeschichte, S. 88-97.
15 Gieß: Festsaal, S. 10. Die Abbildungen in: Batzl, Heribert: Walderbach. Aus der Geschichte eines oberpfälzischen Zisterzienserklosters. Cham 1988, S. 90-93.
16 Innerhalb der Ägyptenmode, die im Barock alle Bereiche der Kunst durchdrang, spielten Hieroglyphen eine wichtige Rolle. Vgl.: Hubala, Erich: Egypten. In: Reallexikon zur deutschen Kunstgeschichte. Begonnen von O. Schmitt, fortgesetzt von E. Gall und L.H. Heydenreich. Stuttgart 1937ff., hier Bd. IV, Sp. 750-775.
17 Vgl. hierzu die neueste Beschäftigung dieses Themas aus kunsthistorischer Sicht, in der die ältere, einschlägige Literatur genannt wird: Wischermann, Heinfried: Ut Rhetorica Pictura - Überlegungen zu einem Deutungsmuster barocker Kirchenprogramme. In: Kremer, Bernd Mathias (Hrsg.): Kunst und geistliche Kultur am Oberrhein. Festschrift für Hermann Brommer. Lindenberg 1996; hier S. 97-106.
18 Vgl. Neumann, Gerhard: Gedächtnismahl und Liebesmahl. Das Bildprogramm des „Fürstensaales" von St. Peter. In: Mühleisen, Hans-Otto (Hrsg.): Das Vermächtnis der Abtei. 900 Jahre St. Peter auf dem Schwarzwald. Karlsruhe 1993; hier S. 149-184.
19 In: Winkler, Gerhard B. (Hrsg.): Bernhard von Clairvaux, Sämtliche Werke lateinisch/deutsch. 4 Bde. Innsbruck 1990-1993, hier 2. Bd., S. 101.
20 Georg Schrott, der momentan für seine Dissertation an der Universität Regensburg „Die gedruckten Jubel- und Leichenpredigten für die Äbte und Pröpste der bayerischen Prälatenklöster" (Arbeitstitel) bearbeitet, machte auf diesen Zusammenhang in der Armenfürsorge der Klöster und auf den Vergleich Abt mit ägyptischer Joseph aufmerksam.
21 Aus: Schmid, Alois: Die oberpfälzischen Klöster von ihrer Wiederbegründung 1669 bis zur endgültigen Auflösung 1803. Festvortrag am 14. Speinsharttag. Privatdruck Weiden 1995.
22 Abbildung in: Kalhammer, Hubert: Kloster Aldersbach. Peda-Kunstführer Nr. 144. Passau 1994, S. 17.
23 Zum Beispiel Mathäus 8, 11.
24 Staatliche Bibliothek Amberg: Ms 39/5, Rotuli T.5, S. 349v. („Tale palatium Walderbachii Anno 1735 ingressus, velut Joseph vestem polymitam a Patre, ita Habitum Novitiorum a manibus Superioris suscepit gaudens").

Bibliografie

Ackermann, Konrad; Kilger, Josef: Roding. Stadt im Königsland. Stuttgart 1994 (= Bayerische Städtebilder).
Altmann, Hans; Seidl, Franz: D'Leit und de oit' Zeit. Der Lamer Winkel und Umgebung in alten Bildern und Ansichten. Grafenau 1991.
Bauer, Karl: Regensburg: Aus Kunst-, Kultur- und Sittengeschichte. Regensburg 4. Aufl. 1988.

Bauernfeind, Günther: Schönau. Viechtach 1996.

Baumann, Cornelia: Die Traditionen des Klosters Reichenbach am Regen. Diss. München 1991.

Berlinger, Joseph (Hrsg.): Grenzgänge. Streifzüge durch den Bayerischen Wald. Passau 1985.

Biller, Alois: Der Holzabtrieb und das Holzbringen von Berg zu Thal im Bayerischen Wald. Skizze aus der Gegend des Arber. In: Der Bayerische Wald 3 (1905), S. 231-234.

Ortschronik '800 Jahre Blaibach'. Blaibach 1982.

Der Böhmerwald - Entdeckung einer Landschaft. Katalog der Ausstellung der Ostdeutschen Galerie. Regensburg 1983.

Böck, Emmi: Sagen aus der Oberpfalz. Regensburg 1986.

Braun, Hans: Veränderungen der Auenlandschaft zwischen Cham und Pösing (Fluß-Km 70,2-84,5), Landkreis Cham. Ms. Dipl. Arbeit Weihenstephan 1992.

Brunner, Johann: Die Holztrift auf dem Regenflusse und ihre Geschichte. In: Die Oberpfalz 7 (1913), S. 180-182.

Brunner, Johann: Die Mühlwerke bei Cham. In: Das Chamberich. Beilage des Chamer Tagblatt 20 (1928).

Brunner, Johann: Geschichte der Stadt Cham. Cham 1919.

Brunner, Johann: Heimatstudien. München 1922.

Burgdorfer, R.: Teisnach am Regen. Wanderungen durch Bayerns Industrie. In: Das Bayerland 10 (1899), S. 112-114, 126-128, 135-138.

Burkhardt, Manfred: Landgerichte Zwiesel und Regen, Pfleggericht Weißenstein München 1966 (= Historischer Atlas von Bayern).

Der Landkreis Cham. Cham 1966.

1250 Jahre Chammünster. Festschrift der Pfarrei. Regensburg 1989.

Dorrer, Georg: Der Fischwilderer des Bayerischen Waldes. Der Bayerwald 12 (1914), S. 126-131.

Dorrer, Georg: Neunburg v. Wald, seine Umgebung und das Regental bei Nittenau. Straubing 1909.

Dünninger, Eberhard: 'Kern Teutschlands, Oberpfalz, dein Ruhm hat mich entbrannt'. Literarische Entdeckungsreise durch zwölf Jahrhunderte. Amberg 1992.

Eckl, Josef: Einblicke in die frühere holzverarbeitende Industrie in Haibühl und Ottenzell. In: Beiträge zur Geschichte im Landkreis Cham 7 (1990), S. 215-236.

Eder, Roman: Frauenau. Chronik und Lebensbild eines Bayerwald-Ortes. Zwiesel 1974.

Fehn, Hans: Oberpfälzer und Bayerischer Wald. Handbuch der naturräumlichen Gliederung Deutschlands. Remagen 1959, S. 624-647.

Fischereiverband Oberpfalz (Hrsg.): 100 Jahre Fischereiverband Oberpfalz. 1881 - 1981. Regensburg 1981.

Friedl, Paul: Das Heimatbuch der Waldstadt Zwiesel und des Zwieseler Winkels. Band 1. Zwiesel 1954.

Fuchs, Joachim: Die Oberpfalz in alten Ansichten. Eine Ausstellung handgezeichneter Karten des Staatsarchivs Amberg. Amberg 1988.

Gareis, Karl: Die Regenflößerei. In: Das Bayerland 48 (1937), S. 509-510.

Grössl, Walter: Das Viechtreich. Viechtach 1950.

Grueber, Bernhard; Müller, Adelbert: Der bayerische Wald. Regensburg 1846.

Gsellhofer, Franz Xaver: Die Trift- und Floßfahrt auf dem Regenfluß. In: Waldheimat. Monatsbeilage des Bayerwald-Echos 7/8 (1963).

Hackl, Nikolaus: Kultur- und Sittenbilder aus dem Bayerwald. Beiträge zu einer Schulgeschichte des Kreises Regen. Band 1. Regen 1949.

Hafner, M.: Die Trift im Bayerischen Walde. In: Der Bayerwald (1910), S. 78-80.

Hagen, Eugen: Das Hochwasser in der Oberpfalz. In: Die Oberpfalz 3 (1909), S. 41-43.

Hagengruber, Marianne (Hrsg.): Zu Gast im Turm. Siegfried von Vegesack zum 100. Geburtstag. Grafenau 1988.

Haller, Jörg: 'Wald heil!' Der Bayerische Wald-Verein und die kulturelle Entwicklung der ostbayerischen Grenzregion 1883 - 1945. Grafenau 1995 (= Regensburger Schriften zur Volkskunde 11).

Haller, Reinhard: Glasmacherbrauch im Bayerischen Wald. Grafenau 1987.

Haller, Reinhard: Zwiesel. Geschichte und Bedeutung eines Ortsnamens. In: Der Bayerwald (1972), S. 59-61.

Hammer, Eva Maria: Die Holztrift und Flößerei auf dem Regen. Die Bedeutung des Holztransports auf dem Regen für die Entwicklung der nördlichen Vororte Regensburgs im 19. und frühen 20. Jahrhundert. In: Donau-Schiffahrt. Schriftenreihe des Arbeitskreises Schiffahrts-Museum Regensburg 4. (1987), S. 76-91.

Hartmann, Otto: Waldeszauber. Bergländische Stimmungsbilder aus dem Waldgebirg. Regensburg [1924].

Häupler, Hans-Joachim: 300 Jahre Eisenstein. Eine historische Ausstellung der Gemeinde Bayer. Eisenstein. Bayerisch Eisenstein 1988.

Hauser, Ludwig: Das Lichtfischen im Regenfluß. In: Der Bayerwald (1978), S. 24-26.

Hofer, Sabine: Landkreis Cham. Das große Heimatbuch der östlichen Oberpfalz. Regensburg 1996.

Höpfl, Josef: Schloß Chameregg und seine Besitzer im 19. Jahrhundert. In: Beiträge zur Geschichte im Landkreis Cham 11 (1994), S. 155-172.

Huber, Gottfried: Wanderung durch das Regental und die angrenzenden Gebiete. Von Regensburg bis Cham. Regensburg 1925.

Huber, Heinrich: Die Perlfischerei im Bayerischen Wald. In: Der Bayerwald (1941), S. 43-49.

Jehl, Alois: Heimatsagen. Kallmünz o. J.

Jehl, Alois: Regenfischerei. In: Die Oberpfalz 66 (1978), S. 253-255.

Jobst, Franz: Hofmarken und Edelsitze am Regen und Sulzbach. Fischbach 1994.

Kleindorfer-Marx, Bärbel: Die Perlfischerei im Regen und seinen Nebengewässern. In: Beiträge zur Geschichte im Landkreis Cham 5 (1988), S. 151-160.

Landkreis Kötzting - Bayerischer Wald. Kötzting 1964.

900 Jahre Kötzting - Festliche Tage. Kötzting 1985.

Krämer, Karl B.: Regenstein - dunkles Kapitel eines leuchtenden Lebens. In: Der Bayerwald (1966), S. 240-242.

Kraus, W.: Die beiden 'Furtsteine' bei Muckenbach. In: Der Regenkreis (1962), S. 67-70.

Kreuzer, Richard: Das Rodinger Feuerlöschwesen. In: Rodinger Heimat III (1986), S. 216-220.

Kümmerl, K.: Goldwäscherei in bayerischen Flüssen. In: Ostbairische Grenzmarken 16 (1927), S. 391-392.

Lackerbauer, A.: Viechtach im Wandel der letzten Jahrhunderte. Vergangene Zeiten und ihr Gesicht. Viechtach 1961.

Lang, Georg: Winterliche Eisarbeit bei Oberpfälzer Brauereien. In: Die Oberpfalz 80 (1992), S. 1-5.

Lankes, Karl: Der Pfahl. In: Das Bayerland 48 (1937), S. 493-497.

Laßleben, Paul: Cham, Chamb und Chamberich - ein Versuch, Namen im Chamer Becken zu deuten. In: Die Oberpfalz 54 (1966), S. 125-128.

Leythäuser, L.: Wirtschaftliche und industrielle Rundschau des inneren Bayerischen Waldes. Passau 1906.

Lidl, Max: Landwirtschaftliche Reise durch den bayerischen Wald. Regensburg 1865.

Loritz, Franz: Regenfischer. In: Der Bayerwald (1916), S. 51-53.

Loritz, Franz: Regenflößer. In: Der Bayerwald (1915), S. 101-104.

Loritz, Franz: Regentriften. In: Der Bayerwald (1917), S. 33.

Lukas, Joseph: Geschichte der Stadt und Pfarrei Cham, aus Quellen und Urkunden bearbeitet. Landshut 1862. Reprint Neustadt a. d. Aisch 1985.

Mages, Emma: Eisenbahn, Siedlung, Wirtschaft und Gesellschaft in der südlichen Oberpfalz 1850-1920 Kallmünz 1984 (= Regensburger historische Forschungen 10).

Menath, Josef: Der Kreuzweg von Walderbach. Sonderdruck der Zeitschrift „Heimat Ostbayern".

Matejka, Roland: Regentalbauern in Wiesing fahren ihre Ernte durch den Fluß. In: Der Regenkreis (1962), S. 71-72.

Metz, Josef: Geschichte des Marktes Nittenau. Stadtamhof 1883.

Metzger, C.: Beiträge zur Kenntnis der hydrographischen Verhältnisse des Bayerischen Waldes. Diss. Erlangen 1892.

Mohr, Klaus: Das Leben am Regen. Kultur und Natur am Fluß. In: Schöner Bayerischer Wald 110 (1996), S. 29-31.

Moser, Günter: Die Oberpfalz: faszinierende Landschaft in der Mitte Europas. Amberg 1994.

Muggenthaler, Hans: Die Pösinger Au. Geschichte eines Forstes. In: Die Oberpfalz 50 (1962), S. 138-144.

Niedermeier, Josef: Das Triftwesen auf dem Fluß Regen. Ms. Dipl.-Arbeit FH. Weihenstephan 1983.

Nittenau. Ein Heimatbuch. Regensburg 1995.

Oberpf. Kreisfischerei-Verein (Hrsg.): Fischbüchlein der Oberpfalz. Regensburg 1891.

Penzkofer, Rudolf: Das Landgericht Viechtach und das Pfleggericht Linden. München 1968 (= Historischer Atlas von Bayern, Teil Altbayern, Heft 18).

Perlfischerei. Die Perlfischerei im Viechtreich. In: Der Bayerwald 3 (1905), S. 198-199.

Peterhoff, F.: Morphologische Untersuchungen zur Talgeschichte des mittleren Regens. Diss. Regensburg 1984.

Pfaffl, Fritz: Die geologische Entwicklungsgeschichte des Bayerischen Waldes. In: Der Bayerwald (1976), S. 219-221.

Pietrusky, Ulrich: Der Bayerische Wald - im Fluge neu entdeckt. Grafenau 1985.

Chronik von Pösing. Geschichte und Geschichten zusammengestellt von Hellmuth Betz. Roding 1995.

Pohl, Werner: Die Lokalbahn Viechtach-Blaibach. Viechtach 1991 (= Heimatkundliche Beiträge aus dem Viechtreich 42).

Pohl, Werner: Seit 100 Jahren Lokalbahn Gotteszell-Viechtach. Viechtach 1991 (= Heimatkundliche Beiträge aus dem Viechtreich 41).

Pohlig, E. Th: Kunstgeschichtliche Wanderungen im Regental. In: Das Bayerland 26 (1914/1915), S. 200-202, 212-215, 228-230, 262-266, 336-338, 386-389.

Prechtl, Wolfgang: Das untere Regental - die Landschaft. In: Das Bayerland 41 (1930), S. 481-490.

Priehäußer, Georg: Über Entstehung und Wachstum des schwimmenden Filzes (Hochmoor) im Großen und Kleinen Arbersee. In: Der Bayerwald (1970), S. 152-157.

Raab, Martin: Beiträge zur Geschichte des Pflegamtes Wetterfeld. Cham 1911.

Der Landkreis Regen. Heimat im Bayerischen Wald. Grafenau 1982.

Reger, Karl Heinz: Perlen aus bayerischen Gewässern. München 1981.

Geschichte der Stadt Regen 1067 - 1967. Grafenau 1967.

Geschichte der Stadt Regen 1967 - 1981. Grafenau 1982.

100 Jahre Barmherzige Brüder in Reichenbach. Festschrift 1891-1991. Straubing 1991.

875 Jahre Kloster Reichenbach am Regen. München 1993.

Richter, Joseph: Der Landkreis Roding - Wirtschaft, Landschaft, Geschichte und Kultur eines Grenzlandkreises. Regensburg 1959.

Die Safranmaut auf dem Regen. In: Das Chamberich 6. Beilage des Chamer Tagblatt (1927), S. 24.

Sanetra, Kurt: 700 Jahre Lam 1279-1979. Lam 1979.

Sauer, Horst: Regen und die Regener in alten Bildern und Berichten. Grafenau 1981.

Schmaderer, Franz: 125 Jahre Ludwig Gebhardt KG Cham 1839-1964. Typoskript. Cham 1964.

Schmatz, Julius (Hrsg.): 1000 Jahre Stefling 996 - 1996. Symposium 1995. Kallmünz 1996.

Schmidt, Willibald: Die Perlfischerei im Bayerischen Walde. In: Der Bayerwald 20 (1922),S. 22-24.

Schmitz-Pesch, Ingrid: Roding. Die Pflegämter Wetterfeld und Bruck. München 1986 (= Historischer Atlas von Bayern. Teil Altbayern Heft 44).

Schöberl, Wolfgang: Zwischen Naab und Regen. Kallmünz 1984.

Schwarz, Ernst: Der Flußname Regen. In: Der Regenkreis (1961), S. 5-9.

Schwarzfischer, Karl: Geschichte der Stadt Roding und ihres Pfarrgebietes. Roding 1967.

Schwertner, Wilhelm: Burg und Herrschaft Regenstauf. In: Der Regenkreis (1964), S. 138-142, 169-172.

Schwertner, Wilhelm: Holzflößerei auf dem Regenfluß. In: Der Regenkreis (1969), S. 62-63.

Setzwein, Bernhard: Wanderwege der Heimatsuche. Das Land östlich von Naab und Donau: Landflucht und Tourismus. In: Unser Bayern. Heimatbeilage der Bayer. Staatszeitung 9 (1995), S. 81-83.

Seyfert, Ingeborg: „An Waldungen ist aller Orten ein Überfluß". In: Der Bayerwald (1984), S. 49-58.

Seyfert, Ingeborg: Die Perlfischerei im Bayerischen Wald. In: Schöner Bayerischer Wald 24 (1982), S. 26-28.

Seyfert, Ingeborg: Holzhauer im Bayerischen Wald. In: Der Bayerwald (1986), S. 3-22.

Siegert, Toni: Elektrizität in Ostbayern. Die Oberpfalz von den Anfängen bis 1945. Theuern 1985.

Siegert, Toni: Elektrizität in Ostbayern. Niederbayern von den Anfängen bis 1945. Theuern 1988.

Siegert, Toni: Landkreis Schwandorf. Das große Heimatbuch. Regensburg 1984.

Sieghardt, August: Das Regental von Blaibach bis Teisnach. In: Der Bayerwald 31 (1933), S. 41-45.

Spitzenberger, Elisabeth: Viechtacher Bürger und ihre Häuser. 1. Band. Passau 1995.

Spranger, Klaus: Die Pflanzenwelt des Bayerischen Waldes. In: Der Bayerwald. Sonderheft (1965), S. 19-22.

Steppes, Rudolf: Der Fisch- und Angelsport von früher und heute. In: Das Bayerland 27 (1916), S. 242-244.

Stockenfels. Die Burg Stockenfels. Ausstellung des Stadtmuseums Nittenau1989. Nittenau 1989.

Straßer, Willi: Das Biertor von Cham. In: Oberpfälzer Heimat 14 (1970), S. 136-142.

Straßer, Willi: Die ehemalige Klostermühle in Altenmarkt. In: Beiträge zur Geschichte im Landkreis Cham 9 (1992), S. 5-11.

Straßer, Willi: Die Florian-Geyer-Brücke in Cham. Bedeutung und Geschichte eines Regenüberganges. In: Die Oberpfalz 77 (1989), S. 278-281.

Thierlstein. Schloß Thierlstein. Geschichte und Sachkultur einer ostbayerischen Burg vom Mittelalter bis in die Neuzeit. Cham 1989 (= Schriftenreihe des Kreismuseums Walderbach 6)

Tiere, die einst unsere Gegend belebten. In: Das Chamberich. Beilage des Chamer Tagblatt 21 (1927), S. 84.

Torbrügge, Walter: Vor- und frühgeschichtliche Flußfunde. In: Bericht der Römisch-Germanischen Kommission 51-52 (1970-71), S. 1-146.

Walderbach. 850 Jahre Walderbach. Walderbach 1993.

Winkler, Ulrich: Der Streit um das Fischwasser im Seebach. In: Der Bayerwald 3 (1986), S. 40-42.

Zach, Peter: Die Vogelwelt des Rötelseeweihergebietes und der Regenwiesen zwischen Michelsdorf und Pösing. Freising 1978.

Zeitler, Walther; Wolf, Herbert: Bayerischer Wald in alten Fotos. Grafenau 1979.

Zeitler, Walther: Der Regen. Portrait eines Bayerwaldflusses. Grafenau 2. Aufl. 1982.

Ziehr, Heinz: Der bayerische Pfahl. In: Der Regenkreis (1964), S. 93-99.

Waldstadt Zwiesel. Festschrift zum 75jährigen Jubiläum der Stadterhebung 1904-1979. Zwiesel 1979.

Die Kunstdenkmäler von Bayern. Kunstdenkmäler der Oberpfalz & Regensburg.
Band 1, Bezirksamt Roding. München 1905. Unveränderter Nachdruck München 1981.
Band 6, Bezirksamt Cham. München 1906. Unveränderter Nachdruck München 1981.
Band 20, Bezirksamt Stadtamhof. München 1914. Unveränderter Nachdruck München 1981.

Die Kunstdenkmäler von Bayern. Kunstdenkmäler von Niederbayern.
Band 9, Bezirksamt Kötzting. München 1922. Unveränderter Nachdruck München 1981.
Band 15, Bezirksamt Viechtach. München 1926. Unveränderter Nachdruck München 1983.
Band 19, Bezirksamt Regen. München 1928. Unveränderter Nachdruck München 1983.

Bildnachweis

Amts-Blatt für die kgl. Bezirksämter Cham und Roding 171 vom 31.07.1897 S. 118
Archiv Graßl (Viechtach) S. 58 links, 59, 70 unten, 78 oben, 87, 88
Archiv Hans Janker (Michelsneukirchen) S. 32, 43, 73, 123
Archiv Spitzenberger (Viechtach) S. 79, 89
Bayerische Staatsbibliothek (München), Bavar. 3016 S. 108
Bayerisches Hauptstaatsarchiv (München) S. 3
Bayerisches Landesamt für Denkmalpflege (München) S. 41
Bergmann, Alois (Archiv Landratsamt Cham) S. 12, 23, 25, 38
Bezirksfischereiverein Kötzting S. 106 (4x)
Roßberg, Hermann (Lam) S. 58 rechts
Fischer, Johann (Höllenstein) S. 21, 62 unten, Foto Koch (Roding) S. 131
Foto Maier (Regen) S. 54 unten, 55, 56 links, 64
Führer für Viechtach und Umgebung. Viechtach 1908. S. 86 unten
Geschka, Barbara (Chamerau) S. 128 oben, 128 unten
Glasmuseum Frauenau S. 65
Hackl, Hans-Jürgen (Zwiesel) S. 72
Kraftwerk am Höllenstein AG (Straubing) S. 62 oben
Kreismuseum Walderbach S. 26, 45, 46, 54 oben, 70 oben, 71, 84, 119, 121, 125 (2x), 137
Lang, Georg (Oberviechtach) S. 56 rechts
Matejka, Roland (Roding) S. 13, 24, 57
Moser, Günter (Ammertal) S. 6, 10, 15, 16, 19, 22, 27, 29, 30, 35, 37, 39, 44, 49, 51, 52, 60, 61, 63, 66, 83, 94, 95, 104, 109, 111, 114 oben, 114 unten, 130, 132, 133, 134, 139, 141, 142
Pfarrarchiv Kötzting S. 110
Pfeffer, Franziska (Viechtach) S. 77, 78 unten, 80, 81, 82
Regentalbahn AG (Viechtach) S. 68, 74, 75 oben, 75 unten
Rücker, Helmuth (Regen) S. 11
Schoyerer, Wolfgang (Cham) S. 47
Staatliche Graphische Sammlung (München) S. 76
Staatsarchiv Amberg, Plansammlung 418 S. 112
Stadt Neunburg v.W. S. 36
Stadtarchiv Cham S. 50
Stadtarchiv Kötzting S. 86 oben
Stadtarchiv Regen S. 96, 98, 99, 101, 103
Städtische Heimatgeschichtliche Sammlung Cham S. 116, 124, 126, 129
Zach, Peter (Konzell) S. 90, 91, 93

Autoren

Eva Bauernfeind M.A., Viechtach. Lokalhistorische Forschungen und Veröffentlichungen, Mitarbeit am Magazin „lichtung", Übersetzungen literarischer Werke aus dem Englischen.

Ludwig Baumann, Rektor, Kötzting. Mitarbeit im Arbeitskreis für Heimatforschung, zahlreiche Veröffentlichungen zur Geschichte von Kötzting und Neukirchen b. Hl. Blut.

Hans Braun, Schönau bei Tiefenbach, Dipl.-Ing. (FH) Landespflege. Fachkraft für Landschaftspflege des Naturparks Oberer Bayerischer Wald.

Timo Bullemer, Dipl. Archivar (FH), Cham. Leiter des Stadtarchivs Cham, Veröffentlichungen zur Stadtgeschichte Chams.

Barbara Geschka, Chamerau. Schreibt Erzählungen und Erinnerungen aus Cham für eine Kolumne der „Chamer Zeitung".

Dr. Egon Johannes Greipl, Regensburg. Kulturreferent und berufsmäßiger Stadtrat Regensburgs. Historiker.

Christina Grimminger M.A., Eichstätt. Kunsthistorikerin, z. Zt. Mitarbeiterin des Diözesanmuseums Eichstätt.

Peter Heigl, Nürnberg/Regensburg. Freischaffender Autor, Veröffentlichungen zu Themen der Alltags-, Regional- und Zeitgeschichte.

Josef Höpfl, Dipl. Betriebswirt (FH), Chammünster. Mitarbeit im Arbeitskreis für Heimatforschung im Landkreis Cham, Veröffentlichungen zur Geschichte Chammünsters.

Dr. Bärbel Kleindorfer-Marx, Cham. Volkskundlerin. Kulturreferentin des Landkreises Cham, Leiterin des Kreismuseums Walderbach, kulturwissenschaftliche und lokalhistorische Forschungen.

Prof. Dr. Konrad Köstlin, Vorstand des Instituts für Volkskunde der Universität Wien. Vorsitzender der Société Internationale d'Ethnologie et de Folklore.

Barbara Michal M.A., Regensburg. Volkskundlerin, Museums- und Ausstellungstätigkeit, Veröffentlichungen zu kulturwissenschaftlichen Themen, Mitarbeit an Publikationen des „Regensburger Vereins für Volkskunde".

Klaus Mohr M.A., Regen. Volkskundler. Museumstätigkeit, Konzeption der Ausstellung „Der Regen" für das Kreismuseum Walderbach, Veröffentlichungen zur Agrargeschichte des Bayerischen Waldes.

Hans Wrba, Ried bei Pemfling. Postbeamter. Mitarbeit im Arbeitskreis für Heimatforschung, Forschungen und Veröffentlichungen zum Thema Andachtsbildchen und Wallfahrten im Landkreis Cham.